西田几多郎哲学文选
第一卷

纯粹经验与自觉

〔日〕西田几多郎　著
王向远　编译

商务印书馆
The Commercial Press

本书根据岩波书店《西田几多郎全集》(全十九卷，1965—1966年版）第一卷、第二卷编选翻译。

西田几多郎哲学文选

出版说明

哲学家西田几多郎（1870—1945）打破了日本民族感性发达、史料考据精细但不擅长逻辑思辨的著述传统，融合东西方哲学，超越唯物唯心二元对立，使用一整套范畴与命题，建构了一个庞大复杂的思辨哲学体系，从而终结了中江兆民所说的"日本无哲学"的状况，在哲学史上被称为"西田哲学"，对日本现代思想文化产生了巨大影响，在现代世界哲学中也具有重要地位。

《西田几多郎哲学文选》是西田哲学首次系统的汉译，共分四卷：第一卷《纯粹经验与自觉》，是西田哲学早期理论原理方面的代表作；第二卷《场所与无的限定》，是西田哲学中期的代表作；第三卷《行为式的直观》，是西田哲学后期的代表作；第四卷《艺术的成形作用》，是西田哲学立场上的美学与艺术论。

本书作为《西田几多郎哲学文选》的第一卷，编译西田哲学早期（1911—1923）的代表性成果，包括成名作《善的研究》（1911）全译、论文集《思索与体验》（1915）和《自觉中的直观与反省》（1917）中的代表性论文的选译。其中，《善的研究》提出了主客无分的"纯粹经验"这一核心概念，成为西田哲学体系建构的起点；《思索与体验》显示了西田对西方哲学的解读、借鉴与超越；《自觉中的直观与反省》将"纯粹经验"表达为包含"直观"与"反省"的"自觉",使其分化和展开,从而形成自我发展与创造的体系,亦即"自觉的体系"。

商务印书馆编辑部
2023 年 11 月

译本序

"西田哲学"产生的背景及早期哲学的建构

王向远

哲学史上广为人知的所谓"西田哲学",并不只是"西田几多郎的哲学"的简称,更是对其独创性的肯定。一般认为,西田哲学是20世纪日本哲学的代表,西田几多郎也是迄今为止可以跻身世界级哲学家的第一位日本哲学家。西田哲学在现代日本哲学中的地位,与康德在德国古典哲学中的地位很是相似。日本学者安倍能成在评价康德哲学的时候,说康德哲学如同一个蓄水池,上面的水都被蓄积起来,然后又从那里不断地往下流出,这种评价也很适用于西田哲学。

一、西田哲学产生的哲学史背景

西田哲学是日本思想史、哲学史发展到20世纪上半期的产物,是具有划时代意义的。在西田哲学产生之前,到底日本有没有哲学,都是一个问题。这很容易令人想到近代思想家中江兆民(1847—1901)的那句著名的论断:"日本无哲学"。中江兆民在晚年遗著《一年有半》(1900)中,有这样一段话:

> 我们日本从古代到现在一直没有哲学。本居宣长和平田笃胤等人只是扒弄故纸堆,是研究古代语言文字的一种考古学,至于天地性命之原理,则不甚了了。伊藤仁斋和狄生徂徕等人,有时在中国经书的注解上提出了新的看法,但终归是经学家;佛教僧侣中,固然并非无人发挥创造性,提出新的理论,然而终究不出宗教家的范围,而不是纯粹的哲学。近来有加藤某、井上某,自称哲学家,世间也许有人承认他们是哲学家,而实际上他们却不过是把自己从西方人那里学来的观点学说,照样引进日本,这就是所谓囫囵吞枣,而不配叫作哲学家。……没有哲学的人民,无论做什么事情都缺乏深刻底蕴,而不免浅薄。[①]

中江兆民是站在启蒙主义理性批判的立场上说这番话的。从古代到中江兆民在世的那个时代,亦即到20世纪初"西田哲学"出现之前,对于日本到底有没有哲学,不同的人会有不同的看法,所持的"哲学"标准不同,答案也就不同。如果拿西方哲学来衡

---

① 中江兆民:《一年有半》,《日本名著 中江兆民》,东京:中央公论社,1969年,第378—379页。

量,则包括日本在内的东方各国都没有哲学。黑格尔在《哲学史讲演录》中就认为东方没有真正的哲学。但是,如果既参照西方哲学的标准,又尊重东方文化的特性,那么凡是对于人生与世界进行形而上之思考,且自成体系者,都应该算是哲学。这样说来,东方各国,包括日本就有自己的哲学。中江所持的哲学标准显然是西方式的。以西方哲学的标准,特别是"纯粹的哲学"为标准,得出"日本无哲学"的结论,大体符合逻辑,对于尚未进入20世纪的日本哲学思想而言尤其如此。

照此看来,除去中江兆民所提到江户时代的几位思想家不说,明治维新以降直到20世纪初,以西周(1829—1897)、福泽谕吉(1835—1901)、植木枝盛(1857—1892)、大西祝(1864—1900)为代表的,未以哲学家自许的一大批近代启蒙主义思想家,在现代人撰写的日本哲学史著作中固然都有重要的位置,但很难说他们有自己的哲学思想,因为他们的思想主要来自西方世界,其价值在于近代思想启蒙,而哲学所应具有的超越的、思辨的色彩则相对缺乏,所以不是中江兆民所说的那种"纯粹的哲学"。

上引中江兆民举例的以哲学家自居的"加藤某"和"井上某",指的是加藤弘之(1836—1916)和井上哲次郎(1855—1944)两位。他们在当时影响很大,所以中江兆民只道姓,不指名,读者也知其所指。其中,加藤弘之的总体倾向是科学主义、无神论、进化论、唯物论的。如果说他有自己的哲学,那也是启蒙性质的哲学。井上哲次郎则以"现象即实在"的哲学论断而知名。他与加藤弘之有所不同,加藤是唯物论者,井上是唯心论者;加藤更多地倾向于西方哲学,井上更重视东方哲学,明确提倡"东方（东洋）哲学"，认为中国、印度、日本等都有自己的哲学，并且写了《日本阳明派之哲学》（1900）、《日本古学派之哲学》（1902）、《日本朱子学派之哲学》（1902）三部系列著作，将日本儒学纳入现代哲学的框架中进行论述。另一位著名思想家西村茂树（1828—1902）与井上哲次郎思路大体一致，他在《日本道德论》（1887）中试图以实证哲学的方法，将传统儒学改造转化为现代日本人的道德伦理体系。

当时还有一位人士，中江兆民没有举出，那就是井上圆了（1858—1919）。井上圆了致力于佛学研究，将佛学纳入现代哲学的框架中进行阐述，与井上哲次郎的儒学研究并列而行。而且他与井上哲次郎一样，都主张"现象即实在"，都提倡"东洋哲学"。不过，他不像井上哲次郎那样甘为御用学者，而是独立地展开学术活动与社会活动，并且力图建立所谓"纯正哲学"。井上圆了提出"纯正哲学"，似乎是要与启蒙主义哲学的功利性、服务性有所切分，旨在建立一种相对超越的、形而上学的、思辨的"纯正哲学"体系。这些目标，体现在他的《哲学一夕话》（1886）、《纯正哲学总论》（1897—1898）、《哲学新案》（1909）等一百多种著作中。中江兆民在说明"日本无哲学"的时候，没有举井上圆了为例，想必不是遗漏，恐怕主要是因为井上圆了的相关著作出版未久，包括中江兆民在内的读者要阅读了解并做出判断，尚需更多时间。另一方面，因为井上圆了的"纯正哲学"与中江兆民所希望的"纯粹的哲学"重合度较高，井上圆了出现以后，就很难断言"日本无哲学"了。

值得注意的是，井上圆了"纯正哲学"的出现，直接刺激了西田几多郎（1870—1945）在20世纪初的登场。西田几多郎早年曾密切关注过井上圆了的哲学。井上圆了提倡"纯正哲学"，西田几多郎则提出"纯粹经验"作为其哲学建构的起点。所谓"纯正"与"纯粹"，在井上圆了与西田几多郎那里其含义未必完全相同，但其宗旨都是建立思辨的、超越的、成体系的哲学。不过，西田几多郎哲学建构的路径和方法与井上圆了大不相同。井上圆了直接以佛学思想为基盘，其基本概念"观"以及"表观／里观""内观／外观"等都直接取自佛学概念，而西田几多郎则相反，他的思想底蕴固然是东方传统哲学特别是佛学、禅学的，但他所运用的基本概念范畴大多并不直接取自传统，而是采自西方哲学（如纯粹经验、知性直观、一般者、辩证法等），或者准西方哲学（如场所等）而创建，一些基本的观点主张也是在批判地吸收西方哲学的基础上提出来的。这种哲学建构策略显然更有时代性和独创性，可以说，这也是西田哲学取得成功的一大关键。

西田哲学通常被研究者划分为早期、中期、晚期三个时期。早期从"纯粹经验"出发，以"自觉"为中心，建构起"自觉的体系"；中期提出了"场所"这个核心概念，并以"场所的无"及"场所的限定"将早期的"纯粹经验"及"自觉的体系"予以直观化和逻辑化；晚期将"自觉""场所"转换为"辩证法的一般者"，以"行为式的直观"为中心，以"绝对矛盾的自行同一"来诠释"历史的现实世界"。经过近半个世纪的努力，创建出了繁复深奥而又独具特色的思辨哲学体系，即众所公认的"西田哲学"，并且足以终结中江兆民关于"日本无哲学"的历史。换言之，西田哲学形成后，日本有了哲学，有了"纯粹的哲学"，有了超越启蒙哲学的思辨哲学。

二、作为西田哲学之起点的"纯粹经验"论

从《善的研究》(1911)问世到《自觉中的直观与反省》(1917)一书的出版，是西田哲学的早期阶段。

西田几多郎的处女作《善的研究》，从书名看上去似乎是一部研究善恶问题的伦理学著作。实际上，关于"善"的研究只是该书的一部分内容（第三章），而该书的核心概念是"纯粹经验"，而"纯粹经验"又是唯一的"真正的实在"，在《善的研究》的"初版序"中，西田就表示："很久以来，我就产生了一种想法，即把'纯粹经验'作为唯一的实在来解释一切问题。"[①] 可见本书的重点与精华是第一章"纯粹经验"和第二章"实在"。此后，西田哲学体系的建构基本上是在"纯粹经验"的基础上展开和深化的。这样说来，"善的研究"这一书名又与实际内容并不完全相符，书名应该叫作"纯粹经验"才对。之所以叫《善的研究》，恐怕与当时他在第四高等学校讲授伦理学课程，需要拿出伦理学方面的成果有关，也应该与当时社会上流行的以向善为宗旨的"教养主义"思潮，出版社需要发行量有关。无论如何，《善的研究》写作与出版是成功的。从西田哲学的建构过程来看，《善的研究》提出并阐述了"纯粹经验"这个重要概念，使其初步具有了思辨哲学的色

[①] 西田几多郎：《善的研究》，《西田几多郎全集》第一卷，东京：岩波书店，1965年，第4页。版本下同。

彩。此外，该书还讨论了哲学上的实在、伦理学上的善、宗教学上的神与世界等基本问题，试图在哲学的层面上建构现代日本人基本的价值观。后来有研究者站在整个日本哲学史上来考察，得出的结论是："可以说《善的研究》是日本最初的独创性的哲学，是日本独自的哲学。"[1] 应该说，以《善的研究》为起点的西田哲学，确实可以说是"日本最初的独创性的哲学"。

西田哲学的基石与出发点，就是他在《善的研究》"新版序"中的一句话："实在必须是现实本身，所谓物质世界仅仅是被意识到的事物而已。"[2] 他从"纯粹经验"入手，阐述了这一观点。什么是"纯粹经验"？西田在《善的研究》开篇伊始就做了这样的界定：

> 所谓"经验"，就是原样不动地感知事实，也就是完全没有自己的加工，只遵从事实并感知它。所谓"纯粹"，不是一般所说的那种夹杂着某些思虑的经验，而是指丝毫未加思虑分别的、经验所真正应有的本来状态。例如，在看到一种颜色或听到一种声音的刹那，没有考虑这是外物的作用还是自己在感知，而且也没有来得及判断这个颜色或声音到底是什么。因此，"纯粹经验"和"直接经验"是一回事。当人们直接经验到自己的意识状态时，还没有主与客的分别，知识及其对象是完全一致的，这就是经验的最为纯正的状态。[3]

---

[1] 竹内良知：《西田几多郎与现代》，东京：第三文明社，1978年，第24页。
[2] 西田几多郎：《善的研究》，《西田几多郎全集》第一卷，第7页。
[3] 西田几多郎：《善的研究》，《西田几多郎全集》第一卷，第9页。

而所谓"纯粹经验",关键是经验的"纯粹",是对种种"不纯粹经验"的限定。从性质上看,"纯粹经验"是将经验从混杂着判断、分析、思虑等思维活动的不纯粹当中剥离出来,将其限定为人们所直接感知或体验到的东西,它不是人的认识与思维的产物,而是体验的、直观的,因而西田也把它叫作"纯粹直观"。从其空间状态来看,"纯粹经验"是生动、具体的;从时间上看,"纯粹经验"具有刹那性或瞬间性。但这种状态也可以持续很久,那是由多个刹那或瞬间的连续而形成的,后来西田创制了"永远的现在"这个概念,来限定和说明这种状态。

追求纯粹性或绝对性,是哲学家深入思考的需要。从世界哲学史上看,西田的"纯粹经验"并不是他自己的杜撰,而是对以往哲学思想的继承与发展。在古希腊哲学中,毕达哥拉斯学派、柏拉图都将"纯粹"作为自己哲学的重要术语。在德国古典哲学中,康德对人的理性认识能力进行了独特的限定,并提出了"纯粹理性"与"纯粹先验"的概念,西田时常援引康德,深受康德的批判哲学及"纯粹"论的影响;费希特提出了超越"自我"与"非我"之对立的、能够"自我设定"的"绝对自我",并提出了"本原行动"或"纯粹活动"的概念,西田哲学的"纯粹经验"的次级概念"绝对自由意志"与之颇为近似;谢林在《先验唯心论体系》等著作中提出了将思维与存在统一在一起的、既不是主体也不是客体却又相互包含的作为原始统一体的"绝对同一",西田哲学"纯粹经验"之中的"同一"或"统一""统一体"与之接近;黑格尔受谢林的"绝对同一"的影响,提出了既不是主观精神也不是客观精神,并且能够自我实现、自我认识的"绝对精神",西田哲学的"纯粹经验"及其能够"自发自展"的所谓"自觉的体系",也与黑格尔的"绝对精神"论相通。

在西方现代哲学中,胡塞尔在《纯粹现象学通论》和《逻辑研究》中,主张把一切东西都还原为它们在人的意识中的"现象",因而,只把人的精神活动("意向活动")所指向的某种对象("意向对象"),亦即某种给予我们意识的东西,视为唯一的真实;换言之,真实的存在只是为我们所看到的现象,而应该把此外的一切东西(包括事实、观念、知识等)都作为假定而予以悬置(搁置),从而提出了"纯粹现象学"与"纯粹意识"的概念,主张将一切东西都进行"现象学的还原"。西田哲学将胡塞尔的"意向对象"与"意向活动"这对概念直接拿来,用于阐发他的"无的自觉限定"。伯格森在《时间与自由意志》中提出的"纯粹持续"(一译"绵延"),是一种不可计数、不可测量、不同于抽象时间的那种具体的意识流动。在西田看来,"纯粹持续""是将一切的过去纵线地放在背后而集中在'现在'这一点上进行的创造"。[①] 西田所谓的"永远的现在"的概念与这种"纯粹持续"显然具有继承又超越的关系;新康德主义哲学家柯亨提出了"纯粹意志",指的不是从外部推动的意志,而是意志本身驱动的意志,是发生在自身中的创造着内容的行为,西田的"绝对自由的意志"大体与之相同。此外,美国的詹姆斯在《彻底的经验主义》与《心理学原理》中提出了"纯粹经验",是一种非主观亦非客观的原初生

[①] 西田几多郎:《伯格森的"纯粹持续"》,《西田几多郎全集》第二卷,东京:岩波书店,1965年,第331页。

活经验与生命过程，它表现为"当前的瞬间场"，是一种表现在意识流动中的"趋势"和"势能"，认为人们就是在这种"纯粹经验"中与具体的实在相接触而进行生命创造活动的，西田的"纯粹经验"与詹姆斯的"纯粹经验"关系十分密切。此外，奥地利的物理学家、哲学家马赫在《力学》《感觉的分析》中指出唯物论在经验中掺杂了"不是经验的东西"，而使经验变得不纯粹了。他主张以"感觉"作为"要素一元论"，来克服历来的心物二元论，试图建立一个"统一的、一元论的宇宙结构"。德国哲学家阿芬那留斯在《纯粹经验批判》《人的世界概念》中，也提出了自己的"纯粹经验"论，指出物质世界不能脱离人的感觉而存在。以上这些哲学家都为西田几多郎所熟知，并影响了西田几多郎。

西田哲学对"纯粹经验"进行了更为严格的限定，比上述学说显得还要纯粹。它强调个别性、具体性，排斥抽象性、一般性；强调现在（当下）性，排斥记忆性；强调行为性，排斥观念性。这样，"纯粹经验"就具有了超越思维、判断等种种主观介入的"纯粹"。而且，它与上述西方哲学家的"纯粹经验"的宏大性颇有不同，与柏拉图的"理式"、老庄哲学的"道"、佛教的"真如"那样的宇宙本体论也完全不同。西田哲学的"纯粹经验"是在不同的"立场"上被不断地限定出来的，其最大的特点是从微观的层面与角度来对世界进行分析与解释。他指出："每一种纯粹经验，从本质上看都是迥然不同的，在每个场合，各自都是单纯的、独特的。"[①]而且它具有瞬间性、直接性。它是现时的行为或行

---

① 西田几多郎：《善的研究》，《西田几多郎全集》第一卷，第11页。

动，就是在行为中所感觉、知觉到的单纯的事实，就是将时空聚焦在一个点上的那种活动状态。在这种状态下，甚至连时空的意识也没有了。而且，越是这样严加限定，"纯粹经验"就越是非常的具体、非常的"小"。"纯粹经验"越是小，就越是纯粹；越是纯粹，就越能成为事物基本的元素，以至于可以说人的存在是由"纯粹经验"构成的，世界的存在也是由"纯粹经验"构成的。所以，西田把"纯粹经验"视为"真正的实在"。正像他反复引证的古希腊哲学所说的"基体"那样的东西，"纯粹经验"是构成实在的基本要素。

最重要的是，"纯粹经验"的主体是人。换言之，"纯粹经验"是人的经验，是对人的意识体验的一种限定。因为一切都是站在"人"的立场之上的，没有人就没有什么"纯粹经验"，没有人也就无所谓"实在"。只有人，才是"真正的实在"的判断者与见证者。所谓"实在"应该是对于人而言的实在，凡是未被人经验到的东西，都不是实在。离开人的实在，只能算是一种假定，而假定并不是真正的实在。在西田看来，自然科学所揭示的世界只是假定性的，一切数理的逻辑都建立在逻辑假定的基础之上，它们也许是实在，但却是被假定的、抽象的形式，而不是真正的实在。这样说来，那种所谓"不以人的意志为转移的客观存在"，如果是存在的，那也是一种假定；另一方面，凡是依赖于推论、回忆、臆想、梦幻等主观活动的东西，也都不是"纯粹经验"，都不是真正的实在。真正的实在只能是主客统一的"纯粹经验"。

换个角度来说，每个人能够确认和把握的真正的实在，就是这种"纯粹经验"。人，只有在拥有这种"纯粹经验"的时候才是真正的人、真实的人；物，也只有在这种"纯粹经验"中，才能获得其实在性的确认。一个人若没有这种"纯粹经验"，他在人格精神上是不完全的；同样地，对于客体的物而言，若没有人的这种"纯粹经验"，任何事物都无所谓存在或不存在，对人而言也就不是实在。在这个意义上，西田指出，这种"纯粹经验"虽然具体表现为个人的经验，但又具有超个人性，并强调说："不是有了个人然后才有经验，而是有了经验然后才有个人。"① 也就是说，一个人正是因为有了这种"纯粹经验"，它才能作为个人而存在。

在这个意义上，我们不妨将西田哲学的世界称为"纯粹经验的世界"。西田哲学所对准的就是这个世界。这就从根本上决定了西田哲学对哲学思考之对象所做的限定。在西田看来，哲学所面对的世界并不是无所不包的，不可能有一个包括物理世界、心理世界在内的囊括一切的哲学体系，因此必须对世界进行限定，限定出"种种的世界"，包括"认识对象界"（自然界）、"意识界"（或"意识的世界"）、"行为的世界""表现的世界"或"睿智世界"乃至所谓"辩证法的一般者的世界"（或称"历史的现实世界"）等。而将哲学从科学（自然科学）中限定出来，是最为关键的。西田将哲学的世界限定为"人"的世界（只有在说明人的世界时，才将自然界或物质界纳入论述的范围），以此将哲学与科学分开。他强调："哲学无论在任何时候都不能成为科学。严格意义上说来，当哲学成为科学的时候，那就不再是哲学了。"② 西田认

---

① 西田几多郎：《善的研究》，《西田几多郎全集》第一卷，第4页。
② 西田几多郎：《无的自觉限定》，《西田几多郎全集》第六卷，东京：岩波书店，1965年，第179页。版本下同。

为:"所谓科学,就是分析的学问,就是依靠符号来说明的。连科学中最具体的学科,如生理学,也只是观察研究生物的结构及外形,并加以比较,论述其机能,最终见诸有形的符号。而哲学与之相反,它是直观的学问,是要变成物自体而观之,捕捉其绝对的状态。"① 而"直观"的特点就是主客无分,直观的状态就是"纯粹经验"的状态,所以"纯粹经验"也称为"纯粹直观"。

可见,作为一种独特的哲学体系,"西田哲学"不同于西方那样的人、神、自然、社会、精神等无所不包的古典哲学,不同于中世纪的以神为本位的确立人神关系的宗教哲学,不同于近代哲学中以人与自然之关系为对象的科学哲学,或者以人的社会关系为对象的伦理哲学,也不把哲学视为各门知识领域的提炼总括,不试图呈现和解释宇宙与人类社会的普遍真相或真理,亦即不把哲学视为一种知识的体系、认识的体系,而只是一种将主观与客观相融合、直观与反省相统一、"在自己当中观见自己"的"自觉的体系"。通俗地说,就是人格的确立、人的发展与创造(制作)的问题,也就是人生的根本问题。所以西田强调:"我认为人生问题不是哲学中的一个问题,毋宁说是哲学问题本身。"②

于是,《善的研究》的核心词"纯粹经验"及作为其发展深化状态的"知性直观",到了《自觉中的直观与反省》一书中,便发展为"自觉"。

---

① 西田几多郎:《伯格森的哲学方法论》,《西田几多郎全集》第一卷,东京:岩波书店,1965年,第319—320页。版本下同。
② 西田几多郎:《无的自觉限定》,《西田几多郎全集》第六卷,第178页。

三、"自觉的体系"与"纯粹经验"之展开

在提出"纯粹经验"之后，西田继续对下列问题进行思考："纯粹经验"是主客合一的实在，是一种直观的状态。处在这种实在状态的人是物我两忘的，但是这样的状态还能够分化吗？我们还能够从这种状态中抽身走出去，站在外面对"纯粹经验"本身进行反顾或反省吗？如果不能，那么"纯粹经验"岂不就成了一种纯粹无意识的心理行为，亦即一种静止的、孤立的东西了吗？这样的"纯粹经验"还能具有"自发自展"性，具有创造性吗？这样的"纯粹经验"还能具有体系性、连续性、统一性，还能成为一种发展创造的体系吗？

为了寻求这些问题的答案，他连续发表了一系列文章，评述西方的现代哲学，包括伯格森、李凯尔特、柯亨、洛采、彭加勒等人的哲学思想，阐明自己的哲学思考与这些哲学家之间的关系，并以《思索与体验》（1915）为题结集出版。这本论文集显示了西田几多郎如何努力在现代世界哲学的学习研究中寻求灵感和启发，并试图探索上述问题的答案。

在此基础上，1917年10月，西田几多郎又出版了他的第三本重要著作，也是他的第二部体系性的专著——《自觉中的直观与反省》。该书借鉴了费希特的自我哲学及"本原行动"论、李凯尔特的历史哲学及文化价值论、伯格森的生命哲学及"纯粹持续"论，深化了其"纯粹经验"，使"纯粹经验"论发展为"自觉"论，乃至"自觉的体系"。正如他在"初版序"中所说：

这些文稿写作的目的在于，我要根据我所谓的"自觉的体系"的框架，来思考一切的实在，并且想借此来说明价值与存在、意义与事实的结合这一重要的哲学问题。当然，我的"自觉"并不是心理学家所说的"自觉"，而是先验自我的自觉，它类似费希特所谓的"本原行动"（Tathandlung）。这个思路是从罗伊斯的《世界与个人》第一卷的附录所得到的。当我在写作收录于《思索与体验》中的《逻辑的理解与数理的理解》那篇论文的时候，就已经有了这样的想法。此后，我想对此做彻底的考察，这就是本书的缘起。如果我的写作目的能够达成的话，那么我认为既可以赋予费希特的"本原行动"以新的意义，也可以将现今的康德学派与伯格森的哲学更深入地联系起来。①

也可以说，西田的"自觉"大体就是费希特的"本原行动"（一译"纯粹行动"）的另一种表述。"自觉"之"自"，就是"本原行动"之"本原"，是凭自身而存在的、不受任何他物规定而又能成为一切知识之根本依据的东西；"自觉"之"觉"就是"本原行动"之"行动"，即设定自我，再设定非我，又设定自我与非我之矛盾对立，以保证自我意识的发展与统一。这种矛盾的统一，相当于西田的"直观与反省"。于是，在"自觉中的直观与反省"的矛盾的统一运动中，形成了"自觉的体系"。

---

① 西田几多郎：《自觉中的直观与反省》，《西田几多郎全集》第二卷，东京：岩波书店，1965年，第3—4页。版本下同。

但是，与费希特的"本原行动"有所不同的是，西田的"自觉的体系"是从"纯粹经验"出发的，其立场是"具体经验的自发自展"，而不是费希特的"自我"。在西田的"自觉的体系"中，"纯粹经验"这个本来主客合一的不可分割的真正实在，就分化为"直观"与"反省"两者——

> 所谓"直观"，就是主客未分、知者与被知者合一的状态，是现实按照它本来的样子不断进行的意识；所谓"反省"，就是站在这个进行之外，对它进行反顾的意识。借用伯格森的话来说，就是将"纯粹持续"重新作为"同时存在"的形式来看待，就是将时间作为空间的形式来看待。[①]

所谓"自觉中的直观与反省"，就是"纯粹经验"的直观化，就是时间的空间化。这与他在《善的研究》中使用的"知性直观"的概念近乎同义。所谓"知性直观"不同于"感性的直观"，是"知性"与"直观"的高度统一状态，也是"纯粹经验"的深化、扩大、发展与统一的状态。"知性直观"既具有"纯粹经验"的感官性，同时又是"知性的"，是被意识到了的直观。西田常常举例的艺术家所具有的那种直觉，就是"知性的直观"。而包含着"知性的直观"或"直观与反省"的纯粹经验，就是所谓"自觉"。人一旦拥有了自觉，其经验才具有实在性，人的行为与存在本身也才具有实在性。因而，当"自觉"这个概念提出后，《善的研究》

---

① 西田几多郎：《自觉中的直观与反省》，《西田几多郎全集》第二卷，第15页。

中的"纯粹经验"便被覆盖了,此后西田很少再使用"纯粹经验"一词,而是更多地使用"自觉"。

但是,对于从"纯粹经验"到"自觉"的这种发展演变的逻辑关系,仅仅靠表层的描述是不够的,是不能充分揭示出来的,必须进行深层的逻辑分析。而从哲学方法论的角度看,此前的《善的研究》中以"纯粹经验"为中心的论述方法,总体上还属于"直观"的方法。也就是说,它是描述性的,是所谓"心理主义",而不是"逻辑主义"的。西田后来承认:"今天看来,本书的立场是意识的立场,也可能被看作是心理主义的东西。即便受到这样的批评,那也是应该的。"①西田也在西方哲学史的考察中清醒地看到:"从分析到直观,是以往哲学中的错误道路,这使得哲学陷于困境。真正的哲学方法必须与普通的科学方法相反,那就是从直观到分析。这样,一切思考上的矛盾就都会解决。"又说:"无论如何,从直观出发再进入分析,就容易解决种种难题。"②

《自觉中的直观与反省》使用的就是这种"从直观到分析"的方法。西田以"自觉中的直观与反省"为题,进行了深入细致、层次推进的逻辑分析。他先是在意义与实在、价值与存在、应然与存在、一般与特殊的关系辨析中来确定"自觉"之意义,通过对逻辑的同一律的判断之分析,来说明纯形式性的逻辑思维与"自觉的体系"之关联。然后阐述了纯形式的逻辑体验如何向内容性的经验进行推移,亦即从"数理"如何发展到"逻辑",形式

---

① 西田几多郎:《善的研究》,《西田几多郎全集》第一卷,第6页。
② 西田几多郎:《伯格森的哲学方法论》,《西田几多郎全集》第一卷,第325—326页。

如何获得内容，抽象物如何向具体物演进，思维的世界如何推移到实在的世界，"意义的世界"如何过渡到"实在的世界"，亦即"思维的体系"如何发展到"经验的体系"，而"经验的体系"如何同"思维的体系"一样属于"自觉的体系"。他也阐述了为什么当"意识现象"不是孤立的、片段的心理学现象，而是一种建立在先验之上的"连续"和统一的时候，才是真正的客观实在。并指出在这种"连续"中，"无限的连续性的直线"的意识，如何被"有限的直线"的意识所限定，从而形成了所谓"一般者的自行限定"的自觉体系。此外，西田还通过现代数学中所谓的"极限概念"，亦即抽象物的具体根源，来考察各种经验的先验性，通过解析几何中的数（思维）与直觉的结合，来说明知识的客观性之获得。他还分析了人的身体如何与人的意识进行"目的论的结合"，并提出了一个论断："只有在自身之中带有目的者，才是真正的具体的实在。生物比物体是更具体的实在，精神又是比生物更具体的实在，物体现象是精神现象的投影，物体世界则是精神发展的手段。"[①] 西田认为所谓"自觉"就是自己意识到了自己的目的与意义。而这一切，又基于"绝对自由的意志"。"绝对自由的意志"不是没有内容的抽象的形式性的东西，而是具体的人格的活动。

关于"自觉"之于哲学建构的意义，西田说："古往今来，真正的哲学都是建立在这种'自觉'的立场之上，都是通过我所说的'无的自觉'的立场而形成的。"[②] 对此，西田在晚年的著作中表

[①] 西田几多郎：《自觉中的直观与反省》，《西田几多郎全集》第二卷，第10页。
[②] 西田几多郎：《无的自觉限定》，《西田几多郎全集》第六卷，第173—174页。

述得更为清晰,他写道:

> 像哲学这样的学问,是在我们的"自觉"的意识立场上产生的学问。自古以来的哲学都没有深刻地思考过自觉意识的独自性与其根本性。它自身的形式并没有得到明确。所谓自觉,意味着知者就是被知者、思考者就是被思考者。更广义地来说,意味着被表现就是表现。或许有人会认为这是不可能的或是自我矛盾的。但是,就因为它是矛盾的自我同一的缘故,所以是自觉的。它并不是像笛卡尔那样以心理学的方式从自我"我思"出发。用般若经中的话来说,就是"诸心为非心,是名为心"。虽然看起来是违背理性的,但是无分别的分别才是真正的自觉(参见铃木大拙)。①

后来,西田在《从"动者"到"观者"》(1927)一书中,进一步明确地将"直观"称为"观者",将"反省"作为"动者",并且提出了"动即是观"的命题(这与中国王阳明的"知行合一"论颇为近似)。西田认为,将"动者"与"观者"两者予以统一的,就是"自觉"。

这样一来,《善的研究》中作为最根本的唯一真正实在的"纯粹经验"及作为其深化发展状态的"知性直观",在《自觉中的直观与反省》中,就发展为包含着"直观"与"反省"这两种矛盾

---

① 西田几多郎:《走向以"前定和谐"为目标的宗教哲学》,《西田几多郎全集》第十一卷,东京:岩波书店,1965年,第137—138页。

统一活动的"自觉"。具有矛盾统一作用的这种"自觉",是一个无限发展的、具有创造性的体系,亦即"自觉的体系"。对于行为的人而言,他应该既是创造性的,又是观照性的,他对自己的行为有着自觉。他一定会将自己客观化,在自身中反映(或映照)自己,亦即"在自己当中映照自己"。换言之,人对自己自身有着"自觉"的时候,才能成为真正的存在。"自觉"的人,"自觉"的意识,才是真正的存在和实在。于是,对"自觉"中的"直观"与"反省"关系的分析,就超越了"纯粹经验"或"纯粹直观"的不可分割性,使它由静止的存在而成为一种动态的统一。西田以此最终要解决的是"存在(实在)与应然"或"事实与意义"之间的矛盾。实在或事实的状态就是"直观",而若没有"反省",就不能赋予它以意义,就不能确认实在的应然性,也不能赋予实在以价值。

就这样,从《善的研究》开始,至《自觉中的直观与反省》,西田完成了早期阶段的哲学建构。

目 录

善的研究

各版序言 3
第一章 纯粹经验 8
第二章 实在 40
第三章 善 85
第四章 宗教 140

思索与体验

各版序言 169
答高桥氏对拙著《善的研究》的批评 173
现代的哲学 187
伯格森的哲学方法论 217
伯格森的"纯粹持续" 225
柯亨的"纯粹意识" 230
逻辑的理解与数理的理解 235

自觉中的直观与反省

各版序言 255
绪论 264
第一章 经验思维的性质 288
第二章 经验体系的联结 323
结论 352
种种的世界（跋）.. 372

善的研究

各版序言

初版序

我曾在金泽第四高等学校执教多年，本书就是在那时写成的。对于其中的内容，特别是"实在"的那一部分，我本来想论述得更精细一些，但是因为想尽快出版，又因疾病和种种事情的牵扯，终于未能如愿。这样过了几年之后，自己的思想也有了若干变化，我感到很难实现自己的初衷，所以才决定先以现在这个样子付梓面世。

写作本书时，我先完成第二章和第三章，然后又加写了两章，作为第一章和第四章。第一章阐述了作为我的思想根基的"纯粹经验"的性质，初读的人可以省略。第二章叙述了我的哲学思想，可以说是本书的重点。第三章本来是打算以上一章的思想为基础，论述善的问题，但也不妨把它看作独立的伦理学。第四章就我一向视为哲学之终结的宗教问题论述了自己的看法。这一章是我在病中写的，难免有许多不完善的地方，但总算把想要说的最终极的问题说完了。我之所以特别将本书命名为"善的研究"，是由于尽管本书中哲学的研究占据了前面一半的篇幅，但人生的问题毕竟是本书的中心，也是归结。

很久以来，我就产生了一种想法，即把"纯粹经验"作为唯一的实在来解释一切问题。起先虽然读了马赫①等人的著作，但总觉得不满足。在这个过程中我意识到，不是有了个人就有经验，而是有了经验才有个人。而且，比起个人的区别，经验的区别更具根本性。以此出发，得以摆脱唯我论。并且，由于认为经验是能动的，可以和费希特以后的超越哲学②进行调和，所以才写成了本书的第二章，当然还是不够完善的。

进行哲学思索的人，也许会被靡菲斯特③嘲笑为"犹如在绿色原野上吃枯草的动物"，但是我似乎就是"命中注定被惩罚做哲学思考"（黑格尔语）的人。人一旦吃了伊甸乐园的禁果，就不得不接受这种惩罚。

明治四十四年④一月
西田几多郎，于京都

再版序

本书出版以后，已经过了十年的岁月，而该书的写作时间比出版时间还早好几年。来到京都以后，得以专心读书和思索，使我的思想得到了一些洗练和充实。因此，逐渐对本书感到不满足，

---

① 恩斯特·马赫（Ernst Mach，1838—1916）：奥地利哲学家、物理学家，批判牛顿力学，主张感性要素一元论，著有《力学》《感觉的分析》等。——译者

② 超越哲学：指强调人的主体性的哲学，"超越"使之超越某事物，位于其外或其上。"超越"对义词是"内在"。

③ 靡菲斯特：德国诗人歌德《浮士德》中的魔鬼形象。——译者

④ 明治四十四年：公元1911年。——译者

甚至想让它绝版。但是，后来各方面都希望此书重版，我也想再写出一本能像本书这样表现自己整体思考的新书，然而恐怕将要在若干年之后了，所以决定将本书再版问世。此次再版，承蒙务台、世良两位文学学士为我承担字句订正和校对之劳，对他们两位不胜感激。

大正十年^① 一月

西田几多郎

新版序

本书已经重印多次，文字印刷也已不太清晰，所以这次书店决定重新排印。

本书也是我最早问世的著作，虽然只是年轻时代的一些思考，但也多少体现了我自己的一些观点看法。这次我本想借此机会对书中的一些地方加以补充，但人的思想总是时时刻刻变化着的，事隔几十年后，实已无从加笔，没有办法，只好保持本书原来的样子。

今天看来，本书的立场是意识的立场，也可能被看作是心理主义的东西。即便受到这样的批评，那也是应该的。不过，就是在写这本书的时候，潜藏在我思想深处的其实不单单是意识问题。我的"纯粹经验"的立场，到了写作《自觉中的直观与反省》一

---

① 大正十年：公元 1921 年。——译者

书时，就以费希特的"本原行动"①为中介，发展成为"绝对意志"的立场；到了《从"动者"到"观者"》一书的"后编"，又借鉴古希腊哲学而提出了"场所"的概念。直到那时我才觉得理出了头绪，将自己的思想加以逻辑化了。于是"场所"的观点就具体化为"辩证法的一般者"，同时"辩证法的一般者"的立场就直接化为"行为式的直观"的立场。本书中所说的"直接经验"的世界或"纯粹经验"的世界，现在已经视为"历史的现实世界"了。"行为式的直观"世界，亦即"审美性创造"的世界，才是真正的"纯粹经验"的世界。

费希纳②曾说过：有一天早晨，他坐在莱比锡玫瑰谷的凳子上休息，眺望着风和日丽下鸟语花香、群蝶飞舞的牧场，心中一反过去那种无声无色的自然科学式黑夜般的观看方式，而沉浸在眼前真实的白昼式的思考当中。我不记得受了谁的影响，反正很早以前就抱有一种想法，即认为现实必须是现实本身，所谓物质世界仅仅是被思考的事物而已。现在还可以回忆起我在高等学校读书期间，一边在金泽的大街上走着，一边像梦游似地沉湎于这种思考之中。当时的思考可能就构成了该书的基础。我在写本书的时候，根本没有想到它能够在如此长的时间里为如此多的人所阅读，也没有想到自己还能活这么久，并能看到它的再版。

---

① 本原行动：德文"Tathandlung"，日文译作"事行"，指的是以"自我"为出发点的纯粹的意识与行为活动，亦译"本原行为"。王玖兴译费希特《全部知识学的基础》（北京：商务印书馆，1985年，第6页）译为"事实行动"。——译者

② 费希纳（Gustav Theodor Fechner，1801—1887）：德国物理学家、实验心理学家、实验美学的创始者，著有《心理物理学纲要》（1860）、《美学初探》（1876）等。——译者

因此，面对此书，不禁有了"只要活着，就得踏出新路"这样的感慨。

昭和十一年①十月

西田几多郎

---

① 昭和十一年：公元 1936 年。——译者

第一章 纯粹经验

第一节 纯粹经验

所谓"经验",就是原样不动地感知事实,也就是完全没有自己的加工,只遵从事实并感知它。所谓"纯粹",不是一般所说的那种夹杂着某些思虑的经验,而是指丝毫未加思虑分别的、经验所真正应有的本来状态。例如,在看到一种颜色或听到一种声音的刹那,没有考虑这是外物的作用还是自己在感知,而且也没有来得及判断这个颜色或声音到底是什么。因此,"纯粹经验"和"直接经验"是一回事。当人们直接经验到自己的意识状态时,还没有主与客的分别,知识及其对象是完全一致的,这就是经验的最为纯正的状态。

诚然,一般而言,"经验"一词的意义并没有得到明确定义。例如,冯特[①]就把基于经验推论出来的知识,称为"间接经验"。他认为物理学、化学等属于间接经验的学问(参见冯特《心理学概论》序言第1节)。其实这些知识是不能称为严格意义上的"经验"的。而且,即使是意识现象,他人的意识,自己也不能去经

---

① 威廉·冯特(Wilhelm Wundt,1832—1920):德国心理学家、哲学家,德国第一个心理学实验室的创立者,构造主义心理学的代表人物。著有《生理心理学原理》等。——译者

验；即使是自己的意识，倘若是回忆过去，哪怕是当下正在回忆，也已经有了判断，就不再是纯粹经验了。真正的纯粹经验是不带任何意味，而只是现在意识到的事实本身的样子。

在上述的意义上，什么样的精神现象才是纯粹经验的事实呢？毫无疑问的是，感觉和知觉属于纯粹经验，而且我相信一切精神现象都是以这种形态出现的。即使在记忆中，它不是对过去意识的直接再现，因而也不是对于过去的直觉。对过往的感知，实际上也是现在的一种感情。至于抽象概念，它也绝不是超经验的东西，而是一种现在的意识。几何学家在想象一个三角形的时候，把它视为一切三角形的代表，这种以概念来代表的想法也不过是当下的一种感情而已（参见詹姆斯《心理学原理》第1卷第7章）。此外，如将所谓的"意识的边缘"（Fringe）直接作为经验的事实来看，那么意识到经验的事实之间的各种关系，也都要和感觉、知觉一道列入直接经验的范围之内（参见詹姆斯《纯粹经验的世界》）。这样的话，"情"与"意"的现象又是什么呢？愉快与不愉快的感情当然属于当下的意识。即便是"意志"，尽管它的目的指向在于未来，但我们却是把它当作当下的欲望来感知的。

那么，这种对于我们而言，直接的、作为一切精神现象之原因的所谓纯粹经验，到底是什么呢？对于其性质，以下我们略作探讨。

首先一个问题是，所谓纯粹经验，究竟是单纯的还是复杂的呢？虽然说是直接的纯粹经验，它又是由过去的经验所构成，后来又将它作为单一因素来分析，依此看来，纯粹经验或许可以说是复杂的。然而，不论纯粹经验如何复杂，在那个瞬间，它总是一个单纯的事实。即便是过往意识的再现，而当它被统一于当下意识，并作为一个要素而获得新的意义的时候，就已经不能说它与过往意识是同一个东西了（参见斯托《分析的心理学》第2卷第45页）。同理，在对现在的意识进行分析时，被分析的东西就已经和现在的意识不属于同一种东西了。每一种纯粹经验，从本质上看都是迥然不同的，在每个场合，各自都是单纯的、独特的。

其次的一个问题是，这种纯粹经验是在什么范围内综合起来的？当我们对现在有了思考时，就已经不是现在了，纯粹经验所经验的现在，并不是这种思想上的现在。"现在"作为意识中的一个事实，必须有某种程度的时间上的持续（参见詹姆斯《心理学原理》第1卷第15章）。也就是说，意识的焦点总是现在的。

这样，纯粹经验的范围就自然和注意的范围形成一致。不过，我认为纯粹经验的范围不一定局限于单纯专一的注意。我们能够丝毫不掺杂任何思虑，而将注意力专注于主客未分的状态。例如，登山者拼命攀登悬崖，音乐家演奏熟练的乐曲时，都可以说完全处在"知觉的连续"（perceptual train）状态（参见斯托《心理学手册》第252页）。又如，在动物的本能动作中，也许会带有这样的精神状态。在这些精神现象中，知觉保持着严密的统一和联系，尽管意识会有变化，而注意力却始终朝着同一事物。前后相互作用，其间没有一点容许思虑插入的间隙。与瞬息之间的知觉比较，它虽然注意点有所推移，时间又有长短，但从直接的主客合一这一点来看，是没有任何差别的。尤其是所谓"瞬间知觉"，如果认为它实际上是由复杂的经验结合而成，那么上述两者的差别就不是性质的差异，而仅仅是程度上的不同。纯粹经验不一定只限于单一的感觉。心理学家所说的那种严密意义上的单一感觉，只是学术分析之后的假说，并不是事实上的直接具体的经验。

纯粹经验具有直接性与纯粹性，并不因为它是单一的、不能分析的或一瞬间的。相反地，它是具体意识的严密统一。所谓意识，并不像心理学家所说的那样是由单一的精神因素结合而成的，它本来就构成了一个体系。例如，初生儿，其意识状态恐怕是连明暗也不能分辨的混沌的统一。多种多样的意识状态就是从中分化发展而来的。但是无论怎样地精细分化，也不会丧失它根本上的体系状态。我们的直接的具体的意识总是以这种状态出现的，即便一瞬间的知觉也绝不会违背这种状态。例如，有时候我们认为看一眼就会了解事物的整体，但是倘若细究起来，随着眼球的运动，注意力会自行发展变化，从而了解事物的全体。

这样看来，所谓意识本来就是一种体系的展开。因为这种统一是严密的，当意识自行展开的时候，我们并不会失去纯粹经验的立足点。这一点，无论在"知觉经验"，还是"表象经验"中都是相同的。当表象体系自行展开的时候，整体就成为纯粹经验。就像歌德在梦中直觉地吟咏出了诗篇就是一个好例子。或许有人认为，在知觉经验方面，因为注意力受到了外物的支配，似乎谈不上意识的统一。然而，须知在知觉活动的背后，也仍然会有某种无意识的统一力在起作用，而注意力实际上就是由它来引导的。

相反的情况是，表象经验不论怎样被统一，但它毕竟属于主观的活动，因而似乎也不能说它就是纯粹经验。但是，即使是表象经验，当它的统一是必然的和自行结合的时候，我们也必须把它视为纯粹经验。例如，做梦，如果没有外界的东西破坏它的统一，就是完全和知觉经验相混同的。本来，所谓经验并没有内外之分别，使它的纯粹性得以形成的，在于它的统一，而不在于种类。即便是表象，在它与感觉严密结合着的时候，那就是一种经验。只是在它脱离了现在的统一，而与其他意识相关联的时候，就已经不再是现在的经验，而成了一种"意义"。另外，当仅仅是表象的时候，就像做梦那样，是完全与知觉相混同的。感觉，之所以始终被认为是一种经验，大概正在于它始终是注意的焦点，也是统一的中心点。

现在我还想对"意识统一"的意义做较详细的界定，以阐明纯粹经验的性质。

所谓"意识的体系"，就是指具有统一性的某种事物，像一切有机物那样统一地或者有秩序地进行分化和发展，从而实现其全体。在意识中，它先显示其一端，与此同时，统一作用便作为一种有倾向性的感情与之相伴。支配我们注意的就是这种统一作用。在统一是严密的或者不受他物妨碍的时候，这种统一作用是无意识的，否则，就会变成别的表象而出现在意识中，立即脱离纯粹经验的状态。也就是说，在统一作用发挥其功能的时候，整体是现实的，是纯粹经验。

而大凡是意识都具有冲动性，如果像唯意志论那样把意志视为意识的根本形式的话，那么意识发展的形式，也就是广义上的意志发展的形式，所谓统一的倾向，应该说就是意志的目的。所谓纯粹经验，就是在意志的要求与其实现之间浑然一体，是最自由、最活泼的状态。当然，倘若从意志的选择性来看，这种受冲动的意志所支配的状态，也许反而会束缚意志。不过，意志的选择实际上已经是丧失了自由状态的意志，所以当它被训练的时候，便又成为冲动的了。意志的本质并不在于它是对未来抱有欲望的状态，而在于当下的即时的活动。本来，伴随着意志的动作，并不是意志的要素。从纯心理的观点来看，意志就是内在意识的统一作用。离开这个统一作用，就不再是一种意志的特殊现象了。这个统一作用的顶点就是意志。

思维和意志一样，也是一种统觉作用。但是它的统一只是主观性的，而意志则是主观客观的统一。意志之所以始终具有即时性，原因正在于此（参见叔本华《作为意志和表象的世界》第54节）。

纯粹经验被认为是事实的直觉本身，是没有意义的。这样说来，所谓纯粹经验，或许会被认为是一种混沌无差别的状态。但是各种意味或判断，都是由经验本身的差别而引起的，后者不是由前者所赋予的，而经验本身的形态必须是具有差别相的。例如，我们在看到一种颜色并判断它是蓝色时，原有的色感并不会因此而分明起来，只是我们把它和过去相同的感觉结合起来了而已；又如，现在，我指视觉上出现的一种经验为桌子，并对它下了种种的判断，但这并不能使该经验本身的内容变得更为丰富。总之，所谓经验的意味或判断，不过是表示与其他东西之间的关系罢了，并不能使经验本身的内容得以丰富。在意味或判断中出现的东西，是从原经验抽象出来的一部分，其内容反而比原经验要少。当然，当我们回想起原经验的时候，固然也有以前无意识而后来又意识到的情形，但这也只是注意到了以前未曾注意到的那一部分，并不是通过意味和判断而增加未曾有的东西。

如果纯粹经验是这样具有自身差别相的东西，那么加在它身上的意味或判断又是什么呢？它和纯粹经验之间的关系又如何呢？

一般说来，在纯粹经验与客观实在相结合的时候，就产生了意味，形成了判断。然而从纯粹经验论的立场来说，我们却不能超出纯粹经验的范围之外。意味或判断，其实就是把现在的意识和过去的意识相结合而产生的。换言之，是基于将它统一到大意识系统之中的统一作用。所谓意味或判断，是表示当下意识与他物之间的关系，只不过是在意识系统中标注现在的位置而已。例如，当我们将某种听觉判定为钟声时，只是在过去的经验中确定了它的位置。

因而，无论什么意识，当它处于严密的统一状态时，它始终就是纯粹经验，亦即一种单纯的事实。反之，当这种统一性被破坏时，也就是与他物发生关系时，便产生了意义判断。对于我们直接表现出来的纯粹经验而言，它是过去的意识立即发挥作用的结果，因此，既与当下意识的一部分相结合，又与另一部分相冲突，纯粹经验的状态就是在这里逐渐被分析、被破坏的。

所谓意义或判断，就是这种不统一的状态。不过，细究起来，这种所谓的统一和不统一，毕竟只是程度上的差别。实际上，既没有完全统一的意识，也没有完全不统一的意识。一切意识都是体系性地展开。即便是一瞬间的知识，也包含着种种对立和变化。同样地，在意义或判断之类关联意识的背后，也必然存在着使这种关系得以成立的统一的意识。正如冯特所言，一切判断都是由复杂表象的分析而产生的（参见冯特《逻辑》第1卷第3部第1章）。

另一方面，判断逐渐受到训练，其统一性趋于严密时，就会完全成为纯粹经验的形态。例如，在学习技艺的时候，最初有意识的行为也随着技艺的熟练，而变得无意识。进一步思考的话，纯粹经验及其意味或判断，表现了意识的两个方面，亦即不过是对同一事物的不同看法而已。意识既具有统一性的一面，同时又必然具有分化发展的一面。正如威廉·詹姆斯[①]在《意识流》中所说明的那样，意识不总是居于它所显现的地方，而总是暗暗地与其他东西发生关系。我们在任何时候都能够将现在视作大体系的一部分，而所谓分化发展，则是一种更大的统一作用。

如果认为意义是大的统一作用，那么在这种情况下，纯粹经验就会超越自身的范围吧。例如，当我们把记忆和过去联系起来，把意志和未来联系起来的时候，也许就可以认为纯粹经验超越了当下。

心理学家认为，意识不是物，而是事，因此时时刻刻都在更新，同一的意识是不会再度发生的。但是在我看来，这种看法并不是基于纯粹经验的立场而言的，而是从过去不复返、未来未到来这种时间的属性上推论出来的。倘若从纯粹经验的立场来看，同一内容的意识无论在何处都必须是同一的意识。例如，思维或意志中的一个表象连续活动时，我们必须把它视为同一个东西，即使它的统一作用在时间上被切断了，也必须把它视为同一个东西。

[①] 威廉·詹姆斯（William James，1842—1910）：美国心理学之父，美国本土第一位哲学家和心理学家，也是教育学家、实用主义的倡导者，美国机能主义心理学派创始人之一，著有《心理学原理》等。——译者

第二节 思维

从心理学上说，所谓思维，就是确定表象之间的关系并将其统一的那种活动作用，其最单纯的形式就是判断，也就是确定两个表象的关系并把它们结合起来。而所谓的判断，并不是把两个独立的表象结合起来，相反地却是对某一完整的表象予以分析。例如，"马儿奔跑"这个判断，乃是通过分析"奔跑着的马儿"这个表象而产生的。因此，在判断的背后总是有纯粹经验的事实存在。在判断中，主客两表象的结合，实际上由此而成为可能。当然，这并不是说，无论什么时候都是先有完整的表象出现，然后再依此开始分析的。

首先是"主语表象"。因为存在着"主语表象"，有时候也会由此出发，在一定方向上产生种种联想，经过选择以后决定其中之一。但是即便在这种情况下，在即将做出决定的时候，包含着主客两种表象的完整表象也必须先显示出来。也就是说，这个表象开始时是暗暗发挥作用的，在具有现实性的时候才得到判断。可见，要做出判断，根本上是必须依赖于纯粹经验的。不仅事实判断如此，即便纯理性的判断，也是如此。例如，几何学上的公理，其实也都是基于一种直觉。哪怕是抽象概念，如果要对两件东西做出比较和判断，就必须在其根本上具有某种统一性的经验。所谓思维的必然性就是由此而产生的。

职是之故，不仅如上所说的知觉，而且假如关联意识也可以称之为"经验"的话，那就可以说，在纯理性的判断中，根本上也是依赖纯粹经验事实的。另一方面，就作为推理的结果而产生的判断来看，正如约翰·洛克所说的那样，即使在论证性的知识中，也必须一步一步地进行直觉性的证明（参见洛克《人类理解论》第4部第2章第7页）。连环性的各个判断，在根本上也必须有纯粹经验的事实。在综合种种方面的判断得出结论的时候，即使没有将全体统一起来的事实性的直觉，也会有对一切关系进行综合统一的逻辑的直觉在发挥作用。（所谓思维的三大定律，实际上也是一种内在的直觉。）例如，人们根据种种观察，推测地球应该是转动的，这也是基于某种直觉的逻辑而做出的判断。

一直以来，人们都认为思维和纯粹经验是完全不同类型的精神作用。但如果我们现在抛弃一切独断，而直接进行思考的话，那就会认为，正如詹姆斯在题为《纯粹经验的世界》短文中所说的那样，如果把关联意识也加入经验之中来考虑的话，那么可以认为思维作用也是纯粹经验的一种。如果从外表来看，知觉和作为思维要素的心象，可以区别为两种：一个是基于外物引起的末梢神经的刺激，一个是基于大脑皮质的刺激。再从内部来看，我们通常也不会把知觉和心象混同起来。但是，从纯心理的角度来考虑，要对它们做严格的区别是很困难的。它们是由强度的差异或其他种种不同的关系而产生的，其间并没有绝对的区别。（有时候在梦境或幻觉等情况下，我们会把心象与知觉混同起来。）这种区别并不是在原始意识中就存在的，而只是通过种种关系才具有的。而且，乍看上去，知觉似乎是一个单一的过程，思维则是一个复杂的过程。实际上知觉也未必是单一的，它也是一种构成性作用。所谓思维，从其统一的方面来看，它也是一种作用，也可以看作是某个统一体的发展形态。

把思维和知觉经验看作同一种东西，可能会有种种争议，我想就此略加讨论。

通常人们认为，知觉的经验是被动的，其作用都是无意识的，与此相反，而思维却是能动的，其作用都是有意识的。但是，这种明显的区别体现在哪里呢？以思维而言，当它自由活动和发挥时，也几乎是在无意识的作用之下进行的。只有在它的活动受到阻碍的情况下才成为意识状态。促使思维运转的，不是我们的随意作用，而是思维本身在发展。我们要在完全抛开自己而与思维的对象，即问题融合为一的时候，更准确地说，是将自己淹没于对象之中的时候，才能见证思维活动。思维有自己的法则，它是自主活动的，而不是受我们意志所支配的。假如认为和对象融汇为一，就是有意识地在对象上投射注意力，这种看法固然说得过去，不过，在这一点上，知觉也是同样的。我们对于想见的东西，是可以自由倾注注意力的。当然，思维的统一性比知觉的更广，它的推移是有意识的，以往曾经把这一点作为思维的特征，但是仔细想来，就明白这个区别也是相对的。在思维中，从一个表象向另一个表象推移的一瞬间，也是无意识的。统一作用在现实地进行发挥的时候，一定是无意识的。把这个作为对象明确意识到的时候，它的作用就已经完成了。思维的统一作用完全是在意志之外进行的，只是我们对某个问题进行思考时，有种种不同的方向，它的取舍是自由的。不过，这种现象，在知觉的场合也并非不存在。在稍微复杂的知觉中，如何倾注注意力，则是自由的。例如，在观赏一幅画的时候，能够注意它的形状，也能够注意它的色彩。此外，在知觉中，我们为外物所动，而在思维中，则是内心活动，这种内外的区别总体上看也是相对的。可以认为，作为思维材料的心象，是比较容易变化的，是自由的。

其次，一般认为，知觉是关于具体事实的意识，思维是关于抽象的关联意识，似乎两者完全不同。但是，对于抽象的关联意识，其实我们是不能单纯意识到的。思维的运行也是借着某种具体的心象才能进行。没有心象，思维便不成立。例如，要证明三角形各角之和等于两个直角，就必须借助于某个特殊三角形的心象。思维不是离开了心象而独立的意识，而是伴随着心象的一种现象。戈尔①说过，心象及其意义之间的关系，与刺激及其反应之间的关系是相同的（参见杜威《逻辑理论研究》）。思维是意识对心象的反应，而心象又是思维的发端，思维与心象并非不同之物。无论什么心象都不是孤立的，必然在整个意识中的某种关系上体现出来，而且它属于思维中的关联意识。我们所认为的纯粹的思维，其实也不过是在这方面的表现更为显著而已。

基于以上我们对心象和思维之关系的看法，是不是就可以说在知觉方面没有这种思维呢？当然不是。像所有意识现象那样，知觉也是一种体系性作用，而且它的反应更显著，能够表现成为意志，付诸行动。但是，心象却只局限于作为思维的内在关系上。事实上意识虽有知觉与心象的区别，但是并没有具体和抽象之别，而思维则是根据心象对事实进行确认的意识。正如上文已经说过的那样，从严密的纯粹经验的立场来看，知觉与心象之间的差异，在任何情况下都是难以区分的。

---

① 戈尔（Gore，1853—1932）：英国哲学家、宗教学家。——译者

以上，从心理学的立场上，论述了思维也是纯粹经验的一种。但是思维不只是个人意识上的事实存在，而且也具有客观的意义。思维的功能在于寻求真理。在自己能够直觉自己的意识现象的情况下，即在纯粹经验的场合，虽然没有真伪之别，但在思维中是有真伪之辨别的。为了把这些问题搞清楚，很有必要详细论述一下所谓客观、实在、真理等的意义，但对此做严格的批判性考察，则可以认为在纯粹经验的事实之外，没有实在。这也需要从心理学上进行说明。

如上所述，所谓意识的意味，是从它与其他事物的关联意识中产生出来的。换言之，是由其意识进入的体系决定的。即使是同一种意识，由于它进入的体系不同，也会产生种种不同的意义。例如，即便是意味的意识或心象，当把它看成是孤立的、与其他事物无关的东西时，它也就是一个没有任何意味的纯粹经验的事实。反之，对于作为事实意识的某种知觉，倘若从它在意识体系中与其他事物有关这一点来看，它也是具有意味的，只是在许多场合下，它的意味是无意识的。

那么，怎样来辨别什么样的思想是真，什么样的思想是伪呢？我们始终相信，意识体系中最有力、最广大、最深刻的体系，就是客观的实在。与此相契合的便是真理，与此相矛盾的便是虚伪。若从这一点来看，知觉也有正确和错误之分。也就是说，从某个体系来看，合乎它的目的时，就是正确的，相反就是错误的。当然在这些体系中也有种种不同的意味，区别在于知觉背后的体系大多是实践性的，而思维的体系则是纯知识性的。不过我认为，正如知识的最终目的是实践性的一样，可以说意志的本源之中潜藏着理性。(对于这个问题,我将在下文的"意志"一节中详加论述。)然而,这种体系的区别也不能说是绝对的,即使是相同的知识性的作用,联想和记忆等也只是个人意识内的关系统一。只有思维才可以说是超个人、一般性的。不过,也是由于把我们的经验范围强行限定于个人的范围,才产生了这种区别。因而没有考虑到,在纯粹经验之前反倒是没有个人的。(意志是意识统一的小小的要求,而理性则是它的深远的要求。)

到此为止,我对思维与纯粹经验两者做了比较,一般认为两者属于完全不同的类型,但深究起来,便能见出它们的一致之处。下面我想来谈谈思维的起源及其归趣,以便进一步阐明上述二者之间的关系。

我们意识的原始状态、即便是发达意识的直接状态,都是纯粹经验的状态,这是谁都不能否认的。反省思维的作用,则是随后而产生的。那么为什么会产生这种反省作用呢?如前所说,意识本来就是一个体系,自行发展和完善是其自然状态,并且在它的发展进程中会发生种种体系的矛盾冲突,而在这种情况下,反省的思维就出现了。但是,从一方面来看是如此的矛盾冲突状态,若从另一方面来看,却又是更大的体系性展开的端倪。换句话说,是一种未完成的更高的统一状态。例如,无论在行为中,或在知识中,我们的经验变得复杂,出现了种种联想,自然流程受到阻碍时,我们就会发生反省的思维。在这个矛盾冲突中,暗含着统一的可能性。因而在决意或解决的时候,更高状态的统一的端绪就成立了。但是,我们绝不会只停留决意或解决这种内在统一的状态。自不待言,决意一定要与实践相伴,在思想中也必然具有某种实践的意味。思想必须体现在实践中，即必须达成纯粹经验的统一。这样一来，纯粹经验的事实既是我们的思想之始，又是我们的思想之终。

总之，思维不过是更高的意识体系发展实现的过程。如果在更高的意识统一的层面上来看，所谓思维也不过是在更高层面直觉之上的一种波澜罢了。例如，在我们就某种目的进行苦思冥想的时候，作为统一意识的目的，总是在背后作为一种直觉的事实在进行活动。因此，虽说是思维，但与纯粹经验并没有不同的内容和形式，只是它更深刻、更博大，却又处于未完成的状态。从另一方面来看，所谓真正的纯粹经验不只是被动性的，相反它也具有普遍的构成性，可以说它是把思维包含在内的。

纯粹经验与思维，本来是面对同一事实的不同观察的产物。黑格尔极力主张，思维的本质不在其抽象性，而在其具体性，如果是这样，思维就和我上述的那种纯粹经验几乎是同一种东西了，也不妨说纯粹经验就是思维。

从具体的思维来看，所谓概念的一般性，不是像通常所说的将类似的性质予以抽象化，而是指具体事实的统一力。黑格尔也说，所谓一般，就是具体之物的灵魂（参见黑格尔《大逻辑》第3卷第37页）。而且因为我们的纯粹经验是体系性的展开，所以它在根本上蕴含着一种统一力，因此，它必须是一般性的概念本身。经验的展开直接成为思维的发展，也就是说，纯粹经验的事实，就是所谓的"一般的东西"[①]在自身的实现。就连感觉或联想，其

[①] 一般的东西：原文"一般なる者"，西田哲学的基本概念之一，在此后的著作中，"一般なる"直接被简化为"一般者"，被大量使用，并逐渐得到了更清晰的界定与阐释。——译者

背后也有潜在的统一作用在运行。反之，即便是在思维中，统一在发挥作用的瞬间，其统一本身也是无意识的。只有在这种统一被抽象化或被对象化了的时候，才成为别的意识而体现出来。但是在这个时候，统一作用就已经丧失了。所谓纯粹经验，如果它意味着单一的或被动性的东西，那就也可能与思维相反；但所谓经验，如果指的是如实感知的意思，那么所谓单一的或被动性的东西，反而就不能称为纯粹经验的状态了。真正直接的状态，是构成性的和能动性的状态。

我们通常认为，通过思维理解一般性的东西，通过经验感知个别性的东西。但是，实际上并没有离开个别的一般性的东西，真正一般者，是个别的实现所具有的潜能，又是存在于个别之中并使其发展的一种力量，植物的种子就是一个好例子。如果是从个别中抽象出来，并与其他的特殊相对立的东西，那么它就不是真正的一般，而仍然属于特殊。在这种情况下，一般并不处在特殊之上，而是和特殊相并列的。例如，就有颜色的三角形来说，从三角形来看，其颜色是特殊的，但从颜色来看，则三角形又是特殊的。像这种抽象而缺乏张力的一般，是不能成为推理和综合的基础的。因此，在思维活动方面，作为统一之基础的真正的一般，必须是将个体现实及其内容等同起来的潜在力量。只因它有时含而不露，有时显露在外，才发生了差异。

所谓个体，就是对一般的东西的限定。如此来考察个别与一般的关系，那么在逻辑上，思维与经验之间的差别也就随之消失了。我们所说的个体经验，实际上可以视为展开过程中的东西，亦即它具有能够被精细地予以限定的潜在可能。例如，我们的感觉，也许还会有分化发展之余地。从这一点上看，也还可以视为一般性的东西。反之，即便是一般性的东西，如果只在一个特定之处来看它的展开，也就可以说它是个体性的。通常我们只把受空间、时间所限定的东西，称为个体的。但是，这种限定仅仅是外在的。真正的个体，其内容必须是个体的，即必须是具有唯一性的。一般性的东西发展到了顶点就是个体。从这个意义来说，通常所谓的感觉或知觉，其实是内容极为贫乏的一般性的东西，像意味深远的画家的直觉，倒可以说是真正个体性的。凡是在空间、时间上受到限定的单纯的物质，都成为个体的，这在根基上是唯物论的独断。如从纯粹经验的立场来看，对于经验，必须从内容上予以比较判断。所谓时间、空间之类，也只是基于事物的内容而对其予以统一的一种形式而已。此外，感觉印象的鲜明强烈，以及与情意具有密切关系等因素，也是造成将它视为个体性之物的一个原因。不过，所谓思想绝不是与情意无关。我认为，激起强烈情意的东西之所以被认为是个体性的，是由于与知识比较起来，情意才是我们本身的目的，并且它接近了发展的极致。

要言之，我认为思维与经验是同一的，在它们之间虽能见出相对差异，但并没有什么绝对的区别。不过，我并不因此而断言思维是个人的和主观的。如上所说，纯粹经验是能够超越于个人的。这种说法听上去令人惊讶，但是，经验是对时间、空间和个人的感知，所以它存在于时间、空间和个人之上。不是先有了个人，然后才有经验，而是先有了经验，然后才有个人。所谓个人的经验，只不过是在经验之中被限定的一个特殊的、很小的一种经验而已。

第三节 意志

我想从纯粹经验的立场来讨论"意志"的性质，并阐明"知"和"意"之间的关系。

意志，在很多场合以动作为目的，并伴随着动作。意志是一种精神现象，它与外界的动作自然是有区别的，动作也未必是意志的要件。即使因为外在的原因而没有发生动作，但意志仍然是意志。正如心理学家所言，对于我们的运动[①]的意志而言，只要拾起过去的记忆就够了，也就是把注意力转向这方面即可，运动意志自然伴随而生。并且从纯粹经验来看，这种运动意志本身也不过是运动感觉的连续。直接加以观察，就会看到一切意志的目的，也仍然是意识内的事实。我们总是以自己的状态为意志，而意志是没有内在的和外在之区别的。

说到意志，就好像它有某种特殊力量，其实它不过是由一个心象向另一个心象推移的经验而已，以做某件事为意志，实际上就是把注意力转向了这件事情。这种情况在所谓无意识的行为中最能看得清楚。即使在上述的那种知觉的连续的情况下，注意力的推移与意志的进行，也完全是一致的。诚然，注意力的状态并不局限于意志，它的范围似乎更广些，但通常所谓意志指的是对于运动表象的体系予以注意的那种状态。换言之，就是指这个体系占据了意识，而我们与之完全合一。或许有人认为，仅仅注意

---

① 运动：作者在本节中多用"运动"（運動）一词，并频繁使用"运动意志""运动表象"的词组。这里的"运动"与动作、行为、活动等基本同义，以下多译为"行为"。——译者

一个表象，和把它当作意志的目的，两者是不同的。但其实那只是表象所属的体系的差异。

一切意识都是体系性的，表象也不会孤立发生，它一定是属于某个体系的。根据它所属的体系，即便是同一表象，既能成为知识的对象，也能成为意志的目标。例如，对于一杯水，在它仅仅作为外物而引起我们注意的时候，它是知识的对象，然而一旦联想到自己需要饮用的时候，一杯水就成为意志的目的。歌德曾说过："天上的星辰是美的，因为它们不涉及我们的意欲。"这句话是说明，若不进入自我活动的表象系统，任何东西都不能成为意志的目的。显而易见的事实是，我们的欲求都是由于过去经验的回忆而形成的。它的特征是带着强烈的感情与紧张之感，强烈的感情是产生于我们的行为表象体系之中，基于我们最强烈的生活本能；紧张感是伴随着行为中的肌肉感觉而来的。仅仅想起某种行为，还不能立即说有了从事这种行为的意志，那是因为行为表象还没有占据整个意识，如果真正与它融合为一，就立即成为意志而付诸行动了。

那么，行为表象的体系与知识表象的体系有什么差别呢？如果追溯到意识发端之初来看，这种区别是没有的。本来，我们身体的生成，是为了能够进行种种行为以保存生命。意识就是为符合这种本能的行为动作而发生的。而其原始状态与其说是知觉性的，毋宁说是冲动性的。随着经验的积累，逐渐产生了能够进行种种联想的能力，于是形成以知觉中枢为基本、行为中枢为基本这两种体系。不过，这两种体系不管怎样分化出来，却总不能是完全不同的两种东西。即使是纯知识，也要在某种意义上具有行为实践的意义；即使是纯意志，也一定以某些知识为基础。具体的精神现象必须具备这两个方面。知识与意志两者，不过是把同一现象按照显著不同的方面予以区别而已。也就是说，知觉是一种冲动的意志，而意志是一种起念。并且，记忆表象虽是纯知识性的东西，但也必定或多或少具有实践的意义。反之，即使被认为是一种偶然产生的意志，它也总是基于某种刺激。而且，虽然说意志大多是由内在目的驱动而进行的，但知觉也能够预先确定目的，并向它调动感官。

特别是思维，可以说完全是有意识的；反之，像冲动性的意志之类就完全是被动的。这样看来，行为表象与知识表象就不是完全不同的东西，而意志与知识之间的区别只能说是相对性的。带有意志特征的苦乐之情、紧张之感等，即便程度较弱，也一定会伴随着知性的作用。

知识，如果主观地来看它，也可以看作是内在潜力的发展。如上所说，无论是意志还是知识，都可以看作是潜在的某种东西的体系性的展开。当然，倘若将主观与客观分别来看，那么也许可以见出这样的区别：在知识中，我们是使主观服从于客观，而在意志中，是使客观服从于主观。但要对这个问题详加讨论，就有必要明确主客的性质及其关系。我认为在这一点上，知识与意志之间也是有共通点的。在知识的作用方面，我们总是先带着一个假定，再把它同事实进行对照。无论进行怎样的经验性的研究，都必须先有假定。当这个假定与所谓的客观相一致的时候，我们就相信它是真理，亦即认识了真理。在意志性的行为方面，即使我有一个欲求，也不是直接付诸意志行为的，而是参照客观情况，明确是否合适和有可能性之后，才发展到实行阶段。在前一场合，我们完全是使主观服从于客观，但在后一场合，能否说是让客观服从主观呢？欲求，只有当它很好地与客观达成一致的时候才可能实现。意志离客观越远就越是无效，越是接近也就越是有效。如果我们打算实现超越现实的伟大目标，就必须考虑种种手段，并一步一步地推进。而这样考虑方法手段，就是谋求如何与客观相调和，如何遵从客观。如果最终没有方法手段，那就只好改变目标。反之，在目标和现实极为接近的时候，就如饮食起居这些习惯行为，欲求立即可以付诸实行，这不是取决于主观，反而可以看作是由客观所决定的。

如此，在意志之中，不能说是让客观完全服从主观；同样地，在知识之中，也不能说是让主观服从客观。当自己的思想成为客观真理的时候，即确认它是实在的法则，并明白可以根据这个法则去行动的时候，我能不能说我的理想得到了实现呢？思维也是一种统觉作用，是建立在知识性的要求之上的内在意志。我们能够达到思维的目的，难道不就是一种意志的实现吗？两者的不同只在于：一个是按照自己的理想来改变客观事实，一个是按照客观的事实来改变自己的理想。也就是说，一个是作为，一个是见出。真理不是我们作为出来的，而应该服从真理来进行思维活动。

然而，我们称之为"真理"的东西，果真是完全可以离开主观而存在的东西吗？从纯粹经验的立场来看，离开主观的客观是不存在的。所谓真理，就是将我们经验的事实统一起来的东西，而最有力的和最有统括性的表象体系就是客观的真理。所谓认识真理或服从真理，指的就是对自己的经验进行统一，从小的统一，发展到大的统一。如果我们的真正的"自己"就是这种统一作用者的话，那么所谓认识真理，就是服从大的自己，也就是实现大的自己。（像黑格尔所说的，一切学问的目的都在于精神在天地间的万物中认识自己本身。）随着知识的增多，自己的活动范围也就逐渐扩大，于是，原本"非自己"的东西也逐渐进入"自己"的体系之中。因为我们总是以个人的要求为中心来思考问题，所以在知识上，就感觉到自己似乎是被动的。但倘若将这种意识的中心转换一下，把它置于所谓理性的要求上面，则我们在知识方面，也能成为能动的。也就是斯宾诺莎所说的"知识就是力量"。

我们一直相信，唤起过去的行为表象，能够使人们自由地进行身体活动。然而我们的身体也是物体，从物体这一点来看，与其他的物体并无不同。用视觉来认识外界事物的变化，和用肌肉感觉来感知自己身体的运动，两者是相同的。要说外界，两者都属于外界。然而，人们为什么会认为自己的身体与他物不同，只有身体才可以任由自己支配呢？我们通常说到"行为表象"，一方面认为是我们的心象，另一方面又认为它是引起外在运动的原因。但从纯粹经验的立场来看，所谓由行为表象引起身体行为，也不过是说某种预期的行为表象直接伴随着行为感觉而已。在这一点上，它与一切可以预期的外界变化的实现是相同的。我认为，在原始意识的状态方面，实际上自己的身体行为与外物运动是相同的，只是随着经验的进展，两者才产生了分化。也就是说，在种种条件限制下发生的事情，被视为是外界的变化，而紧随着预期表象的则被认为是自己的行为。因为这种区别本来就不是绝对的，所以即使是自己的行为，稍微复杂的行为是不能直接服从预期表象的。在这种场合下，意志的作用就明显地接近于知识的作用了。

要言之，所谓外界的变化，实际上也属于我们的意识领域亦即纯粹经验之内的变化。而且，如果约束限制也只是程度上的差异的话，那么知识实现与意志实现毕竟将成为同一性质的东西。或许有人说，在意志的行为方面，预期表象不只是先于意志的行为，它本身直接就是行为的原因，但在外界的变化方面，知识性的预期表象本身或许并不是变化的原因。然而，本来所谓因果就是意识现象的不间断的连续，假如说有一种离开意识而完全独立的外在事物，那么在意志的层面上说，也不能说意识性的预期表象直接就是外在行为的原因，而只能说两种现象是平行的。如此看来，意志的预期表象之于运动的关系，和知识的预期表象之于外在的关系，就成为同一的了。实际上意志的预期表象与身体行为未必总是相伴相随的，还是要在某种条件限定下，方可相伴相随。

又，我们通常说意志是自由的，然而所谓"自由"到底是指什么而言的呢？本来我们的欲求是被赋予的，并不能自由地产生。只有我们在服从某种被赋予的、某种深刻动机而行动的时候，才感到自己是能动的，是自由的。相反，在与这种动机相悖时，就会感到被胁迫。这就是自由的真正意义。而且，这种意义上的自由，只是与意识的体系性的展开具有相同的意义。在就知识方面而言，在同一情况下也可以说是自由的。我们以为在任何事情上都能够希求自由，但这只是就可能性而言的。实际的欲求是在特定的时候被赋予的，或许在某一个动机展开的过程中，能够预知下一个欲求，否则就不能预知自己在下一个瞬间会有什么欲求。总之，与其说我产生了欲求，不如说我就是现实的动机。一般认为在欲求之外，有一个超然的自己存在，似乎可以自由地决定动机，但是这样的神秘力量实际上是没有的。如果可以由这种"超然的自己"来决定的话，那也只是"偶然的决定"，而不能认为是"自由的决定"。

如上所述，意志与知识之间并没有绝对区别，所谓区别大多只是外界所赋予的独断。作为纯粹经验的事实来说，并没有意志与知识的区别，它们都是某种一般性的东西体系化地实现自己的过程，它们的统一的极致就是真理，同时又是实践。在上述的连续直觉的情况下，知与意尚未分开，是毫无疑问就是知即行。随着意识的发展，一方面由于种种体系的矛盾，另一方面由于向更大的统一推进，才能够区分理想与事实，出现了主观界与客观界的划分，于是就产生了这种想法，认为由主观走向客观的是意，而由客观走向主观的是知。知与意的区别，是在主观与客观分离、纯粹经验的统一状态丧失的时候发生的。意志中的欲求与知识中的思想都是理想与事实的不统一的状态。所谓思想，也是我们对于客观事实的一种要求；而所谓真理，则是符合事实的、能够实现的思想。从这一点看来，可以说它是和符合事实的、能够实现的欲求相同的。唯一的差别在于：前者是一般的，而后者是个人的。因此，所谓意志的实现或真理的极致，意思就是从这种不统一的状态，达到纯粹经验的统一状态。

这样来认识意志的实现，就很明白了，但是如果也这样来认识真理，恐怕还需要做一点说明。对于什么是真理的问题，会有种种不同的看法。我的看法是，最接近具体经验的事实就是真理。往往有人说，真理是一般性的东西。如果所谓一般性的东西只是意味着抽象的共通性，那就反而是远离真理的东西了。真理的极致必定是综合种种方面的、最具体的最直接的事实本身。这个事实是一切真理之本。所谓真理，就是由它抽象出来，由它构成的。说真理在于统一，但这个统一不是指抽象概念的统一而言的，真正的统一在于这个直接的事实。完全的真理是个人的，是现实的。因此，完全的真理不是用语言所能表达的，如所谓科学的真理不能说是完全的真理。

一切真理的标准不是在外部，而在于我们的纯粹经验的状态中。所谓认识真理就是要与这个状态相一致。即便是像数学那些抽象的学问，构成它的基础原理也源于我们的直觉或直接经验。经验有种种不同的层面，如前所述，若将关联意识也放到经验之中来看的话，数学的直觉也是一种经验。有了这样种种的直接经验，那么就有一个疑问：要根据什么来判定其真伪呢？当两个经验能被包含于第三个经验的时候，就可以根据这个经验来判定真伪。总之，在直接经验的状态里，对于真理的确信，就是主客两忘、对天地间唯一的现实欲质疑而又不能质疑的那种状态。

另一方面，所谓意志的活动，也不过是说这种直接经验的即时呈现，即意识统一的成立而已。一个欲求的出现，和单纯的表象的出现一样，都是直接经验的事实。种种欲求在进行较量之后形成一个决断，就如同在种种思虑后做出一个判断一样，一个内在的大体的统一就成立了。当我们说意志在外部世界实现的时候，就如同科学研究时自己的想法被实验证明了一样，是打破了主客之别的最为统一的直接经验的即时出现。有人认为意识的内在统一是自由的，而要与外界的统一就必须服从自然。但是，即便是内在统一也不是自由的，统一都是被我们赋予的东西。从纯粹经验的立场上看，内与外之类的区别也是相对的。所谓意志的活动不单是一种希望的状态。而希望实际上是意识不统一的状态，而且是意志的实现受到妨碍的情况下才有的。唯有意识统一才是意志活动的状态。即便现实与自己真实的希望相反，但在当自己满足于现实并与现实融合为一的时候，现实便是意志的实现。反之，无论处于怎样称心如意的情况，如果抱有其他各种希望并与现实呈现不统一的状态时，就是意志的实现受到了阻碍。是否是意志的活动，与纯粹不纯粹，即与统一不统一有关。

例如，这里有一支笔，当我们在看到它的一刹那，既没有知，也没有意，而只是一个现实而已。当开始对这支笔发生种种联想时，意识的中心便开始活动了，之前的意识被视为对象时，之前的意识只是单纯的知识性的。反之，就会产生这支笔能写字等种种联想。在这个联想尚作为之前的意识之边缘并附属于它的时候，它还只是知识；但在这个联想的意识本身趋向于独立的时候，即意识中心开始向它移动的时候，便进入欲求的状态。并且，在这个联想的意识逐渐成为独立的现实时，就是意志。也可以预先达到了真正的认识。凡是现实中的意识体系的发展状态，都叫作"意志作用"。在思维的场合，把注意力集中于某个问题上寻求解决的时候，就是意志。反之，像喝茶、饮酒这样的事，只要存在着这个现实，就是意志；如果对茶、酒产生了"品味"的意识，而且以此为中心的话，便成为知识；而"品味"这种意识本身，在这种场合就是意志。所谓意志，就是比起通常所谓的知识，更带有根本性的一种意识体系，而且成为统一的中心。因而我认为知与意的区别不在于意识的内容,而是由它在体系内的地位来决定的。

乍看上去,理性与欲求两者似乎是矛盾冲突的,然而,我认为其实两者具有相同的性质,只是具有大小深浅的差别。我们说理性的要求,就是指谋求更大的统一之要求,也就是超越于个人的一般性意识体系的要求,反之,也可以看作是更大的超个人的意志之发现。意识的范围绝不仅限于个人,个人只不过是意识中的一个小的体系而已。我们通常以肉体生存为核心形成一个小体系,但如以更大的意识体系为中轴来进行思考的话,那么这个更大的体系就是自己,其发展就是自己意志的实现。像那些热心的宗教家、学者或美术家就是如此。

所谓"必须如此"这种理性法则,与"我希望如此"这种意志倾向,是完全不同的。但深究起来,就可以知道它们的根基是相同的。一切理性、法则等,在其根本上都有意志的统一作用在进行活动,正如席勒①等人所说的,公理(axiom)这个东西本来也是从实用中发明出来的,其发生的方法与我们单纯的希望没有什么不同(参见斯维尔特《人格唯心主义》第92页)。反过来看,我们的意志倾向似乎是没有什么法则的,但它本身却受必然法则的支配(这就是个人意识的统一)。上述两者都是意识体系的发展法则,只是它的效力范围有所不同而已。又,或者意志是盲目的,因此也有人将其与理性相区别。但无论如何,它作为与我们直接

---

① 席勒(F. C. S. Schiele,1864—1937):英国实用主义哲学的主要代表,出生于德国,曾任教于康奈尔大学、牛津大学、南加利福尼亚大学,著有《人本主义研究》。——译者

有关的事实，是无法说明的。即便是理性，也不能予以根本的直觉原理上的说明。所谓说明，是一个体系之中能包含其他的意思。作为统一中枢的东西，是不能说明的，总之，这种场合是盲目的。

第四节　知性直观

我在这里所说的"知性直观"（intellektuelle Anschauung），是指所谓理想性的，即通常超于经验之上的那种直觉，是能够辩证地认识事物的直觉。例如，艺术家和宗教家等所具有的那种直觉。就直觉本身而言，它与普通的知觉是一样的，但在内容上却要比普通知觉丰富、深刻得多。

所谓知性直观，或许有人以为它似乎是一种特别神秘的能力，或许还有人认为它完全属于经验事实以外的空想。但是我确信，知性的直观与普通的知觉属于同一种类，在它们中间不能划出截然的界线。即使普通的知觉，如上所述，也绝不是单纯的，而必定是有其构成性的，是包含着理想因素的。我现在正观察的事物，并不只是看着它现在的样子，而是借助于过去的经验，有分析地进行观察。这个理想的要素不只是外在的联想，而是构成知觉本身的要素，知觉本身因此而发生变化。隐藏在这个直觉深处的理想的因素可以随处发挥其丰富性、深刻性。并且，根据各人的禀赋不同而有不同。即使是同一个人，因其经验的积累的多少又有所不同。凡是起初未能经验的事，或者通过辩证逐渐了解到的事情，也会随着经验的积累而作为直觉的事实而呈现出来。这个范围是不能根据自己现有的经验为标准而加以限定的，不能因为自己不能为，而断言别人也不能为。据说莫扎特在创作乐谱的时候，即使对于较长的乐谱，也像看绘画和雕刻那样能够直观其全部。这不单单是数量上的扩大，而是在性质上的深远。例如，通过我们的爱而能得到彼我合一的那种宗教家的直觉，就达到了直觉的极致。某人的超凡直觉只是空想，或者是真正实在的直觉，这是根据它与外界其他事物的关系，即根据其效果如何来定的。从直接经验的立场来看，无论是空想的直觉或是真正的直觉，都具有同一性质，只是在其统一的范围上有大小之别。

有人认为，"知性直观"在超越时间、空间、个人，而对实在的真相进行直观这一点上，和普通的知觉是不同的。但是，如上所述，从严格的纯粹经验的立场来看，经验是不受时间、空间、个人等形式制约的，这些差别反而是由那种超越这些东西的直觉而造成的。又，所谓对实在进行直观，在一切直接经验的状态中，也是没有主客之别，而是与实在面面相对的，而且也不仅仅限于知性的直观的场合。弗里德里希·谢林所说的"同一"（Identität）就是直接经验的状态。而主客之分别是经验失去统一性的时候才出现的相对形式，把它视为相互独立的实在，只不过是一种独断。叔本华所说的没有意志的纯粹直觉，也不是天才的特殊能力，反而是我们的最自然的统一的意识状态。天真烂漫的婴儿的直觉也属于此类。因此，所谓"知性直观"，不过是使我们的纯粹经验状态进一步扩大和深化，指的就是发现了意识体系发展上的更大的统一。学者之得到新思想，道德家之得到新启发，美术家之得到新理想，宗教家之得到新觉悟，都是以这种统一的发现为基础的（因此都是基于神秘的直觉）。假如我们的意识只是感官性的东西，也许就只能停留在寻常的知觉性的直觉状态。但是理想的精神会寻求无限的统一，而且这个统一被赋予了所谓"知性直观"的形式。所谓"知性直观"，和知觉一样，是意识的最为统一的状态。

一般认为普通的知觉只是被动的，"知性直观"也被认为是单纯的被动观照的状态。但是真正的"知性直观"是纯粹经验中的统一作用本身，是生命的把握，它就好比是技术的精髓，乃至是美术的精神。例如，像画家兴致一来即挥笔创作一样，背后有一种复杂的作用在统一地活动着。这种变化不是无意识的变化，而是一个事物的发展完成。对这一事物的体悟就是"知性直观"，而且这种直觉不仅发生于高端的艺术创作中，也是一种极其普通的现象，在我们所有熟练的活动中都能看到。在普通的心理学上，这也许会被认为只是单纯的习惯或有机的复合作用，但是从纯粹经验论的立场来看，这实际是主客合一、知意融合的状态。这是物我相忘，既不是由物推动我，也不是由我来推动物。它只有一个世界、一种情景。人们一提起"知性直观"，听起来似乎指的是一种主观作用，其实它是超越了主观与客观的一种状态。可以说，主观客观的对立是由其统一而成立的，艺术家的神来之笔就达到了这个境界。又，所谓"知性直观"，也不是指脱离事实的抽象的一般性直觉。对于一幅画而言，所描绘的每一个具体事物虽然不同，但又是互为依存的。如上所说，真正的一般，与个性不是相反的，通过个性的限定反而能够呈现真正的一般，所以艺术家用其精巧的一刀一笔就能够实现整体的艺术目的。

关于"知性直观"，如果按上述思路来考察，显而易见的是，它存在于思维深处。思维是一种体系，在体系的根基里必有一种统一的直觉。从小的方面来说，就是像詹姆斯在《意识流》中所说的那样，意识到"桌子上有一沓纸牌"。在这个意识中，当主语被意识到的时候，宾语也隐约包含在其中了。总之，是有一个直觉在深处活动着。我认为这个统一的直觉与娴熟的技艺是同一性质的东西。又，从大的方面来说，像柏拉图、斯宾诺莎的哲学那样的一切伟大的思想的背后，都有大的直觉在活动着。在思想上，无论是天才的直觉，还是普通的思维，实际上只是量的不同，在质上并没有差异，而天才的直觉只是更具新颖而深远的统一性。一切的关联，在根本上都有直觉，这样关联才能成立。我们的思想无论怎样纵横驰骋，都不能超出根本的直觉的范围，思想就是在这样的基础上形成的。思想并不是任何意义上都能够得以说明的，在它的深处存在着不能说明的直觉，而一切的说明论证都只能在这个基础上进行。在思想的根基里，总是隐藏着某种神秘，连几何学的公理也是这样。我们常说，思想是能够说明的，而直觉是不能说明的，这里所谓的"说明"，只不过是意味着能统摄于、回归于更根本的直觉。因此，思想中的根本直觉，一方面成为说明的基础，同时它不只是静止的思想形式，而是一种思维的力量。

正如思维深处有"知性直观"，在意志的根基里也有"知性直观"。我们对于某件事抱有一种意志，就是对主客合一的状态有了直觉，意志就是由这个直觉而形成的。所谓意志的实现就是这种直觉的统一的发展和完成，这个直觉始终在它的根基里活动着，而它的完成就成为意志的实现。我们之所以认为我们是在意志中展开自己的活动的，正是因为有这种直觉。我们所说的"自己"并不是别的,真正的"自己"指的就是这个统一的直觉。因此,古人所谓的"终日为而不动",若从这个直觉来看,说的就是动中有静,为而无为。又,在这种超越知与意、在两者的根本的直觉上,也能够见出知与意的合一。

真正的宗教觉悟,并不是基于思维的抽象知识,也不单是盲目的感情,而是获得那种存在于知识及意志的根柢中的深远的统一,亦即"知性直观",也就是对生命的深刻把握。因此,任何逻辑的利刃都不能挑动它,任何欲望都不能撼动它。它是一切的真理,是根本的满足。它有种种形式,而在一切宗教的根基里都会有这个根本的直觉。在学问道德的根本之处,宗教不可缺少。学问道德就是由此而成立的。

第二章 实在

第一节 考察的出发点

世界就是如此，人生就是如此。哲学上的这种世界观和人生观，同人们必须如此、必须安心于此的那种道德宗教上的实践要求之间，是有着密切关系的。人是不能依靠必须如此、必须安心于此之类的宗教道德与实践的要求而感到满足的。例如，持有更高精神要求的人不能满足于唯物论，而信仰唯物论的人则常常对那些更高精神的要求抱有怀疑。本来真理只有一个。知识上的真理必须就是实践上的真理，而实践上的真理也必须是知识上的真理。深思的人和真挚的人一定追求知识与情意的一致。我们在讨论应该做什么、应该安心于何处之类的问题之前，先要阐明天地人生的真相是怎样的，真正的实在又是怎样的。

哲学与宗教最一致的是印度的哲学和宗教。在印度的哲学和宗教中，有"知即善，迷即恶"之说。宇宙的本体是"婆罗门"（Brahman），婆罗门就是"吾人之心"，也就是"我"（Atman）。认识这个婆罗门即"我"，就是哲学和宗教的奥义。基督教本来完全是实践性的，但是人心渴望得到知识上满足的要求难以抑制，终于有了中世纪的基督教哲学的发展。在中国的道德学说中，哲学方面的发展薄弱，但宋代以后的思想就颇具哲学的倾向了。这些事实都证明在人心的根源处有深刻的要求，就是寻求知识与情意相一致。即便看欧洲思想的发展，在古代哲学中，从苏格拉底、柏拉图开始，也是以教谕规诫为主要目的的。在近代，随着知识方面取得长足的进步，知识与情意之间的统一变得困难，两方面出现了互相分离的倾向。然而这并不符合人心本来的要求。

现在，如果我们想要理解真正的实在、认识天地人生的真谛，那就必须从这样的态度出发：以无可置疑的直接的知识作为根本的出发点。在常识层面上，我们往往认为事物是离开意识而存在于外界的，在意识的背后有"心"这种东西在发挥各种作用。这种想法又成为人们行为的基础。但是，物与心各自独立存在的看法，只是由我们的思维要求而假定的，实则大有可怀疑的余地。此外，像科学这样的东西也是建立在某种假定的知识之上的，目的并不是对实在做出最深刻的说明。另外，即便在以此为目的的哲学中，有很多也缺乏足够的批判性，而是以固有的假设为基础不加质疑。

所谓物与心的独立存在，似乎是一种直觉的事实。但如略加思考，就会立即明白其实不然。比如，眼前的桌子到底是什么，它的颜色和形状是我们眼睛的感觉，碰到它感到硬是手的感觉。我们所直觉到的，连物的形状、大小、位置、运动等，都不是事物本身的客观状态。离开我们的意识来直觉事物本身，毕竟是不可能的。就自己的"心"本身来看，也是一样的。其实我们所知道的只是知、情、意的作用，而不是心本身。我们感到似乎有个同一的自己始终在进行活动，但从心理学上来看，也不过是同一的感觉和感情的连续。而作为我们直觉的事实的物或心，也只是类似意识现象的不变的结合罢了。促使我们相信物与心本身之存在的，只是因果律的要求。究竟能否根据因果律来推测出意识以外的存在，是首先需要我们探索明确的问题。

那么，所谓无可置疑的直接知识是什么呢？其实那只是我们直觉经验的事实，即关于意识现象的知识。当前的意识现象与意识到它本身，两者是直接同一的，在它们之间不能区分主观与客观。事实与认识之间没有丝毫的间隙，的确是毋庸置疑的。当然，即使是意识现象，在判定或回想它的时候，也会发生错误。但是那时已经不是直觉，而是推理了。后者的意义与前者的意义是不同的意识现象，所谓直觉，并不是把后者当作前者的判断来看，而只是去认识事实的本来面目。所谓错不错其实是没有意义的。我们必须以这样的直觉经验为基础，在这上面建构我们的一切知识。

在脱离从前的假定，寻求新的巩固的基础时，哲学总会回到这种直接的知识上来。在近代哲学出现的初期，培根把"经验"当作一切知识的根本，笛卡尔把"我思故我在"（cogito ergo sum）的命题当作基础，将与此同样明确的东西作为真理，都是由于这个缘故。但是培根所说的经验并不是纯粹的经验，而是一种独断的经验，认为我们依此能够直觉到意识以外的事实。笛卡尔所说的"我思故我在"，也已经不是直接经验的事实，而是经过推理认定的"我在"。而且，那种认为明晰的思维能够认识物的本体，这种看法本身也是独断的。因此，康德以后的哲学不再把这些作为不可置疑的真理而直接予以接受。我在这里所说的直接的知识，将所有这些独断抛开，只把它当作直觉的事实来承认。（当然，如果像黑格尔等许多哲学史家那样,认为笛卡尔的"我思故我在"的说法不是推理,而只是表达实在与思维合一的直觉的确凿性,那就和我的出发点相一致了。)

意识上的事实的直觉,即以直接经验的事实为一切知识的出发点,与之相反,有人认为思维是最准确的标准。这些人把事物分成真相与假象,说我们直觉经验的事实是假象,只有依靠思维的作用才能辨明真相。当然,在这类主张里面,如像常识或科学上所说的也并不完全排除直觉经验,却以某种经验事实为真,以其他的经验事实为假。例如,日月星辰看来很小,其实是很大的;天体看起来似乎是在动,其实是地球在动,就是这种真伪之分。然而,这种想法只是以某种条件下发生的经验事实来推测其他条件下发生的经验事实而造成的。在各个特定的条件下都是不可动摇的事实。既然是同一直觉的事实,为什么有真假之分呢?这种想法的产生,大体是因为触觉比其他的感觉更具一般性,并且实际上是最重要的感觉,因而把从这个感觉而来者,看作是事物的真相。然而如果略加思考,就会明白这样做前后是不一致的。

又有一派哲学家则与此不同,他们把经验事实完全当作假象,主张只有依靠思维才能认识物的本体。但是,假如存在着我们所不能经验的超经验的实在,我们又怎样能够通过思维来认识它呢?我们的思维作用毕竟是在意识上发生的一种意识现象,这是任何人都不能否认的。如果认为我们的经验事实是不能认识事物之本体的,那么与它属于同一现象的思维应该也是不能认识事物本体的。有人将思维的一般性和必然性当作认识真正实在的标准,然而归根结底,思维的这种性质也只是我们自己意识上直觉到的一种感情，仍然是意识上的事实。

认为我们的感觉的知识都是错误的，只有通过思维才能认识事物的真相，这种观点是从埃利亚学派[①]开始的，到了柏拉图时代发展到了顶点。在近代哲学方面，笛卡尔学派的人都坚信只有通过明晰的思维才能认识实在的真相。

有人认为，思维与直觉具有完全不同的作用，然而，只有当将它们作为意识上的事实来看待时，却属于同一种作用；有人认为，所谓直觉或经验，是将个别事物与其他事物完全分开的，按照原样进行知觉的纯粹的被动性的作用，而思维则与此相反，是对事物进行比较和判断以确定其间关系的能动性作用。但是实际上，作为现实的意识作用而言，它完全不是被动性的作用。直觉就是直接的判断。我以前所谈到的、以无假定性的知识为出发点的直觉，就是这种意义上的。

上述的直觉，不仅指感觉这种作用而言。在思维的根本之处也经常有某种统一性的东西，这是可以直觉到的。而判断则是对此进行分析而发生的。

第二节　意识现象是唯一的实在

从不加丝毫假定的直接知识来看，所谓的实在，只是我们的意识现象，亦即直接经验的事实。此外的所谓实在，只不过是从

[①] 埃利亚学派：公元前6世纪至前5世纪产生于希腊南部地区埃利亚城的哲学流派之一。——译者

思维的要求产生的一种假定而已。在尚未从意识现象的范畴中摆脱出来的思维活动中，当然也没有一种神秘能力能够直觉到经验以外的事实。这种假定，就是思维为了将直接经验的事实系统地组织起来而产生的抽象概念。

排除一切武断性的东西，意欲从最为确凿无疑的直接知识出发的这种颇带批判性的考察的想法，和在直接经验的事实之外假定实在的想法，两者无论如何是不能同时并存的。连约翰·洛克、康德这样的大哲学家也难以避免这两种思想的矛盾。现在，我想抛弃一切假定性的东西，严格地采用前一种想法。从哲学史来看，我认为像贝克莱、费希特等，就是抱有这种想法的哲学家。

通常认为，我们所谓的意识现象，是物体界，特别是动物的神经系统中具有的一种现象。但是再加思考，就会知道对于我们而言，最直接的原始事实就是意识现象，而不是物体现象。我们的身体也只是自己的意识现象的一部分。不是意识存在于身体之中，反而是身体存在于自己的意识之中。我们说神经中枢的刺激伴随着意识现象，只是指一种意识现象必然伴随着另一种意识现象发生。就如我们能够直接感知自己脑中的现象，那么所谓意识现象与脑中的刺激之间的关系，就会和耳朵所感到的声音与眼或手所感到的丝弦的振动恰好是相同的。

我们往往认为似乎有意识现象和物体现象这两种经验事实，但实际上只有一种，即只有意识现象。所谓物体现象，不过是在意识现象中把每个人所共同的和具有不变关系的东西加以抽象化而已。

通常还认为，在意识之外，还有具备某种特定性质的事物本体独立存在着，而意识现象只不过是在这个基础上发生的现象而已。但是所谓在意识之外独立固定的东西是什么呢？严格说来，离开了意识现象就不能想象物本身的性质，而只不过说那是在某种特定条件下产生的引出特定现象的某种不可知的东西，也就是说，是由我们思维的要求所想象出来的东西而已。那么思维为什么必须假定这种东西的存在呢？那只是表明类似的意识现象经常结合起来并且发生。我们称之为物的东西，其真正意义就是如此。从纯粹经验来看，意识现象的不变的结合是一种根本性的事实，所谓物的存在，只是为了方便解释而设立的假定而已。

所谓唯物论者似乎认为，物的存在是无可置疑的、直接的、不言自明的事实，并且试图以此来说明精神现象。但如略加思考，就会知道这种说法是本末倒置的。

从纯粹经验上严密地加以考察，就可以知道，在我们的意识现象之外没有独立自在的事实。正如贝克莱所说的，确实是"有即知"（esse ＝ percipi）。我们的世界是由意识现象的事实组成的。各种哲学或科学都不过是对这个事实的说明。

我在这里所说的"意识现象"，也许会引起误解。提起"意识现象"，也许就会被理解为与物体有别，只是精神的存在。我的真意是：所谓真正的实在，既不能称之为意识现象，也不能称之为物体现象。贝克莱所说的"有即知"也与我的真意不符合。直接的实在不是被动性的，而是独立的完整的活动。因此，不如说"有即活动"更恰当。

上述看法，可以说是我们深刻思考之后必然达到的结论。但是乍看上去，这和人们的常识很不相同，而且如果要想用它来说明宇宙现象，将会遇到种种难题。不过这些难题，与其是大多由于严守纯粹经验的立场而产生的，毋宁说是对于纯粹经验武断理解的结果。

难题之一：如果只将意识现象当作实在，那岂不是会陷于世界都是自我之观念的唯我论吗？如果不是那样，也会发生这样一个问题：如果每个人各自的意识都是互相独立的实在的话，又如何能够说明其间的关系呢？

然而，说意识必然是某个人的意识，只是意味着意识必须有统一。如果认为在此以上必须另有持有者，那就显然是武断之言了。而这个统一作用即所谓"统觉"，是指类似的观念感情成为中枢来统一意识。这个意识统一的范围，从纯粹经验的立场来看，是不能在彼我之间加以绝对区分的。如果说在个人的意识中，昨天的意识和今天的意识是独立的，但又属于同一系统而可以认为是一个意识，那么，在自己与他人的意识之间应该也可以发现同一的关系。

我们所有思想感情的内容都具有普遍性。无论经过几千年，相隔几千里，思想感情还是能够相通。像数理那样，任何人在何时何地进行研究思考都是一样的。因此，伟大的人物能够感化许多人并使之团结在一起，并且用同一的精神来支配他们。此时这些人的精神可以看作是同一的。

接下来，当我们把意识现象当作唯一的实在时，还有一个难以解释的问题，就是认为我们的意识现象不是固定的东西，而是不断变化的事物的连续，那么这些现象又从何处生、往何处去呢？但是，这个问题归根到底还是从所谓凡是事物必有原因结果这种因果律的需要而发生的，所以在思考这个问题之前，我们须先探讨因果律的要求究竟是什么。通常认为的因果律就是要求在现象背后有固定的事物本身的存在，这种看法是错误的。关于因果律的正确的意义，正如休谟所指出的，某种现象的发生，必然有比它先行的一定的现象存在，而不是存在着超越现象的事物。所谓从一个现象产生另一个现象，既不是说一个现象被包含在现象之中，也不是说潜藏在某个地方的东西被引了出来，而只是说在具备充分的条件即原因时，必然会产生某种现象即结果。在条件尚未完备的时候，任何地方都不会存在相伴而生的现象即结果。例如，击石取火，在生火之前，任何地方也没有火存在。也许有人说，是因为先有产生火的力量存在。但如上所说，这种所谓力或物都是为了人的解释而设立的假定。我们所能直接感知的，只是与火完全不同的某种现象。因此，所谓某种现象伴随着某种现象，是被我们直接赋予的根本事实，而因果律的要求反倒是根据这个事实产生的。如果有人认为这个事实与因果律是矛盾的，那无非是出于对因果律的误解。

所谓因果律，是以我们的意识现象的变化为基础而产生的思维习惯。我们如果依据这个因果律来说明宇宙整体，就会立即陷入自相矛盾的境地。因果律要求在世界上必须有一个开始。但是，如果把某一点规定为始，因果律又要进一步追问其原因是什么，从而暴露出自身的不圆满性。

最后，关于"无不能生有"这种因果律的看法，我也谈谈自己的观点。虽然说在普通的意义上，物并不存在，但是从解除了主客之分别的直觉的观点来看，"无"的意识仍然是实际存在的。

如果我们不只是把所谓"无"当作一个词，而把某种具体意义加在它上面来看的话，就可以认为它一方面是指缺乏某种性质，另一方面却具有某种积极的性质（例如，从心理学上说，黑色也是一种感觉）。因此，那种认为在物质世界会"无中生有"的观点，作为意识的事实来看的话，这种"无"也不是真正的无，而可以看作是意识发展上的某一契机。那么，表现在意识上又是如何呢？无能生有吗？意识不是在时间、地点、力量等数量的限定下而存在的，是不受机械的因果律所支配的。这些形式反而是在意识的统一之上成立的。在意识上，一切东西都是具有性质的，是潜在的统一者在发展它自己。意识就是黑格尔所说的"无限"（das Unendliche）。

在这里，可以说，在一种颜色的感觉中也是包含着无限变化的。也就是说，如果我们的意识趋向精细，那么在一种颜色之中也会感到无限的不同。今天我们在感觉上的差别恐怕也是这样分化而来的。冯特把感觉的性质按不同的次元排列起来（参见冯特《心理学概论》第5节）。既然它原本就是从一般性的东西中分化出来的，所以我认为这样的体系是存在的。

第三节　实在的真景

尚未经过思维加工的那种直接的实在，究竟是什么呢？也就是说真正的"纯粹经验"的事实究竟是怎样的东西呢？概言之，就是还没有发生主客的对立，也没有知、情、意的分离，而只有独立自足的纯活动。

主知主义①的心理学家，把感觉和观念当作精神现象的因素，认为一切精神现象都是由它们结合而成的。如果这样认为的话，那么所谓纯粹经验的事实，就应该说是意识的最被动的状态，亦即感觉了。然而这种想法是把作为学术上分析的结果而产生的东西，和直接经验的事实混同起来了。在我们的直接经验的事实中是没有纯粹感觉这种东西的。我们所说的纯粹感觉已经是一种简单的知觉。而知觉无论多么简单，也绝不完全是被动的，而必然包含着能动的，即建构性的因素（关于这一点，看看空间知觉的实例即可明白）。至于联想或思维这种复杂的知性的作用，在这一点上就更加明显了。虽然通常说联想是被动性的，但在联想中，规定观念联合之方向的，并不仅仅是外界，而是也取决于意识的内在性质。联想与思维之间只是程度上的差别而已。把我们的意识现象区分为知、情、意，本来只是为了学术研究上的方便，实际上并不具有这三种现象的区分，意识现象同时具备了所有这些方面。（例如，学术研究那种所谓纯知性的作用也绝不能离开情与意而存在）。但是在这三方面之中，"意"是最根本的形式。正如意志论的心理学家所指出的，我们的意识始终是能动性的，它以冲动开始，以意志终结，因此，我们的最直接的意识现象无论怎样简单，都具有意志的形态。应该说，意志是纯粹经验的事实。

过去心理学的主要流派是理智论，而近来意志论逐渐占了优势。冯特就是这方面的代表人物。意志论认为，意识不论怎样单

---

① 主知主义：又称唯理智论、理智主义、理性主义，与"主情主义""主意主义"（意志论）相对而言。——译者

纯，都必然是构成性的。所谓内容的对照是意识成立的一个重要条件。如果真有所谓单纯的意识，那就直接变成"无意识"了。

在纯粹经验中，尚没有知、情、意的分离，像唯一的活动那样，也还没有主观客观的对立。主观客观的对立是从我们思维的要求而产生的，所以并不是直接经验的事实。在直接经验上，只有一个独立自在的事实，既没有进行观察的主观，也没有被观察的客观。正如我们的心灵被美妙的音乐所吸引，进入物我两忘的境界，觉得天地之间只有一片嘹亮的乐声那样，在这一刹那，所谓真正的实在就出现了。如果意识到乐声是空气的振动，或者觉得自己是在聆听音乐，那么这些想法都是因为我们离开这个实在的真景，进行反思和思维所产生的，因而这时的我们就已经离开真正的实在了。

主观和客观通常被认为是各自独立的实在，并且认为通过这两者的作用就会产生意识现象，进而认为有精神与物体这两种实在。这些看法都是错误的。所谓主观和客观，不过是考察一个事实时的观点看法的不同，精神与物质的区别也是从这种不同看法而产生的，但这并不是事实本身的区别。事实上的花，并不是自然科学家所说的那种纯物质性的花，而是具备着色、形、香的，美丽而可爱的花儿。海涅①仰视静夜的星辰，把它们说成是钉在苍穹上的金色图钉；天文学家可能认为这只是诗人的呓语而付之一笑，可是星星却在海涅的这句诗中得到了真实的表现。

由此可见，主客尚未分离的、独立自足的真正的实在，是将

---

① 海涅（Heinrich Heine，1797—1856）：德国诗人、作家。——译者

知、情、意合而为一的。真正的实在，并不是通常所想象的那种冷静的知识对象，而是由我们的情意而成立的。也就是说，它不仅是存在，而且是具有意义的东西。因此，如果从现实中去除我们的情意，那就已经不是具体的事实了，而只是抽象的概念。物理学家所说的世界，和没有宽窄的线、没有厚薄的平面一样，并不是实际存在的东西。从这一点上看，艺术家比学者更接近于实在的真相。在我们所见所闻的事物中，都包含着我们的个性。即使说是同一的意识，也绝不是真正同一的。例如，一头牛，在农民、动物学家和美术家心目中就一定不会相同；又如，同一个人看同一风景，也会由于自己心情的不同而不同，有时觉得明媚美丽，有时会觉得阴郁惨淡。佛教也说，根据自己心情，这个世界可以看成是天堂，也可以看成是地狱。这就是说，我们的世界完全是以我们的情意为本而组成的。即便是作为纯知识对象的客观世界，也脱不了这种关系。

自然科学所见的世界是最客观的，其中似乎丝毫不包含我们的情意因素。但是学问本身也是从我们生存竞争上的实际要求而产生的，绝不是完全脱离情意要求的。特别是如耶路撒冷[①]等人所说的，对科学观点具有根本意义的、外界中存在着发生种种作用的"力"，这种想法其实也是从人类自己的意志类推出来的（参见耶路撒冷《哲学概论》第6版第27节）。因此，对太古万象所进行的解释说明都是拟人化的，今天的科学解释也是由此而发展起来的。

---

① 耶路撒冷（Jerusalem，1854—1923）：奥地利哲学家。——译者

由于我们把主观与客观的区分看作是根本性的，从而又认为只有在知识中包含客观的因素，而情意完全是我们个人主观的产物。这种想法，在其根本的假定上，就已经是错误的。即便说由于主客相互的作用产生了现象，而色、形之类的知识内容，如果视作主观的，它就是主观的，如果视作个人的，它也是个人的。与之相反，情意也会因为外界具有引发这种情意的因素，而带有客观根据。所以，若是认为情意完全是属于个人的东西，那就错了。我们的情意是能够相通相感的，也就是说，其中包含着超个人的因素。

有人认为正是因为个人的存在，才会发生喜怒爱欲的情意，所以也会产生情意纯粹属个人这样的想法。但是，实际上并不是个人有情意，而是情意创造了个人。情意是直接经验的事实。

对自然万象的拟人化的说明，是亘古以来人们的解释方法，在今天也是天真烂漫的孩童们的说明方法。科学家们恐怕对此都会付之一笑吧。诚然，这种说明方法是幼稚的，但从另一方面来看，它却是说明实在之真实的正确方法。科学家的说明方法只偏于知识的一方面。至于对实在完整的说明，则须在满足知识的要求的同时，也不能把情意的要求排斥在外。

希腊人民认为自然都是活的自然。他们认为雷电是奥林匹斯山上的宙斯神在怒吼，杜鹃的啼声是菲洛米拉在吐诉千古怨恨（参见席勒《希腊的神》）。这是在自然的希腊人眼里反映的现实原样。今天的美术、宗教、哲学，都在为实现这个真意而努力。

第四节　真正的实在总是具有同一的形式

如上所述，不分主客的、知情意合一的意识状态就是真正的实在。如果我们寻求独立自足的真正的实在，它自然就会以这个形态出现。这种实在的真实情景只能由我们自己来领悟，而不能加以反省、分析，不能用语言来表达。但是我们的种种不同的知识是由反省这个实在而发生的，所以现在我想来考察一下这个唯一实在的成立的形式，以阐明种种差别是如何由此而产生的。

真正的实在，像艺术的精髓那样，是不能互相授受的，能够授受的只是抽象的外壳。我们以为是用同一语言来理解同一事物，但其内容必然多少有所不同。

若对独立自足的真正实在的成立方式加以考察，可以看出都是经由同一形式而成立的，即经由如下形式：先是整体"含蓄地"（implicit）出现，接着其内容由此分化发展，然后在这个分化发展终结时，实在的整体便实现了，完成了。一言以蔽之，就是一个东西由它自身发展完成。这个方式，在我们活动的意识作用上，最能明显地看出来。

就意志来看，首先是有目的的观念，然后为了根据情况将适当的观念有系统地组织起来，以便实现它。这种组织完成的时候，就演变为行为，目的便在此处得以实现，意志的作用即告终结。不仅意志作用是如此，属于知识作用的思维、想象等也是如此，都是先有了目的观念，由此产生种种的观念联合，在观念得以恰当结合的时候，这种作用即告完成。

正如詹姆斯在《意识流》一文中所指出的，一切意识都具有上述形式。例如，在意识上构思一段文字，当主语在意识上出现的时候，就隐约将整段文句包含在其中了，而在宾语出现时，它的内容便被发展实现。

就意志、思维、想象等这些发达的意识现象而言，上述形式是明显的；但在知觉、冲动等方面，乍看上去似乎不经过上述过程就能立即实现它的整体。但是如上所述，意识在任何情况下绝不是单纯的、被动性的，而是能动性的、复合性的，因而它的成立一定会遵循上述形式。诚如意志论者所指出的，意志是一切意识的原形，因而所有的意识无论怎样简单，也是通过与意志同一的形式而成立的。

冲动、知觉与意志、思维等之间的差别只是程度之差，而不是种类之差。在前者是无意识的过程，在后者却有意识地显现自己，所以我们从后者推测，便知前者也应该具有同一构造。我们所谓的知觉，从它的发展来看，也是作为种种经验的结果而产生的。以听音乐为例，开始时也许无感，但在逐渐顺耳之后，就会得到明显的知觉，因此，不妨说知觉是一种思维。

接下来，关于由"被动的意识"与"能动的意识"的区别而发生的误解，也有必要略作辨析。在能动的意识方面，上述的形式是明显的；但在被动的意识方面，因为使观念结合的东西在外部，即观念只是通过外界的事物而得到结合的，故而看起来似乎不是一个由内面发展完成的完整的东西。然而，我们也不能把意识严格地区分为被动的和能动的，因为它们之间毕竟只是程度上的差别。联想或记忆等意识作用也不是完全受联想的规律那样的外在之物所支配，各人的内在性质才是其主要的驱动力，这仍然可以视为统一某种东西的内在发展。只是在所谓能动的意识方面，这个统一的某种东西可以作为观念而明显地出现在意识上，而在被动的意识方面，这种东西却是无意识的，或者变成一种感情活动。

所谓能动与被动的区别，即认为精神有内在的活动或受到外部作用，这种想法来自以思维来假定精神与物体的独立存在，并且认为意识现象是精神和外物相互作用的产物，所以这并不是纯粹经验的事实上的区别。在纯粹经验的事实上，它们只有程度上的差别。当我们拥有了明确的目的观念的时候，便认为它是能动性的。

根据经验学派的主张，我们的意识都是通过外物的作用而发展的。但是外物无论怎样活动，如果内部没有与之相呼应的先在的性质，也不能产生意识现象。这和植物栽培一样，无论怎样从外部培养，若种子没有发芽的力量，植物便不会生长。当然，也可以反过来说，只有种子，植物也不会生长出来。总之，以上两种说法都是只看到了一面，而忘记了另一面。在真正的实在的活动中，只是唯一者在自我发展，所谓内与外，或能动与被动的区别，则只是从思维出发对这种现象做出的说明。

一切意识现象都是经由同一形式而成立，对于这一点，我相信并不是很难理解。不过要想更进一步，把我们通常称为外在现象的自然界的事物也列入同一形式之下，或许就会被认为是难以理解的了。但是如上所述，离开意识的纯粹物体只是抽象的概念，真正的实在并不在意识现象之外，可以说直接经验的真正的实在总是经由同一形式而成立的。

人们通常认为，固定的物体是作为事实而存在的。但是实地存在的事实始终是发生的事件。正如希腊哲学家赫拉克利特所言"万物流转，生生不息"（Alles fliesst und nichts hat Bestand），实在是流转着的、一刻也不停留的事件的连续。

我们所谓外在的客观世界，不是存在于我们的意识现象之外，但还是通过某种统一作用而被统一的东西。只是在这个现象带有普遍性的时候，亦即超乎个人的小意识之上而又保持着统一的时候，从我们来看，便是独立的客观世界。例如，在这里看见一盏灯，如果只有自己能够看到的话，也许会认为那是主观的幻觉。只因为每个人都同样承认它，它才成为客观的事实。所谓客观的独立世界就是由这种普遍的性质而发生的。

第五节　真正的实在之根本形式

我们所经验的事实似乎是五彩缤纷的，但略加思考就知道，它们都是同一的实在，而且是通过同一形式成立的。以下就来谈谈一切实在的根本形式。

先要承认，在一切实在的背后，有某种统一的东西在起作用。有的学者认为，真正单纯而独立的要素，例如，原子论者所说的原子就是根本的实在。但是这种要素其实是为了方便解释而假设的抽象概念，事实上并不可能存在。试想现在如果在这里有一个什么原子，它总应该具有某种性质或者作用，完全不具有性质或作用的就等于无。然而，所谓一种物在作用，必然是对他物的作用，而且其中必须有着使两者结合，并使其互相作用的第三者。

例如，说甲物体的运动影响到乙，在此两物体之间必须有所谓"力"的存在；再拿性质来说，一个性质的成立，必然是与其他性质相对而成的。举例来说，假若颜色只有一种红色，红色就无法显现；要使红色显现，必须要有非红的颜色。并且要把一种性质与其他性质进行比较区别，那么这两种性质在根本上必须是同一的；种类完全不同的、其间没有任何共通点的东西是不能互相比较区别的。像这样，如果所有事物都是因对立而成立的，那么在根源上就一定潜藏着统一的某种东西。

这个起统一作用的某种东西，在物体现象上，便成为存在于外界的物力，在精神现象上，就归于意识的统一力。但如上所述，由于物体现象或精神现象在纯粹经验上是同一的，所以这两种统一作用本来应该属于同一种类。在我们的思维意志的根本上的统一力，和在宇宙现象根本上的统一力是直接同一的，例如，我们的逻辑和数学定律，表示的就是宇宙现象由此成立的原则。

如上所述，实在的成立，需要在其根本上具有这种统一，同时所谓相互的对立或者说矛盾也是必要的。正如赫拉克利特所说的矛盾斗争是万物之父，实在是通过矛盾而成立的，红色之物是与非红色之物相对，能动之物是与受动之物相对而成立的。随着矛盾的消灭，实在也就消逝了。本来矛盾与统一只不过是从两个侧面来看同一事物，因为有统一就有矛盾，有矛盾也就有统一。例如，白色与黑色在所有各点上都是共通的，只在一点上的不同，便成为彼此最相反的。反之例如道德和三角形，不构成明显的相对性，也就没有明显的统一性。最有力的实在是将种种矛盾加以调和的统一者。

我们之所以把统一者同被统一者加以区分，是根据抽象的思维。因为在具体的实在上，这两者是不能分离的。所谓一棵树，是在枝、叶、根、干等起着种种不同作用的部分的统一上存在的，但是树不仅仅是枝叶根干的集合，如果没有树的整体的统一力，枝叶根干也是无意义的。因此，一棵树存在于它的组成部分的对立与统一之上。

当统一力与被统一者分离的时候，就不成其为实在了。例如，像一个人堆砌石头一样，石头与人是完全不同的东西，这时石头的堆砌是人工的，因而不能成为一个独立的实在。

因此，实在的根本形式，是"一"，同时又是"多"，是"多"同时又是"一"，在平等之中有差别，在差别之中有平等。此两者是互利共存的，实际上也就是同一个东西的自我发展。独立自足的真正的实在总是具有这种形式，否则的话，就属于人们的抽象概念。

实在是自成一个体系的东西。使我们相信一个事物是确实的实在，就是因为它具有这个性质。反之，不成体系的事物，例如做梦，就不能相信它是实在。

如上所述，真正的一而多的实在，应该是自发活动、生生不息的。所谓静止的状态是不与他物相对立的独存的状态，也就是排斥多而为一的状态。但是，在这种状态中，实在是不能成立的。如果说由统一而形成某一状态，那么在此处其他相反的状态就必须立即形成。即一个统一形成时，便立即产生破坏它的不统一者。真正的实在就是依靠这种无限的矛盾对立而成立的。物理学家有能量保存之说，认为实在应该是有极限的。但这种说法也只是为了便于解释而做的假定，这恰好与空间也有极限的说法相同，只是抽象地看到了一面，而忘却了另外一面。

活的东西都包含着无限的矛盾对立，也就是具有发生无限变化的能力。把精神说成是活物，是因为它始终存在着无限的矛盾对立，并且永无止境的缘故。一旦它固定于一个状态而不能向其他对立推移，那它就成为死物。

虽说实在是依赖于与之对立的东西而成立的，但这种对立并非来自他物，而是在其自身产生的。如上所述，在矛盾对立的根基上存在着统一，无限的对立都是来自自身的内在性质，并且作为必然结果发展而来的。因此，真正的实在是发自一个事物的内在必然，是其自由的发展。例如，通过空间的限定而产生种种几何学的形状，这些形状互相对立，并保持着特殊的性质。但是它们并不是各自分别对立着的，而是通过"空间"这个统一者的必然性而结合起来的。也就是说，正如空间性质是无限发展的一样，就我们称之为自然现象的那些东西来看，实际的自然现象也如上所述，既不是由各个独立的要素而形成的，也不是脱离我们的意识现象而存在的。它仍是通过"一"的统一作用成立的，因而可以视为"一"的自然的发展。

黑格尔说，一切合理的都是实在的，而实在又一定是合理的。这句话尽管受到种种反驳，但从观察方法上说，却是不可动摇的真理。宇宙现象无论怎样细微，也绝不是偶然发生的，不是前后无关的，而一定是具有应该发生的理由才发生的。我们把它看作是偶然的，只是因为我们的知识不足而已。

通常认为要有一种活动的主体，才发生活动。但从直接经验的角度来看，活动本身就是实在。所谓主体，只是一个抽象的概念，由于我们把"统一"和它的内容的矛盾对立，各自看作互相独立的实在，才产生出这样的想法。

第六节　唯一实在

如上所述，实在是意识活动。那么按照通常的解释，所谓意识活动是时有时无、断断续续的东西，因而同一的活动是不能永久连续下去的。从这种观点出发，就会认为小到我们的一生经验，大到目前为止的宇宙发展，所有的事实毕竟都如梦如幻，支离破碎，它们之间难道就没有任何统一的基础吗？面对这个疑问，我想说的是：由于实在是成立在相互关系之上的，所以我想先论述一下"宇宙是唯一实在的唯一活动"这个问题。

意识活动是在一定范围内通过统一而成立的，我想这一点已经大致说明过了。但是也会有许多人不相信在一定范围以外还有这种统一。例如，有人认为昨天的意识和今天的意识彼此完全是独立的，已经不能把它们视为同一个意识了。但是从直接经验的立场来思考，就会明白这种区别只是相对的，而不是绝对的。对任何人都承认的、作为一个统一的意识现象的思维或意志加以考察，都可以看出它的过程不过是各不相同观念的连续罢了。如果仔细区别来看，也可以认为这些观念是各自不同的意识。但是，如果不把这些连续的观念看作各自独立的实在，而是看作统一的意识活动的话，那么，就没有理由不把昨天的意识与今天的意识看成是同一的意识活动了。在我们一连几天思考某一问题，或者谋划一个事业的时候，可以明显地看出，这是同一意识的连续活动，只是在时间的长短上有所不同罢了。

在意识的结合上面，像知觉那样的同时的结合，联想思维那样的连续的结合，以及像自觉①那样的终生结合，都是程度上的差异，都是基于同一性质而成立的。

因为意识现象是时时刻刻推移变化着的，所以同一意识不会再发生。昨天的意识与今天的意识即使内容相同，却是完全不同的意识，这种想法不是从直接经验的立场出发的，而是预先有了"时间"这样的假设，意识现象则是作为显现在时间上的东西而推论出来的结果。倘若认为意识现象是通过时间这种形式而成立的，那么从时间的性质上来看，意识现象就是一去不复返的。时间只有一个方向。即使是具有完全同一内容的意识，在时间的形式上已经不能说是同一的了。但是现在如果回到直接经验的根本上来看，这些关系就必须完全反过来看了。所谓时间，不过是对我们的经验内容予以整理的一种形式，因而在时间这种想法产生之前，先要使意识内容得以结合、统一并成为一体，否则就不能把前后联系起来而进行时间性的思考。这样看来，就不是意识的统一作用受时间支配，相反，是时间通过这个统一作用而成立。因此，可以认为在意识的根本上，必须具有超越时间的不变的某种东西。

从直接经验来看，同一内容的意识，直接就是同一意识。有如真理是任何人任何时代所承认的那样，我们昨天的意识和今天

---

① 自觉：西田哲学的重要概念，在《自觉中的直观与反省》中有详细论述。自觉就是自己意识到自己，就是我意识到了我，就是以我观我。自觉的自己才是"我"，非自觉的不是"我"。——译者

的意识也属于同一体系，具有同一内容，因而径直被结合起来而成为一个意识。所谓一个人的一生，就是构成这样一个体系的意识的发展过程。

从这一点可以看出，在精神的根基上经常有不变的某种东西。而且这种东西逐日在发展壮大。所谓时间的过程就是伴随着这种发展的统一的中心点在变化，而这个中心点始终是"现在"。

如上所述，在意识的根基上一直有不变的统一力在活动。那么就会有人问：这个统一力是以什么形状存在的呢？它是怎样维持自己的呢？在心理学上，是把该统一作用归根于"大脑"这种物质。但如前所述，我们假定在意识之外还有独立的物体，这是由意识现象的不变的结合而推论出来的，比起这种看法来，意识内容的直接结合所形成的这种统一作用，才是更根本性的事实。这个统一力不是从某个另外的实在产生出来的，而实在却是通过这个作用成立的。人们都相信，宇宙间有一个固定不变之理，万物即是由此成立。这种不变之理，是万物的统一力，又是意识内部的统一力。理不是由物或心所具有的，而是促使物或心的成立者。理是独立自存的，不因时间、空间和人而有差别，也不因消长隐显或使用与否而发生变化。

通常所谓的"理"，就是起着支配我们主观意识上的观念联合的作用。但是这种作用只是理的活动所留下的痕迹，而不是理本身。理本身是创造性的，我们能够完全依靠它，照准它来进行活动，但不能把它看作意识的对象。

在普通的意义上，所谓物的存在是指存在于某地某时、呈现出某种形状。但是这里所说的理的存在却与之不同。如果被束缚于一处，是不能进行统一活动的，因而，这种东西不是真正的鲜活的理。

如上所述，个人的意识，就像昨天的意识与今天的意识会直接被统一为一个实在一样，我们一生的意识也可以同样视为一个。以这种想法进一步考察，就可以看出，这不只局限于个人，一个人同其他人的意识之间也能视为根据同一原理而连结为一的。正如众所公认的那样，理在我们意识的根本处是一个普遍性的东西。我们通过这种东西，就能互相理解、互相交流。而且，不仅所谓普遍的理性在人心深处是相通的，而且生活在某一社会的人，不管他是怎样富于个性独创，也要受到那个特殊的社会精神的支配。每个人的精神都不过是这个社会精神的一个细胞。

以上说过，个人与个人之间的意识联结，与一个人昨天的意识与今天的意识联结是同一的。前者看起来似乎是由外部间接结合，后者看似是由内部直接结合。倘若看起来是外部结合的话，那么后者也是由某种内在感觉的符码结合起来的。这和个人之间的意识是通过语言等符码结合起来的情形是相同的。如果视为内部结合的话，那么在前者也是一样，正是因为个人之间本来就有同一的根基，所以就能够直接结合起来。

我多次强调，我们通常所说的客观世界，并不是离开我们的主观成立的。客观世界的统一力和主观意识的统一力是同一的，即所谓客观世界与意识都是基于同一的理而成立的。因此，人们才能够通过存在于自我之中的理，来理解宇宙成立的原理。假如说存在着一个与我们的意识的统一所不同的世界，那么这样的世界也是与我们完全无关的世界。我们能够认识和能够体会的世界，必定是在跟我们的意识相同一的统一力之下存在着的。

第七节　实在的分化发展

如果认为世界是游离于意识之外的，那么也许就可以说，万物都是各自独立存在的；但从意识现象是唯一的实在这种观点来看，就应该得出这样的结论，即在宇宙万象的根本处有唯一的统一力，而万物是同一的实在之显现。随着我们知识的进步，就会更加深信存在这种同一之理。现在就来谈谈怎样由这个唯一的实在，产生出种种差别的对立。

实在被统一为一的同时，又必定包含着对立。这里如果有一个实在，就必然有着与它相对立的其他实在。那么，这两个东西互相对立的时候，它们不是独立的实在，而必须是被统一起来的东西，亦即实在必须是"一"的分化发展。并且在这两个东西被统一起来作为一个实在而出现时，就会再产生一个对立。但是与此同时，在这两者的背后又必须有一个统一在进行活动，如此向着无限的统一发展前进。反过来思考的话，也可以认为，是无限的唯一实在，由小而大、由浅而深地将自己分化发展。这种过程是实在显现的方式，而宇宙现象就是由此而成立、而运行的。

可以根据我们的意识现象，对这种实在发展的过程做清楚的考察。例如，就意志来看，所谓意志是想把某种理想变成现实，是现在与理想的对立。但在这个意志被实现而达到与理想一致的时候，现在的意志又与另外的理想对立，而出现新的意志。这样在我们的一生中就一直在发展和实现自己。再者，就生物的生活和发展来看，也可以发现这种实在的方式。生物的生活过程确实就是这种不停息的活动。只是，要用这个实在方式来说明无生物的存在，似乎是困难的。关于这个问题，将在以下"自然"一节中再加讨论。

现在的问题是，从上述的实在的根本方式中，怎样产生种种实在的差别呢？首先，要追问的是所谓主观和客观的区别是如何发生的呢？实际上，主观与客观不是互相分离存在的，而是同一个实在的相对的两个方面。我们所谓的主观是统一的方面，而客观则是被统一的方面。所谓"我"始终是实在的统一者，而"物"则是被统一者。（这里所谓的客观，不意味着离开我们意识而独立的实在，只是意味着意识的对象。）例如，我们对某物进行知觉或者思维的时候，所谓"自己"就是彼此互相比较、进行统一的那种作用；所谓物就是与此对立的对象，即比较统一的材料。当我们用后来的意识看以前的意识时，似乎认为能够把自己看作对象，但其实这个自己并不是真正的自己，而真正的自己是现在的观察者即统一者。此时必须认为前面的统一，一经完结，它作为后面的统一的材料就已被包含于其中。因此，自己是无限的统一者，绝不能把自己作为对象，作为比较统一的材料。

即使从心理学上看，我们的"自己"也是意识的统一者。并且，现在从意识是唯一的真正的实在这种观点来看，这个自己就应该是实在的统一者。在心理学上，虽然也可以说作为这个统一者的自己是离开被统一的东西而另外存在的，但这样的自己不过只是抽象的概念。事实上自己不是离开物而存在的，我们的自己就是宇宙实在的统一力本身。

至于说到精神现象同物体现象的区别，它们也绝不属于两种实在。所谓精神现象是从统一的方面即主观的方面来看；而所谓物体现象，则是从被统一的东西即客观的方面来看。两者只是从相反的两个方面来看同一实在而已。因此，如果从统一的方面来看，一切都属于主观的，都是精神现象；如果抛开统一来思考的话，则一切都成为客观的物体现象。（唯心论和唯物论的对立就是因为固执于这两方面中的一方面而发生的。）

其次，能动与被动的差别是从何产生的呢？并不是说实在具有能动的和被动的这样两种区别，它们仍然是同一实在的两个方面。统一者始终是能动的，而被统一者始终是被动的。例如，就意识现象来说，所谓我们的意志发生作用，就是说意志统一的观念即目的已经被实现了，也就是说统一已经成立了。此外，凡是说精神发挥作用，就是说达到了统一的目的；说它未能发挥作用，而被其他东西统一了的时候，就叫作被动。在物体现象上也是一样，所谓甲对乙起作用，就是指在甲的性质中能够包含、总括乙的性质。因此，这样的统一就是能动的真正意义。在当我们处在统一的位置上时，是能动的和自由的。反之，在被其他所统一时，则是被动的，是受必然规律支配的。

通常认为，在时间的连续上，在先的东西是能动者。但是时间上在先的东西未必全是能动者，能动者必须是具有力量的东西，而所谓力量就是指实在的统一作用而言。例如，物体的运动是由运动力产生的，可是这个运动力指的是某些现象之间的不变的关系，因而，也就是指将这种现象予以联结综合的统一者。在严格的意义上说，唯有精神才是能动的。

接下来，再就无意识与意识的区别来谈几句。主观的统一作用经常是无意识的，而成为统一的对象的东西则作为意识的内容而出现。无论就思维或意志来看，真正的统一作用本身始终是无意识的。只有对它进行反省时，这个统一作用才作为一个观念而出现在意识中。但是，这时已经不是统一作用，而成为统一的对象了。如上所述，统一作用始终是主观的，因而，必然永远是无意识的。哈特曼①说无意识就是活动，我们站在主观的位置并进行活动时，总是无意识的。反之，在把某种意识当作客观对象加以意识时，那个意识就已经丧失了活动。以某种艺术的修炼为例，当一个个动作都被意识到的时候，那还不是真正生动的艺术，只有到达无意识的状态时才成其为生动的艺术。

也许有人质疑说，从心理学上来看，一切精神现象都是意识现象，所以无意识的精神现象是不存在的。然而，事实上我们的精神现象并不单单是观念的连续，一定要有联结统一的无意识活动，精神现象才能成立。

最后，就现象与本体之间的关系来看，仍可以将它们解释为实在两个方面的关系。我们所谓的物的本体，就是指实在的统一力；所谓的现象，就是指它分化发展的对立状态。例如，我们说，在这里存在着桌子的本体，这就意味着它总是依靠我们的意识通过某种一定的结合来显示的。所以，这里所说的不变的本体，就是指这个统一力而言的。

---

① 哈特曼（Nicolai Hartmann，1882—1950）：德国哲学家，现象学伦理学的代表人物之一，著有《伦理学》《自然哲学》《美学》等。——译者

如此一来，我们就必须说，真正的主观就是实在的本体。然而我们通常却反而认为物体是客观存在着的。这是因为未考虑真正的主观，只考虑抽象的主观的缘故。抽象的主观是一个无力的概念，相对于这个概念而言，说物的本体属于客观，倒是恰当的。但是，严格说来，所谓离开了主观的客观也是无力的抽象概念。所谓真正活动的物的本体，是使实在得以成立的根本作用的那种统一力，也就是说，它必须是真正的主观。

第八节　自然

"实在"是唯一的存在，但由于观看方式的不同而呈现种种形式。

一说到"自然"，往往会认为那是完全脱离人们的主观而独立的客观实在。但是严格地说，这样的自然还是抽象概念，并不是真正的实在。因为，自然的本体仍然是主客未分的直接经验的事实。例如，当我们将草木作为观察对象的时候，草木是具有活生生的颜色和形状的，这是我们的直觉的事实。只有在我们从这个具体的实在中暂且除去主观活动的方面时，才会感到它似乎是纯客观的自然。而科学家所说的最严格意义上的自然，就把这种想法推向了极端化，因而是最抽象性的，也是离实在的真相最远的东西。

所谓"自然"，就是从具体的实在中舍去了主观方面，即舍去了统一作用。因此，自然中没有自己。自然只是按照必然的法则，从外部而动的。它不能由自己自动地进行主体活动。因此，自然现象的联结统一不是精神现象上的那种内在的统一，而只是在时间空间上的偶然联结。所谓用归纳法得出的自然规律，不过是因为发现两种现象是在不变的连续上发生的，所以假定一个现象为另一现象的原因。无论自然科学怎样进步，我们也不可能得到更进一步的解释。只是这种解释会趋于精细，并成为一般性的解释而已。

现代科学的趋势是尽量追求客观，因此，便产生了这样的情况：心理现象必须从生理上说明，生理现象必须从化学上说明，化学现象必须从物理上说明，而物理现象则须予以机械的说明。那么，作为这种说明之基础的纯机械的说明到底是什么呢？所谓纯物质是我们完全不能经验到的实在，若是多少能够经验到的东西，那就必须作为意识现象而出现于我们的意识中。然而作为意识的事实出现的东西都是主观的，并不能说明物质的纯客观性。所谓纯物质也没有任何能够捕捉的积极性质，而只有像空间、时间、运动这种纯数量的性质，都不过是如数学概念那样的完全抽象概念罢了。

物质作为充满空间的东西往往被认为是能够直觉到的，但那只是我们能够具体思考的东西的延长，是触觉及视觉的意识现象。我们视觉上很大的东西，却未必能说是物质很多。在物理学上，物质的多少归根到底是根据其力量的大小来决定的。这是从彼此作用的关系进行的推理，而绝不是直觉的事实。

而且，如上所说的从纯物质方面来思考自然，那就没有动物、植物、生物的区别了，一切都只能说是相同的机械力的作用，因而自然现象便成为没有任何特殊性质及意义的东西了，人类和土石也就没有任何不同之处了。但是我们实际经验到的真正的自然，绝不是上述那种抽象概念，也不仅仅是同一机械力的作用。动物就是动物，植物就是植物，金石就是金石，都是分别具备特点和意义的具体事实。我们所谓山川草木、鸟兽鱼虫，都是这种分别具备个性的东西。我们虽然可以从种种立场上对它们加以种种的说明，但是这个被直接赋予的作为直觉事实的自然，毕竟是不可动摇的。

我们通常把纯机械性的自然视为真正的客观实在，而把直接经验中的具体自然视为主观现象，这种看法是从"一切意识现象都是自己的主观现象"这种假定推论出来的。但是前面已经反复说过，完全脱离意识现象的实在是我们难以设想的。倘若因为与意识现象有关的就是主观的，那么纯机械的自然也就是主观的了。像所谓空间、时间和运动等，如果离开了我们的意识现象，也是不能设想的。它们只是比较具有客观性，而不是绝对客观的。

作为真正具体实在的自然，若完全没有统一作用，是绝不能成立的。自然中也有一个"自己"。一棵植物也好，一只动物也好，它所表现的种种形态变化和运动，并不只是一些无意义的物质结合和机械运动。它们各自都具备了与其整体不能脱离的关系，因而可以看作是一个统一的自我的表现。例如，动物的手足口鼻等与每个动物的生存目的都有密切关系，离开这种目的就不能解释它们的意义。至少在说明动植物现象时，应该假定自然的这种统一力。生物学家用生活本能来说明一切生物的现象。其实不仅生物有这种统一作用，就是无机物的结晶也已经多少呈现了这个作用。一切的矿物都具有特有的结晶形状。从这种无机物的结晶，到动植物的有机体，自然的"自己"即其统一作用表现得越来越明显。(真正的"自己"只有到达精神的境地时才出现。)

从现代科学的严密的机械性说明的立场来看,有机体的合目的的发展毕竟也要用物理和化学法则来说明,说那些只不过是偶然的结果。但是这种想法未免太过无视事实了,所以科学家们便用"潜能"这种假定来说明。这就是说,生物的卵或种子中分别具有使生物发生的潜能,这个潜能就相当于现在所说的自然的统一力。

对于自然的说明,在机械力之外承认这种统一力的作用,两者也并不矛盾。相反,两者可以相辅相成,更能说明完整的自然。例如,这里有一个铜像,以作为它材料的铜来说,尽管是要服从物理化学的法则,但是并不能只把它看作一块铜,它是表现我们理想的艺术作品,也就是依靠我们理想的统一力而出现的东西。但是这个理想的统一作用与支配材料本身的物理化学法则各属于不同的范围,因而不会互相抵触。

有了上述统一的"自己",而后大自然才有目的,才有意义,才成为活的自然。这种自然的生命的统一力不是由我们的思维所形成的抽象概念,相反却是出现在我们直觉上的事实。我们看到可爱的花,看到可亲的动物,就会直接在整体上把握统一者。这就是这个物的自我,这个物的本体。艺术家是在这种直觉上最敏感的人,他们能够一下子看破物的真相并掌握统一的某种东西。他们所表现的不是表面的事实,而是深深地潜藏于物的根底的不变的本体。

歌德曾经埋头于生物的研究,成为今天进化论的先驱。根据他的说法,在自然现象的背后有所谓"本源现象"(Urphänomen),

诗人能够直觉它。他说各种动植物就是由这种本源现象的本源动物和本源植物变化而成的。在今天的动植物中都有一定不变的型式。他基于这个学说，来论述一切生物都由进化而来。

那么，潜藏在自然背后的所谓"统一的自己"究竟是什么呢？我们总认为自然现象是与我们的主观无关的纯客观现象，因而往往认为这个自然的统一力也是我们完全无法得知的东西。但是如上所述，真正的实在是主观与客观没有分离的，实际的自然不只是"客观的方面"这样一种抽象概念，而是具备主客意识的具体事实。因此，那个统一的自己不是与我们的意识毫无关系的不可知的东西，而实际上就是我们的意识的统一作用本身。因此，我们是依靠自己的理想、情与意的主观统一来理解自然的意义和目的的。例如，我们能够充分理解动物的各种结构及其动作深处存在的根本意义，是用自己的情与意直接对它进行直觉的结果。自己若是没有情与意，最终是不能理解动物的根本意义的。随着我们的理想及情意更趋深远广博，就越能理解大自然的真意。总之，我们的主观的统一与自然的客观的统一力本来是同一的。如果从客观上来看，就是自然的统一力；如果从主观上来看，便是自己的知、情、意的统一。

所谓"物力"往往被认为与我们的主观统一完全没有关系。当然这也许是最无意义的统一，但这也不是完全脱离主观统一的。我们说物体之中有力量，而且能够发挥种种作用，归根到底意味着我们能够客观地见出自己的意志作用。

通常认为我们用自己的理想或情与意来推断自然的意义，只是一种类推，而不是千真万确的真理。这种想法根源于把主观客观分别加以思考，把精神与自然看成两种实在。而从"纯粹经验"上来说，直接把它们看成是同一的，是最恰当不过的了。

第九节 精神

乍看上去，自然似乎是脱离我们的精神而独立的纯客观的实在，其实它并不是脱离主观的实在。如果从其主观方面即统一作用的方面来看，所谓自然现象就会成为意识现象。例如，这里有一块石头，如果它是依靠某种同我们的主观无关的、不可知的实在之力而显现着，那就成为自然。但是如果把这块石头当作直接经验的事实并直接观之，那它就不单纯是客观上的独立的实在，而是我们的视觉、触觉等的结合，即通过我们的意识统一而成立的意识现象。因此，如果把所谓自然现象拉回到直接经验的根本上来看时，一切就都成为通过主观的统一而成立的自我的意识现象了。唯心论者之所以主张世界是我的观念，就是从这个立场来看的。

我们往往认为每个人在看同一块石头的时候，都会有同一的观念。其实，随着各人的性格经验，所见也有所不同。因此，具体的实在都带有主观的、个人的性质，并没有所谓的客观的实在。所谓客观的实在，只是各人共通的抽象概念而已。

那么，我们与自然相对而言的"精神"又是什么呢？换言之，所谓主观的意识现象究竟是什么呢？所谓精神现象，只是将实在的统一方面，即活动的方面予以抽象思考的东西。如上所述，在实在的真相上，没有主观与客观、精神与物体的区别，但是实在的成立上，一切必须有统一作用。这个统一作用固然不是脱离实在的特别的存在，但如果我们把这个统一作用加以抽象化，使之与被统一的客观相对立来进行考察时，那就有了所谓的"精神现象"。例如，这里有一个感觉，但是这个感觉并不是独立存在的，必然与其他东西相对而立。即与其他相比较、区别而成立。这种比较区别的作用，也就是统一的作用，就是我们的所谓"精神"。因此，随着这个作用的进展，精神与物体的区别也就愈加显著。在儿童时代，我们的精神是自然性的，因而主观的作用是微弱的。随着年龄的增长，统一的作用日益加强，我们就逐渐能从客观自然中将自己的"心"自觉地区别出来。

通常认为我们的精神与客观的自然是有所区别的独立实在。实际上，离开了精神上的主观统一，纯客观自然只是抽象概念；同样地，离开了客观自然，纯主观的精神也成为抽象概念。有了被统一的东西，才有进行统一的作用。假如说外界有真能感受外物作用的精神的本体，那也是因为有了活动的物，有了感知的心。

不活动的精神本身，同不活动的物本身一样，都是不可知的。

那么，为什么实在的统一作用会特别从它的内容，即被统一的东西中被区分出来，如同独立的实在一样呈现出来呢？这无疑是出实在中的种种统一的矛盾冲突而产生的。实在具有各种不同的体系，亦即各种不同的统一。当这个体系的统一相互发生冲突与矛盾时，这个统一便明显地出现于意识上。也就是说，有矛盾冲突存在的地方就有精神；有精神存在的地方也就有矛盾冲突。例如，即便是我们的意志活动，在没有发生动机的冲突时也是无意识的，即接近于所谓客观的自然。但是随着动机的冲突越来越显著，意志便越能明确地被意识到，并能自觉到自己的"心"。那么这个体系的矛盾冲突是从何处发生的呢？这是从实在本身的性质发生的。如上所述，所谓实在，一方面是无限的冲突，另一方面又是无限的统一。冲突是统一的不可缺少的一面。通过冲突，我们又迈向更大的统一。所谓实在的统一作用，就是我们的精神对自己有所意识，并不是在其统一进行的时候，而是在矛盾冲突的时候。

当我们精通了一种技艺的时候，也就是获得了实在之统一的时候，反而是无意识的，也就是感觉不到自己是统一的。但在意欲深入钻研的时候，便与已经掌握的技艺发生冲突，这时又成为有意识的，而意识总是从这种冲突中产生。此外，我们说精神存在的地方必有冲突，这是因为精神中伴随着理想。理想就意味着与现实之间的矛盾冲突（我们的精神是通过冲突而出现的，因而在精神上必有苦闷。厌世论者说世界是痛苦的，也有其片面的真理）。

如果认为我们所谓的精神是实在的统一作用，那么一切的实在都有统一，也就不得不说一切的实在都有精神。这样说来，我们根据什么来区别非生物与生物，或区别有精神的东西和无精神的东西呢？

严格而言，可以说在一切的实在中都有精神，而且如上所述，在自然方面也有统一的自己，那就是和我们的精神相同的统一力。例如，在这里出现了一棵树这种意识现象，通常总是把它当作客观的实在，认为它是通过自然力而成立的。但是如果把它当作形成意识现象的一个体系来看的话，它就是通过意识的统一作用而成立的了。不过在所谓"无心物"的角度来说，这个统一的自己还没有作为直接经验的事实而出现于现实中。那棵树本身并未自觉到自己的统一作用，它的统一的自己存在于另外的意识之中，而不存在于树本身。这就是说，它只是被外部统一，还不是内在统一者，因此，还不能说是独立自在的实在。动物则与此相反，其内在统一即自己已经出现于现实之中，动物的各种现象（譬如它的形态、动作）都可以被看作是这个内在统一的表现。一切实在都是通过统一而成立的。在精神中，这种统一是作为明显的事实而呈现的。实在只有在精神上才成为完全的实在，亦即成为独立自然的实在。

提到所谓没有精神的事物，它的统一是由外部赋予的，所以不是自己内在的统一，因此会由看的人不同而改变它的统一。例如，通常认为有一个所谓"树"这种被统一的实在，但从化学家的眼光来看，它却是一个有机的化合物，即只是元素的集合，也可以说没有什么"树"这种实在。但是对于动物的精神不能这样来看。虽然动物的肉体也可以和植物一样被看作化合物，但其精神本身却不能由观察者任意加以改变，无论人们怎样解释，事实上它总是显示着一个不可动摇的统一。

根据当今的进化论观点，从无机物、植物进化到动物，再到人类的过程，也可以说是实在逐渐把它所隐藏的本质作为现实而呈现出来的过程。只有在精神的发展中，构成实在的根本性质才能显现出来。莱布尼茨所说的"发展"（evolution）即"内展"（involution），就是这个意思。

作为精神的统一者的我们自己，本来就是实在的统一作用。某派心理学认为我们自己不过是观念和感情的结合而已，除去这些东西之外并没有自己。这种说法只是单纯从分析的方面来看的,却忘记了统一的方面。如果把一切事物分析起来看的话,那就不能认识到统一作用。而我们不能因为分析就无视统一作用。事物是通过统一而成立的,观念感情也是由于统一的自己之力才变成具体实在的。

这个统一力即自己是从何而来的呢?归根到底,就是"实在统一力"的体现,它是永久不变的力。因为有它,我们自己才能够经常感到创造性的、自由的、无限的活动。如上所述,我们在进行内在反省时常感到有"自己"的存在,这并不是真正的自己。这种自己是不能进行任何活动的。只有当实在的统一进行内在活动的时候,我们才感觉到按自己的理想去支配实在,感到自己在进行自由的活动,而且因为这个实在的统一作用是无限的,所以我们才感到自己是无限的,似乎能够包容宇宙。

从我先前已经提出的"纯粹经验"的立场来看,这里所说的"实在的统一作用"也许会被认为只是抽象的观念,而不是直接经验的事实。但是我们的直接经验的事实并不是观念和感情,而是意志活动,这种统一作用是直接经验所不可缺少的因素。

以往,我们总是把精神同自然对立起来看,现在我想就精神跟自然的关系问题略作论述。

人们常常认为,我们的精神作为实在的统一作用,似乎是与自然无关的特殊的实在。实际上,离开了被统一的东西,就没有统一作用;离开了客观的自然,也就没有了主观的精神。我们所谓认识事物,不过是说自己与事物相一致而已。在看见花的时候,就是自己成了花。所谓研究花并阐明其本性,就是超越自我的主观臆断而与花的本性保持一致的意思。再就"理"来看的时候，理绝不是我们主观上的空想。理不仅是万人共同的，而且实际上是客观的实在赖以成立的原理。常常是由于我们的主观的自己退隐了，不可动摇的真理才成为客观的。总之，说我们的知识变得深远了，就意味着我们符合了客观的自然。不仅知识如此，在意志方面也是如此。纯主观将是一事无成的。意志只有服从客观的自然才能实现。要想使水流动，必须顺从水的本性；要想领导别人，必须顺从人的本性；要想支配自己，也必须顺从自己的本性。我们的意志越客观，就越有力量。释迦和基督在千年之后还有感动众生的力量，就是因为他们的精神是很客观的。因此，无我者即隐没了自己的人，才是最伟大者。

通常，人们把精神现象与物体现象按内与外加以区分，并认为前者在内，后者在外。这是从精神存在于肉体这种武断的想法中产生的。但从直接经验来看，一切都是同一的意识现象，并没有内与外的区别。我们单纯称之为内在的主观精神的东西，乃是极其肤浅的微弱的东西，也就是个人的空想。反之，伟大而深远的精神是符合宇宙真理的宇宙的活动本身。因此，在这种精神之中，外界的活动是自然伴随着的，不想让它活动它也会活动。艺术家的灵感就是一个实例。

关于人心的苦与乐的问题，最后略谈几句。总体而言，当我们的精神处于完全的状态即统一的状态时，就是快乐的；当处于不完全的状态即分裂的状态时，就是痛苦的。如上所述，精神是实在的统一作用，在统一的里面必然伴随着矛盾冲突。当矛盾冲突发生的时候，人们总是痛苦的。而无限的统一的活动就是想要摆脱这种矛盾冲突并达到更高更大的统一。此时在我们心里便生出种种欲望，也产生理想，而在达到更高更大之统一的时候，就是我们的欲望或理想得到满足的时候，就成为快乐的。因此，快乐的一面必然伴随着痛苦，痛苦的一面也必然伴随着快乐。可见人心是不能达到绝对快乐之境的，但是只要努力变成的客观的、与自然一致的时候，就能保持无限的幸福。

心理学家认为有助于我们生活的是快乐，妨碍我们生活的是痛苦。所谓生活就是生物的本性的发展，即自己的统一的维持。因此，这也就是说，有助于统一的是快乐，妨碍统一的是痛苦。

如上所述，精神是实在的统一作用，大精神是与大自然相一致的。因此，我们把小我当作自己的时候，痛苦就多；当我们把自己扩大，并与客观自然趋于一致的时候，就成为幸福的。

第十节　作为实在的神

根据以上的论述，我们称之为"自然"或"精神"的东西，并不是完全不同类的两种实在，只是由于对同一实在的看法不同而发生的区别。如果深入地理解自然，就应当承认在它的根基里存在着精神的统一。并且，完全的真正的精神必须是与自然合一的精神，这就意味着宇宙中只存在着一个实在。而这个唯一的实在，就是如上所述的，它一方面是无限的对立冲突，一方面又是无限的统一。一句话，就是独立自在的无限的活动。这个无限的活动的根本，我们可以称之为"神"。所谓"神"绝非超出这个实在之外，实在的根基就是神。没有主观和客观的区分、精神与自然的合一者就是神。

不论任何时代，或任何民族都有"神"这个名词。不过由于知识程度及诉求的差异，"神"被理解为种种不同的意义。多数宗教家认为神存在于宇宙之外，好比是支配这个宇宙的伟大人物，但是这种对"神"的想法实质上是很幼稚的，不仅和今天的科学知识相矛盾，即使在宗教上，我想这种神和我们人类之间也是不能在内心取得亲密一致的。但是也不能像今天走向极端的唯科学主义者那样，认为物体是唯一的实在，物力是宇宙的根本。如上所述，在实在的根本处有着精神的原理，这个原理就是"神"。这和印度宗教的根本要义一样，"我"与大梵是同一的。神就是宇宙的伟大精神。

亘古以来，为了证明神的存在，曾有各种不同的观点。有人说，这个世界不能是由无开始的，这个世界必须有一个创造者，因而就说世界的创造者是神。即根据因果律把这个世界的来由归于神；又有人说，这个世界不是偶然存在的，而是一个个具有意义的东西，即按照某种一定的目的组织起来的东西，并且以此事实为根据，进一步认为必须有一个这种组织的提供者，而这种宇宙的组织指导者就是神。这也就如同把世界与神的关系视为艺术作品与艺术家那样的关系了。那些人都是想从知识的方面来证明神的存在，并且以此来确定神的性质。此外，还有一些人试图完全脱离知识的途径，而从道德的要求上来证明神的存在。根据那些人的说法，在我们人类之中存在着道德的要求，即存在着良心，因而，如果在这个宇宙里没有劝善惩恶的大主宰者，那么我们的道德就将会成为无意义的东西，因此，必须承认作为道德维持者的神的存在，例如康德等人就是这样主张的。

然而，这些说法是否确能证明真正的神的存在呢？如果像这样以因果律为根据，认为世界必须有一个来由，因此，就必须承认神的存在，这样的话，为什么不能进一步寻求神的来由呢？如果说神是无始无终，并且没有原因也能存在的话，为什么不能说这个世界也是那样存在着的呢？再者，如果说世界是服从某种目的而适当地组织起来的，从这一点出发，推论出必须有全知全能的统治者的话，那就必须证明宇宙的万事万物的形成实际上都是合目的的，而要证明这一点却是很困难的事情。但如果说不能证明这一点，也就不能证明神的存在，那么神的存在实际上就是很不确实的了。也许会有人相信它，但也有人可能不会相信它。进一步说，即使这一点得到了证明，我们也可以认为这个世界是这样偶然合乎目的形成的。而要想从道德的要求来证明神的存在，那就更缺乏说服力了。假如说有所谓全知全能的神来维持我们的道德，那么无疑我们的道德就一定能够获得伟大的力量。但是却不能认为它对我们的行为实践是有益的，从而就能证明必须有这种东西。我们只能认为这种想法是一种权宜之计。总之，以上这些说法都是试图间接地从外部来证明神的存在，而不是把神本身放在自己的直接经验上，来直接证明它。

那么，怎样才能在我们的直接经验的事实上找到神的存在呢？我们小小的心灵受到时间与空间束缚，却也潜藏着无限的力量，也就是潜藏着对无限实在的统一力。正因为我们有这种力，所以能够在科学上探求宇宙的真理，能够在艺术上表现实在的真意，能够在自我的心底里认知构成世界的实在之根本，也就能够感触神的面目。人心的无限自在的活动就能证明神本身。雅各·波墨①所说的"'用内向的眼'(umgewandtes Auge)见神"就是这个意思。

如果从外界的事实来寻求神，神就终究不免是假定性的。另外，存在于宇宙之外的、称为宇宙创造者或指导者这样的神，也不能说是真正的绝对无限的神。而上古时代的印度宗教以及15至16世纪在欧洲盛行的神秘学派，在内心由直觉来寻求神，我认为这是关于神的最深刻的知识。

神以什么样的性状存在着？从一方面来看，正如库萨的尼古拉②等人所说的那样，神是一切的否定；凡是能够指明肯定的东西，即能够捉摸的东西就都不是神；如果是能够指明而加以捉摸者，那就是有限的东西，从而不能发挥对宇宙进行统一的无限的作用。从这一点来看，神完全就是"无"。但是我们是否能说神就是单纯的"无"呢？绝不能这样说。因为实在构成的根基里有明显的不可动摇的统一作用在活动着，而实在确实是由此而成立的。例如，三角形的各角的总和等于两个直角，这个道理在哪里呢？虽然我们既看不到，又听不到"理"这个东西，但是在这里难道不是俨然存在着不可动摇的理吗？又如在观赏一幅名画的时候，我们能够在整体上感觉它神韵缥缈、灵气袭人，可是要想从它的一物一景里找出所以然，却是难以做到的。神就是在这些意义上

---

① 雅各·波墨（Jakob Böhme，1575—1624）：德国哲学家，路德派基督教神学家，黑格尔称其为"德国第一位哲学家"。——译者

② 库萨的尼古拉（Nicolaus of Cusanus，1401—1464）：因出生于库萨，被称为"库萨的尼古拉"。德国哲学家、神学家、数学家，著有《天主教的协调》《论有学识的无知》等。——译者

的宇宙统一者和实在的根本。只是因为它经常是"无",所以它又是无处不有、无处不在地活动的。

正如不懂得数理的人,无论怎样也不能从深奥的数理中得到任何知识,不懂得美的人,无论看怎样美妙的名画也不能使他感动一样,平庸浅薄之辈总以为神的存在似乎是一种空想,感受不到任何意义,从而把宗教视为无用之物。人们想要认识真正的神,必须相应地修炼自己,使自己具备能够认识神的眼光。对于这样的人而言,宇宙中的神之力,就会像名画中的画家的精神那样鲜活地跃动,这就叫作"见神[①]的事实"。

这样说来,也许有人会感到,神作为实在的统一之根本,是冷静的哲学上的存在,它和我们温暖的情意活动似乎没有任何关系。但实际上绝非如此。如上所述,我们的希求是通过寻求更大的统一而产生的,达到这个统一的时候就是喜悦。所谓个人的"自爱",毕竟只是这种统一的一种要求罢了。因此,我们的精神本来是无限的,就绝不会满足于个人的自我的统一,而必须进一步寻求更广大的统一。因为我们的大我包含了他人和自己在内,所以就要向他人表示同一感情,寻求别人同自己的统一。所谓"他爱",就是这样发生的超个人的统一要求。因而在"他爱"中我们会感到比"自爱"更大的平安和喜悦。而且,作为宇宙之统一的神,实际上就是这种统一活动的根本,也是我们的爱的根本、喜悦的根本。神就是无限的爱、无限的喜悦与平安。

---

① 见神:感知、见证神之显现。——译者

第三章 善

第一节 行为（上）

所谓"实在"是什么，以上做了大致的说明。接下来想来讨论我们作为人应该做些什么，所谓"善"是什么，以及人的行动应该指向何处等实践方面的问题。因为人的各种实践方面的现象都可以用"行为"这个词来概括，所以在论述这些问题之前，想先来讨论一个问题：所谓"行为"是什么呢？

所谓行为，若从外部来看，就是肉体的运动，但是和单纯的水流或石落这些物体运动是不同的，它是一种有意识、有目的的运动。可是又区别于那些只出现在有机体上的有目的却毫无意识的种种反射运动，区别于那些在较高等的动物身上看到的有目的并且有少许意识，但目的尚未明确被意识到的本能动作。这样一来，所谓行为是就其目的被明确意识到的动作而言。我们人类也具有肉体，所以既有种种物体性的运动，又有反射性的运动和本能性的动作，但是只有"自我作用"者可以称为我们所说的"行为"。

这种行为，在很多情况下是伴随着外在的运动即动作的，但因其主要部分是内在的意识现象，所以需要讨论一下心理学上的行为究竟是什么意识现象这个问题。

所谓行为，如上所述，就是从被意识到的目的中产生出来的动作，即所谓有意识的动作。可是我们通常所说的"行为"也包含外在的动作，而所说的"意志"，主要是指内在的意识现象，所以现在讨论行为的意识现象，也就等于讨论意志。

那么，意志究竟是怎样产生的呢？原来，大体上说，我们的身体是为了保持和发展自己的生命而进行适当的运动，意识也就随这种运动而产生。起初它是单纯的苦乐之情，但是随着对于外界的观念认识逐渐明晰，联想作用也活跃起来，前面的运动并不是无意识地发源于外界刺激，而是先想到结果，接着产生了作为手段的运动观念，然后转变成运动，这就产生了意志。因此，意志的产生必须首先有运动的方向，从意识上来说，必须首先具有决定联想方向的肉体上或精神上的根本性原因，在意识上则表现为一种冲动的感情。由于不管它是先天的还是后天的，都可以被称为意志的力量，这里权且称之为"动机"。其次，通过经验而得到的、通过联想而引起的关于结果的观念，即目的，准确地说是"目的观念"，必须伴随着上述的动机。此时，意志的形态才逐渐形成，因此，我们把它叫作"欲求"，也就是意志的初始形态。当欲求是唯一的时候，它就伴随着运动观念并发展为动作，但如有两个以上的欲求时，就会出现所谓欲求的竞争，其中最有力的欲求就会占据意识的主要位置，并发展为动作。我们称之为"决意"。我们所谓的意志是就这种意识现象的整体而言的，但有时从狭义上来说，也指即将转为动作的瞬间的作用，或者特别指决意而言。行为的主要部分其实就是这种内在意识现象的意志，外部的动作并不是它的主要部分。因此，即使由于某种阻碍没有发生动作，但只要具有明确坚定的意志，也可以称之为行为。反之即使产生了动作，如果没有充分的意志，也不能叫作行为。意识的内在活动变得活跃时，就重新产生以意识中的创造性事项为目的的意志，这种情况当然可以称之为行为。虽然心理学家对它们作了内外的区分，但是作为意识现象来看，实际上具有完全相同的性质。

以上只论述了作为行为之主要部分的意志的过程。以下再进一步来说明意志是什么性质的意识现象，它在意识中占有什么地位。

从心理学上来看，意志是观念统一之作用，即属于统觉之一种。意识上的观念结合作用有两种：一种是观念结合的原因主要在于外界事物，在意识上结合的方向不明显，有一定的被动性，因而把它叫作"联想"；另一种是结合的原因在于意识内部，结合的方向可以明显地被意识到，而且令人感到意识是能动的结合，所以把它叫作"统觉"。如前所述，所谓意志，就是先有决定观念结合方向的目的观念，然后在以往经验的各种运动观念中，构成适合于自我实现之观念的结合，这完全是一种统觉作用。这样，所谓意志就是观念统一的作用，它在欲求竞争的情况下会更加明显。所谓"决意"不过是这种统一的终结而已。

那么，这种意志的统觉作用同其他统觉作用又有什么关系呢？除意志之外，思维和想象的作用也属于统觉作用。即便在这些作用中，也是以某种统一的观念为基础，然后再把合目的的观念统一起来。所以在观念活动的形式上，它和意志是完全同一的。只是由于统一的目的不同，因而统一的规律各异，所以它们才被认为是不同的意识作用。

现在再进一步来讨论它们之间的不同之处。

首先，可以把"想象"和"意志"来比较一下。想象的目的是模仿自然，意志的目的则是自身的运动。所以，想象是为了符合自然的真正状态而统一的观念，意志则是为了合于自己的欲望而统一的观念。但如果仔细思考就可知道，在意志的运动以前，必须先有想象这种运动，而要想象自然，自己须先站在那一事物的立场上去考察。只是所谓想象总是在想象外物，自己无法完全同它一致，故而就会觉得那不是自我的现实。也就是说，想象某一件事和实行这件事，无论如何会令人感觉不同。不过，更进一步想来，又可以明白这只是程度上的差别，而不是性质上的不同。如，艺术家的想象，当达到入神的境界时，自己完全融化于其中，和物完全趋于一致，并会感到物的活动就是自己的意志活动。

其次，再把思维和意志比较一下。思维的目的在于真理，支配其观念结合的法则是逻辑法则。同时可以认为，真理不一定是我们的意志所在，意志所在也未必就是真理。而且思维的统一仅仅是抽象概念的统一，意志和想象则是具体观念的统一。在这些方面，思维和意志之间乍看上去有明显的区别，谁也不会把它们混为一谈。但若仔细考察就可以看出，这种区别并不是那样明显和不可撼动的。在意志的背后总是潜藏着相当的理由，尽管那种理由并不完全，意志总是在某种真理上活动，即通过思维而成立。与此相反，如王阳明所主张的知行合一那样，真正的知识必须伴随着意志的实行。自己虽然那样思维但却无那样的欲求，是因为还没有真知。这样看来，思维、想象和意志这三个统觉在其根本上都是同一的统一作用。其中，思维和想象涉及物与自己的一切相关观念的统一作用，而意志则只是与自己的活动特别相关的观念的统一作用。不同在于，前者只是理想的即可能性的统一，后者则是现实的统一，亦即统一的终极状态。

以上大致论述了意志在统觉作用中的地位，现在我要来谈谈它和别的观念结合，即和联想及融合之间的关系。

关于联想，前面曾经说过，决定其观念结合之方向的因素存在于外部而不是内部。然而这只是从程度上来说的。在联想中，也不能说它的统一作用完全不在内部，只是在意识上呈现的不太明显而已。至于说融合，其观念的结合更是无意识的，甚至连结合作用也意识不到，然而却不能说它没有内在的统一。要言之，一切意识现象都具有和意志相同的形式，也可以说都是某种意义上的意志。如果把"自己"看作是这些统一作用的根本的统一力的话，那么意志在这里把自己表现得最为明显，因而在意志活动中我们最能明显地意识到自己。

第二节　行为（下）

以上从心理学上论述了所谓"行为"是怎样的意识现象，接下来讨论作为行为之根本的"意志的统一力"是从何处发生的，这个统一力之于实在具有什么意义，并阐明哲学上的意志与行为的性质。

所谓意志的统一，就是根据某一既定目的，从内部来统一观念。它究竟是从哪里发生的呢？若从自然科学家的观点来看，物质之外别无实在，那就只好认为这个力是从我们的身体发生的。我们的身体和动物的一样，是构成一个体系的有机体。动物的有机体，不管它有无精神存在，总是能通过神经系统的中枢，来机械地进行各种有序的运动，即能进行反射运动、自动运动以及更复杂的本能动作。我们的意志本来也是从这些无意识的运动发展而来的，即便现在意志受到训练时，也会还原到这些无意识运动的状态，因而我们只能认为它是由同一力量而发生的同一种运动。并且，由于有机体的各种目的最后都是为了维持和发展它自己和自身所属的种类的生活，所以我们的意志的目的也不外是维持生活，只是由于意志的目的是被意识到的，所以看来似乎与别的有机体的目的有所不同。因此，科学家们甚至企图从这种生活的目的，来说明我们人类的各种高尚的精神上的要求。

然而像这样想从物质力那里来寻求意志的本原，并试图只从生活的欲望来说明深远微妙的人生要求，那将是颇为困难的事情。即使认为高尚意志的发展同时要伴随着旺盛的生活作用，然而最高的目的也只能在于前者，而不会在后者那里。也许可以认为后者是前者的手段。我们姑且把这些论点留待以后讨论。如果像自然科学家所说的那样，我们的意志是由有机体的物质作用而发生的，那么也许应该首先假定物质是具有某种能力的东西。

关于有机体的合目的的运动是从物质中发生的，对此有两种见解：第一种把自然看成是合目的的东西，像生物的种子一样，在物质里面也潜藏着合目的的力量；第二种是认为物质只有机械力，认为一切合目的的自然现象都是偶然发生的。严肃的科学家的见解倒是倾向于后者，而我却认为这两种见解实际上是相同的，绝对不是根本不相同的。即使是后一种见解，也必须假定在某处存在着会产生固定不变的某种现象的力量。有机械的运动的产生，就必须假定产生这种运动的力量乃潜藏于物体之中。如果可以这样认为的话，为什么就不可以根据同样的理由，认为物体之中潜藏着有机体的合目的的力量呢？或许有人说，对于有机体的合目的的运动这一问题，即便不假定有那种力，也能使用更简单的物理化学定律予以解释。但是这样说来，今天的物理化学定律或许也能用更加简单的法则来说明。更恰切地说，因为知识的进步是无限的，一切都是能够加以解释的。这样想来，真理就只是相对的了。我对这种想法不敢苟同，认为比起分析来，应该把综合放在更重要的位置上，认为合目的的自然由各自的分立趋向综合，有步骤地发挥自己的真意，才是最恰当的看法。

此外，根据我上述关于实在的论述，所谓"物体"只是为了给意识现象的不变关系加上名目而已，因而不是物体产生意识，而是意识创造物体。就是所谓最客观的机械运动也是通过我们的逻辑的统一而成立的，绝不是脱离了意识的统一。由此进一步发展成为生物的生活现象，更进一步成为动物的意识现象，随之这种统一就愈趋活跃，包括的方面愈多，并且更加深远。意志是我们意识的最深远的统一力，又是实在的统一力的最深远的呈现。从外面看上去只是机械运动或生活现象的过程，而其内在的真正意义却是意志。正如我们曾经认为只是木头或石头，而其真正意义则是慈悲圆满的佛像，或充满勇气的仁王像。所谓自然乃是意志的表现，因此我们可以通过自己的意志，去掌握幽玄的自然的真正意义。当然，如果把现象分成内与外，把精神现象和物体现象看作完全不同的现象的话，上述观点也许会被认为只是空想，但是直接经验的具体事实并无内外之分，所以这种看法却正是直接的事实。

如上所述,自然科学家认为物体的机械运动,与有机体的合目的性及意志是根本一致的,作用也是相同的。然而,自然科学家虽认为一致,然而实际上两者在根本上却恰恰相反。一个是把物质力当作根本,另一个却把意志当作根本。

根据这种看法,虽然前面曾把行为分析为意志和动作两个方面,但是这两者之间并不存在原因与结果的关系,而是同一物的两个方面。动作是意志的表现。即从外面来看是动作的东西,从内面来看则是意志。

第三节　意志的自由

如上所述,关于意志,从心理学上来说只是意识的一个现象,但从其本体来说,它却是实在的根本。现在我们再来讨论一下,这个意志在什么意义上才是自由活动。意志究竟是自由的,还是必然的,这个问题很久以来就困扰着学者们。关于这个问题的探讨,不仅在伦理学上是重要的,而且由此可以阐明意志的哲学性质。

首先,从人们的一般看法而言,大概谁都认为自己的意志是自由的。就自己所经验的自我意识来说,在某一范围之内,既可以做某件事情,也可以不做。这就是说,可以认为在一定范围之内是自由的,因此,才产生了负责任、不负责任、自负、后悔、赞赏、非难等念头。但是我们有必要对所谓"一定范围"稍加考察。凡属于外界事物的,我们就不能加以自由支配。就连自己的身体,也不能说在任何情况下都能自由驱使。随意肌的运动看起来是自由的，然而一旦得了病，就不能自由活动了。因此，所谓能够自由，那不过是自己的意识现象。不过，即便是自己意识之内的现象，我们也没有重新创造观念的自由，甚至对于一度经验过的事情，也没有随时忆起的自由。一般认为真正的自由，只是观念结合的作用。如何分析观念，如何综合观念才属于自己的自由。当然，就是那种情况下，观念的分析综合也有着不可动摇的先在的规律，而不能随心所欲。并且在观念之间的结合是唯一的，或当某种结合特别强势的时候，我们就必须服从于这种结合。只是在观念成立的先在规律的范围之内，而且在观念结合上有两种以上的途径，以及当它们的结合强度不具有压倒性的情况下，才有完全的选择自由。

主张自由意志论的人，多数都是以这种内在经验的事实为立论根据的。他们认为，在上述范围之内，选择和决定动机完全属于我的自由，除了我以外别无其他。并且认为这种决定性来自意志的神秘力，它与外界事物或内在的气质、习惯、性格是相对独立的。即认为在观念的结合之外，还有一种支配它的力量。与此相反，主张意志必然论的人，大致以外界事实的观察为根本，并以此进行推论。他们认为，宇宙的现象没有一样是偶然发生的，若是细加研究，就连那些极其微小的现象也一定有它相应的缘由。这种观点是一切学术研究的根本性的主导思想，而且随着科学的发展，这种思想也更为强固了。在自然现象里那些以往被认为神秘的现象，现在其原因与结果也逐一明朗，达到了可以用数学来计算的程度。如果说时至今日，仍然还有被认为无原因的东西，那就只有人们的意志了。不过，即便是意志也难以脱离这个不可动摇的大自然之根本规律。今天我们认为意志是自由的，这毕竟是由于科学的发展还不充分，还不能将事物的原因一一解释清楚的缘故。加之，即便是意志的活动，在各种场合下，实际上也是不规则的，看上去没有确定的原因。但是若用统计学的方法去考察多数人的活动，就会发现竟是那样的井然有序，绝对看不出其中没有一定的因果关系。这些看法会使我们更加坚信意志是有原因的，并可以得出这样结论：我们的意志和一切自然现象一样，是受着必然性的机械因果律所支配的，此外并没有所谓意志的神秘力量。

那么，在以上两种相反的论点中，究竟哪一种正确呢？极端的自由意志论者，正如上述的那样，认为意志既没有任何原因，也没有任何理由，只有一种自由地决定动机的神秘力量。但是若在这种意义上主张意志的自由，那完全是谬误。在我们决定动机时，总要有相应的理由。纵然这种理由没有明显地出现在意识中，但是在潜在的意识里也一定有某种缘由。而且，如果按照这种观点来说的话，意志没有任何理由，完全是偶然的，我们在这个时候就感受不到意志的自由，反而认为它偶然的事件，是从外面起作用的，因而对它的责任感就淡漠了。自由意志论者说他们是以内在的经验为基础而立论的，但是内在的经验所能证明的却是相反的事实。

接下来，想对必然论者的观点稍加评析。必然论者认为自然现象受机械性的必然规律所支配，因而意识现象也不应例外。从根本上说，这种论点是建立在一种假定基础上的，即把意识现象和自然现象（换言之，即物体现象）看作是同一的，因而必须受同一法则所支配。然而这种假定是可靠的吗？意识现象与物体现象是否应当受同一法则所支配，这一点尚未定论，不得不说建立在这一假定之上的议论极不可靠。即使假定今天的生理心理学已经非常进步，可以运用物理的及化学的方法，来对作为意识现象之基础的大脑的作用做出解释，然而是否就能因此主张意识现象必然受机械性的法则所支配呢？例如，构成一座铜像的铜，作为材料或许不能脱离机械性法则的支配，但是这座铜像所表现的意味难道不是超乎其外的吗？所谓精神上的意味是看不见、听不见，又不能计数的，因而应该说它超越于机械性必然法则之外。

要言之，自由意志论者所说的那种完全没有原因和理由的意志是任何地方都不存在的。那种偶然的意志绝对不会使人感到自由，反而会使人感到胁迫。当我们根据某种理由进行活动，即根据自我的内在性质进行活动时，反而会感到是自由的。也就是说，只有从自己的最深刻的内在本质产生动机的时候，才会最感到自由。然而这种意志的理由并不是必然论者所说的那种机械性的原因。我们的精神方面有精神活动的规律。只有当精神根据自己本身的规律活动时，才是真正的自由。

自由有两种意义：一种是完全没有原因的，即与所谓偶然有着同样意义的自由；另一种是自己不受外物的束缚，自主地进行活动的自由，这就是必然的自由。所谓意志的自由就是指后一种意义上的自由。不过这里将会产生下面的疑问：如果认为根据自己的本质进行活动是自由的，而万物无不依从自己的本质进行活动，如水的流动和火的燃烧都是如此；那么为什么要把别的活动看作是必然的，而仅仅把意志看作是自由的呢？

在自然界里，某一现象的发生都会根据情况受到严格规定。由某种特定的条件，只能产生某种特定的现象，丝毫不容其他可能性的存在。自然现象就是这样按照盲目的必然规律而发生的。然而意识现象却不只是发生的，而是被意识了的现象。即不仅发生，而且自己知道发生。这里说的知道或意识就意味着包含了其他可能性。例如，我们意识到取得一件东西，而其反面就意味着有"不取"这种可能性。更具体地说，意识必须具有普遍性的性质，也就是说意识具有理想的因素，否则就不是意识。说它具有这些性质，就是说在现实之外还有其他的可能性。既是现实又包含理想，既是理想又不脱离现实，这就是意识的特性。根本上，意识绝不是受他物支配，而总是支配他物的。因此，尽管我们的行为是按照必然法则发生的，但是我们因为知道了它，所以并没有被行为所束缚。如果从作为意识之基础的理想方面来看，那么这种现实只是理想的一种特殊例子而已，亦即不过是理想的一种自我实现的过程。其行为不是来自外部，而是出自内部。并且正由于这种只把现实视为理想的一种例子，也就意味着除此之外还包含着很多可能性。

因此，我们说意识的自由，并不是由于它冲破了自然规律法则而偶然性地进行活动。相反，是因为它顺从自己的自然才说它是自由的。也就是说，并不是没有理由地进行活动就是自由，倒是因为有明确的理由才是自由。我们将随着知识的进展，越来越可能成为自由的人。人们虽然受到外物的限制或压迫，但是正因为能够明确意识到这一点，所以就能够摆脱限制与压抑。如果能够进一步理解不得已受制约的缘由，反倒可以使限制转换为自己的自由。例如，和毒死苏格拉底的雅典人相比，不如说苏格拉底才是自由的人。帕斯卡尔[①]也曾说过：虽然人像一棵苇草那样柔弱，但人是能够思考的苇草，纵令整个世界的任何东西都可以把人毁灭，但由于人知道自己会死亡，所以他比杀人者更为高尚高贵。

以上在"实在"一章中谈到，在意识的根基之处有理想的因素，换言之，就是起统一作用者，它并不是自然的产物，反之自然却是通过这种统一而成立的。这实际是实在的根本的无限之力，不是用数量所能限定的，它完全存在于自然的必然规律以外。正因为我们的意志是这种力的表现，所以是自由的，不受自然法则的支配。

第四节　价值的研究

凡是对现象或事件的观察，都可以从两个方面去进行：一是探讨怎样发生，以及为什么非发生不可的原因或者理由；二是研究它为什么而发生，即发生的目的何在。假定在这里有一朵花，如果问它是怎样产生的，就一定要说它是根据植物及周边环境的情况，按照物理的和化学的规律而产生出来的；若问它的目的是什么，就要说是为了结出果实。前者只是关于事物成立规律的理论性研究，后者乃是研究物的活动规律的实践性研究。

在所谓无机界的现象中，虽然存在着事物怎样发生的问题，

---

① 帕斯卡尔（Blaise Pascal，1623—1662）：法国数学家、物理学家、哲学家、散文家，著有《思想录》等。——译者

却没有为了什么而发生的问题，也就是说没有目的的问题可言。但是在那种场合下，也可以说目的和原因是同一的。例如，在台球桌上用某种力，朝着某一方向打球，台球就会朝一定的方向转去，这时球是没有什么目的的。或许可以说打球的人抱有某种目的，但这并不是球本身有什么内在的目的，球是由于外在的原因而必然运动的。但是如果再从另一方面想，正因为球本身有那样的运动力，它才朝一定的方向运动。若从球本身的内在的力来说，也可以认为它的作用是在实现自己的合目的性。再进一步以动植物来看，随着自己的内在目的明确化，其原因和目的就可以被区别开来。在动植物身上发生的现象是根据物理和化学的必然法则的，同时也并不是完全没有意义的现象，而是以生物整体的生存及发展为目的的。在这种现象中，作为某种原因的结果而发生，却未必是合目的的，整体的目的有时与部分的现象会发生冲突。那么究竟怎样的现象是最合目的呢？为了回答这一问题，就有必要对现象的价值进行研究。

在生物现象上，如果只把它的统一性的目的看作我们人类从外面加上去的想象并予以舍弃，也不是不可能的。也可以把生物现象只看成是若干力量集聚而成的无意义的结合。但是，唯独对于我们的意识现象绝不能这样看。这种意识现象一开始就不是无意义的因素的结合，而是一个统一的活动。如果从思维、想象、意志的作用中除去其统一的活动，那么这些现象就会消失。对于这些作用，与其要说明它怎样发生，倒不如阐明对它应该如何思考、如何想象和究竟如何统一，正是在这里产生了逻辑学、美学、伦理学的研究。

在某些学者中，也有人企图依据存在的法则引申出价值法则。但我们认为，单凭从一事物产生另一事物这样的思路，是无法导出事物的价值判断的。红花结这样的果，蓝花结那样的果，从这种因果律并不能说明为什么这种花是美的、那种花是丑的，也不能说明为什么这一种有很大价值，而另一种却没有价值。可见要判断它们的价值，就必须另外寻求可作为标准的其他原理。我们的思维、想象、意志之类的东西，既然作为已然的事实，那么无论它们是多么错误的思维，多么坏的意志，或多么拙劣的想象，都是根据一定的原因而产生出来的。杀人的意志也好，救人的意志也好，都是由于某种必然的原因而产生的，又产生出必然的结果。在这一点上，两者毫无优劣之分。只是由于这里存在着良心的要求，或者和生活欲求之类的标准，才在这两种行为之间产生出巨大的优劣之别。

或许有人解释说，凡是给人们带来最大快乐的就具有最大价值，从而认为可以从因果法则引申出价值规律来。但是为什么某种结果给我们带来快乐，而某种结果就不能给我们带来快乐呢？这不是只用因果律就能解释清楚的。我们爱好什么，厌恶什么，这是另有根据的直接经验的事实。心理学家说能够增进我们的生活力的就是快乐。可是为什么能够增进生活力的就是快乐的呢？厌世者不是认为生活就是痛苦的根源吗？还有人认为，有力量的就是有价值的。可是对人心来说，究竟什么是最有力量的呢？我们未必能说在物质上有力的东西对人心也有力量。对人心有力量的东西是最能引起我们欲求的，亦即对我们有价值的东西。因此，不能根据有力与否去决定价值，倒是应该根据价值去决定是否有力量。

我们的一切欲望或者要求都是不能说明的、被赋予了的事实。我们通常说为了生存而吃饭,实际上,所谓"为了生存"云云,乃是后来附加的一种说明。我们的食欲并不是根据这种理由而产生的。婴儿最初开始吃奶也不是为了这种理由,只是为了吃奶而吃奶。我们的欲望或要求不仅是这样不可解释的直接经验的事实,而且相反,我们的欲望或要求却是我们理解实在真意的一把密钥。要完整地说明实在,不能只说明它怎样存在,还必须说明它为什么存在。

第五节 伦理学的各种学说(其一)

以上讨论的是关于价值的研究,接下来要来讨论什么是"善"的问题。

如前所述,我们要对自身的行为进行价值判断,那么,这种价值判断的标准究竟在哪里?什么样的行为是善,什么样的行为是恶?这些就是伦理学上的问题。对我们说来,这些伦理学上的问题是很重要的,任何人都不能认为与己无关。不论在东方或西方,伦理学都是最古老的学问之一,而且自古以来形成了各种学说,在这里我想列举这门学问与学派的大体脉络并加以评析,在此基础上阐明我在伦理学说上所采取的立场。

自古以来的伦理学说大致可以分为两种:一种是他律的伦理学说,即把善恶的标准置于人性以外的权力上;另一种是自律的伦理学说,即想在人性之中寻求善恶的标准。此外,还有一种直觉论，此学说中包括很多种类，有的可以划为他律的伦理学说里面，有的可以并入自律的伦理学说之中。以下我想先从直觉论开始，然后依序论述其他。

伦理学的直觉论有种种，其大体要领是：衡量我们行为的道德法则在直觉上是明显的，并不需要另外的什么理由。关于什么行为是善、什么行为是恶的问题，就像知道火是热的、水是凉的一样，可以直觉；行为的善恶是行为本身的性质，并不需要予以说明。诚然，从我们的日常经验来说，判断行为的善恶，并不是这样那样地去思考辨析，大致都是靠着直觉加以判断的。由于有所谓良心这种东西的存在，所以正如眼睛可以看出事物的美丑一样，良心也能立即判断出行为的善恶。直觉论的提出就是以这种事实为根据的，所以它是最接近事实的学说。而且，不允许说明行为善恶的理由，这在保持道德的威严上是颇为有效的。

直觉论在理论上是简单的，实践上是有效的，但是作为一种伦理学说，它究竟有多少价值呢？直觉论者所说的善恶在直觉上是明确的。这一点，并不是人性的最终目的，而属于行为的法则。当然，即便在直觉论中也分两种观点：一种认为在所有场合，一切行为的善恶在直觉上是明确的；另一种认为包括每个道德判断在内的根本道德法则在直觉上是明确的。这两种都认为存在一种直接自明的行为法则，这正是直觉论的关键。然而，在我们对日常行为所下的道德判断，即所谓良心的命令之中，真能够找出像直觉论者所说的直觉的、自明的，并且是正确的、没有矛盾的道德法则这种东西吗？

先就不同的个别场合来看，显然那样明确的判断是不存在的。

我们有时在某种场合是难于判断善恶的；有时先以为是，后来又认为非。即便在同一场合，不同的人对善恶的判断也会大相径庭。因此，所谓在任何场合都会有明确的道德判断，这种说法毕竟不是有思考精神的人所能想象的。

那么在一般场合下，情况又是怎样的呢？果真有直觉论者所说的那种不言自明的法则吗？第一，直觉论者所标榜的自明的法则，会因人而异，绝对不总是保持一致的，这就表明那种为一般人所公认的自明的法则是不存在的。不仅如此，就是从世人所公认的自明的那些义务中，也找不出一条这样的法则来。例如，忠孝本来是理所当然的义务，但其中也有各种矛盾和变化，究竟怎样做才是真正的忠孝，这并不是明确的。再就智、勇、仁、义的意义来说，究竟什么样的智、什么样的勇才是真正的智勇呢？不能将一切智勇都视为善，有时智勇反而被用于恶。仁和义是其中最接近自明原则的，但也不能说仁在任何情况下都绝对是善的，不正当的仁，反而会产生恶的结果。又，就正义来论，究竟什么东西才是真正的正义，也绝不能说是不言自明的。就待人而言，究竟怎样做才是恰当的呢？不能说单纯的人人平等就是正义，倒是根据每个人的价值予以区分才是正义。但是如果说根据每个人的价值来区别对待，那么决定这种价值的又是什么呢？总而言之，在我们的道德的判断上，直觉论者所说的那种自明的原则是不存在的。有时候似乎可以认为那些所谓的自明原则，其实没有任何内容，只不过是重复表达同意的命题而已。

如上所说，直觉论所主张的直觉说，若不能予以证明的话，那么作为一个学说的价值就很小了。但是我们现在假定有那种直觉,并且假定服从它所设定的法则就是善,那么在这种情况下,直觉论究竟会成为一种怎样的伦理学说呢?

说起纯粹的直觉,应该像直觉论者所说的那样,既不能通过理性加以说明,又与苦乐的感情、好恶的欲求无关,而完全是一种直接的、无意义的意识。如果认为顺从这种直觉是善的话,那么对我们来说,善就是无意义的东西了,而我们顺从于这种善也就只是盲从了,即道德法则成了从外面强加于人性的一种压抑。这样一来,直觉论就必须和他律的伦理学趋同。然而多数直觉论者并不是在上述意义上主张直觉论的。有的人把直觉和理性看作是相同的,即认为道德的根本法则是通过理性而自明的。但是如果这样说的话,善就是顺从于理的,因而善恶的区别不是通过直觉来辨明,却是可以通过理来说明的。还有某些直觉论者把直觉和直接的愉快不愉快或者好恶,看作是同一的。但是如果这样思考的话,就会认为只因为善能够给人带来快乐或满足,所以才成其为善,即善恶的标准就变成了给人快乐或满足的大小了。

根据这种对直觉一词的解释,直觉论就与其他种种伦理学说接近了。当然,纯粹直觉论所说的直觉,必须是指那种完全无意义的直觉,而这种伦理学说与他律的伦理学一样,并不能说明我们为什么要从善。这样道德在根本上便完全成为偶然的、无意义的东西。

本来在我们所说的道德的直觉中,实际上包含着各种原理。其中既有完全来自外部权威的他律的原理,又包含着来自理性的以及感情与欲求的原理。这就是直觉论所谓自明的原则会陷于种种矛盾冲突的原因。很明显,以这样混杂的原理是不可能构成一种学说的。

第六节　伦理学的各种学说（其二）

以上分析了直觉论的不完善性，并且谈到由于对直觉的意义理解不同，可以形成各种不同的学说。接下来要谈的是纯粹的他律的伦理学，即权力论。

这一学派的学者认为，我们所说的道德上的善，与自己的快乐或满足这种人性的要求大为不同，应着眼于对严肃的命令之服从。道德产生于对我们人类有着巨大威力的命令，因此，我们服从道德法则并非为了自己的利害得失，只是服从这种巨大权力者的命令，善和恶都是由这种权力者的命令所决定的。而且，我们一切道德判断的根本，都是由前辈的教训和法律、制度、习俗等造就的，所以这种伦理的产生是合乎情理的。这种学说正是以外界的权威代替了上述直觉论中的良心的命令。

在这种学说中，被认为外在权力者的，必须是本身对我们具有巨大权力威力的东西。伦理学史上出现的权力论有两种：一种是以君主为根本的君权权力论，一种是以神为根本的神权权力论。神权的伦理学盛行于基督教具有无上势力的中世纪，邓斯·司各脱[①]等人就是主张这种学说的。司各脱认为：神对我们具有无限的势力，而且神意是完全自由的，神既不是因为善而发号施令，也不是为了理而有所作为，神是完全超越于这些束缚的。神不是因

---

① 邓斯·司各脱（Duns Scotus，约1265—1308）：英国经院哲学家。——译者

为善才发号施令，神的发号施令才是善的。司各脱把这种学说推论到极致，甚至声言如果神命令我们杀戮，则杀戮也将成为善举。此外，主张君权权力论的是近世初期的英国人霍布斯。根据霍布斯的说法，人性完全是恶的，弱肉强食乃是自然状态。要想摆脱由此发生的人世的不幸，唯有把每个人的一切权力都委托给一个君主，并且绝对服从他的命令。因此他说，无论如何，服从君主命令者就是善，违背者就是恶。此外，中国古代的荀子所说的服从先王之道就是善，也是一种外在的权力论。

倘若从上述权力论的立场进行更加严密的论述，究竟能得出什么结论呢？权力论不能解释我们为什么应当行善。更恰切地说，它不能解释什么才是权力论的本意。我们只是因为它是权威所以才服从。如果说是为了某种理由而服从，那就不是为了权威而服从，就变成为了理由而服从。有人说恐怖是服从权威的最适当的动机，但是恐怖背后却包含着自己的利害得失。如果是为了自己的利害考量而服从，那也已经不是为了权威而服从了，霍布斯等人就是因此而脱离了纯粹的权威论的立场。

又根据近来对权威论做了有趣解释的基尔希曼①的看法，当我们接触高山、大海之类拥有崇高之物的东西，受到其巨大力量的压迫冲击，自然会产生惊异之情：这既不是恐怖，也不是痛苦，而是使自己成为外界的崇高之物的俘虏，陷于五体投地的状态。并且假如拥有这种巨大力量的东西是具有意志的，那么此时就一

---

① 基尔希曼（Julius Heinrich Kirchmann，1802—1884）：德国哲学家、伦理学家。——译者

定会自然而然产生崇敬之念，即将以崇敬的心情服从其命令。可见，所谓崇敬之念，就是服从权威的动机。

然而仔细想来，就会知道我们所以尊敬他人，并不是全无原因的，是由于这个人实现了我们不能达到的理想，我们才尊敬他。因此，不是单纯尊敬这个人本身，而是尊敬理想。对禽兽而言，释迦牟尼和孔子都是不值一文的。因而，根据严格的权力论的观点，道德必须是完全盲目的服从。恐怖也好，尊敬也好，都必须是全无意义的盲目感情。《伊索寓言》里有一个故事：有一次小鹿看见母鹿被狗叫声吓跑了，便问道：妈妈的身体那么大，为什么听到小狗的叫声就吓跑了呢？母鹿回答：我不知道为什么，只是因为对狗叫声无端地感到害怕，所以才逃跑。可以认为，这种无意义的恐怖才最适合权力论的伦理学的道德动机。如果真是这样，那就会导出这样的结论：道德和知识正好完全相反，无知的人才是最大的善人，因而如果希望人类进步发展，就要尽早从这种道德的束缚中挣脱出来；同时，任何善行如果没有服从权威命令的意思，是自己认为应该做而做出的事情，也都不是道德上的善行。

按照这种权威论的观点，不但不能说明道德动机，而且使所谓道德法则也几乎变得没有意义，从而使得善恶完全没有了区分标准。如果说我们只因为谁有权威就盲目服从的话，那么权威却是有各种各样的。既有暴力的权威，又有高尚的精神权威。由于不论服从哪一种都是服从权威权力，所以应该说两者都是一样的。这样一来，善恶的标准完全无法确立了。当然也可以设想把力量的强弱大小当作标准，但是力量的强弱大小也只有在我们的理想确定之后，才能够衡量。耶稣和拿破仑究竟谁更强，只有根据我们理想如何确定来判断,这取决于我们的理想。如果只认可世界上现有的强权者的话,那么谁拥有暴力谁就成为最有力量的。

如西行[①]法师所吟咏的:"不知为何,只有感动,眼里噙满泪水。"道德的威严实存在于莫测之处。权威论着眼于这一点是有其真理的一面,但因此而完全忘掉了人性自然的根本,这是最大的缺陷。道德是在人性自然上有其根据的,因此,必须从人性的内部来说明为什么要从善。

第七节 伦理学的各种学说(其三)

他律的伦理学,如前所说无论如何也不能解释我们为什么要从善,使善变得完全没有了意义,因此,我们就不得不从人性中去寻求伦理道德的根本。而对于善是什么、为什么要从善这些问题也必须根据人性来做说明。这种伦理学叫作"自律伦理学"。自律伦理学有三种:第一种是以理性为根本的,叫作"合理论"或"主知论";第二种是以苦乐感情为根本的"快乐论";第三种是以意志的活动为根本的,叫作"活动论"。

现在,首先从"合理论"谈起。所谓合理的或主知的"伦理学"(dianoetic ethics),是把道德上的善恶正邪与知识上的真伪视为同一,认为事物的真相就是善,如果知道了事物的真相,自然就清楚了应该做什么,因此,认为我们的义务就像几何学的定理一样是可以演绎出来的。而我们对于为什么要从善这个问题的回

---

① 西行(1118—1190):日本古代著名歌人、僧侣,著有《山家集》《西公谈抄》等。——译者

答，就是因为它是真理。我们人类是具有理性的，正如在知识上必须服从理一样，在实践上也不能不服从理。（在这里需注意的是"理"这个字在哲学上有很多含意，这里所说的"理"是指普遍意义上的抽象概念之关系。）这种学说，不同于霍布斯所主张的道德法则可根据君主的意志来左右，而是主张道德法则是事物的一种性质，并且是恒久不变的；另一方面，由于担心从知觉或感情之类的感性里去寻求善恶根本时，就难以说明道德法则的普遍性，会削减义务感的威严性，从而不得不以各人的喜好作为唯一标准，因此，就企图根据理的普遍性来说明道德法则的普遍性，以树立义务的威严。这种学说容易与上述的"直觉说"相混同，但所谓直觉不一定限于理性的直觉，还是把这两者分开予以考察为好。

我认为"合理论"中最有代表性的是克拉克①的观点。根据他的看法，一切人间事物的关系都像数理定律一样明确，由此自然就可以知道一种事物是否适当。例如，神比起我们人来，具有无限优越性，因而我们就一定要服从神；又如，别人对自己施加不正当的行为，而自己同样施之于别人时，当然也是不正当的。在谈到人类为什么要从善时，他认为这是因为合理性的动物是不能不服从理的，甚至认为那些背德而行者，就等同于企图改变事物的性质。这种看法显然是把"有"和"须有"完全混同了。

"合理论"想要明确道德法则的普遍性并使义务感严肃化，这是可以理解的，然而用这种理论并不能全面说明道德问题。指导我们行为的道德法则，果真像合理论者所说的那样，能够根据形

---

① 克拉克（Samuel Clarke，1675—1725）：英国神学家、哲学与伦理学家。——译者

式上的理解而先天地知道吗？像纯粹形式的理解力和逻辑学的所谓思维三定律一样，只能提供形式上的理解法则，而不能提供任何内容。合理论者喜欢举几何学为例，但是即使在几何学上，成为公理的东西也不能只是通过形式上的理解力才得以明确，而是根据空间的性质产生的。几何学上的演绎推理，是把逻辑法则应用到空间性质的根本直觉上面。而在伦理学上，当根本原理已经明确，想要应用它的时候，虽然也必须根据逻辑法则，但这种法则本身并不是通过逻辑而得到明确的。例如，"要爱你的邻人"这样一个道德法则，是单纯根据理解力而明确起来的吗？我们既有他爱的性质，也有自爱的性质。为什么其中一个优先，另一个是处于次要的呢？实际上，决定性的因素不是理解力，而是我们的感情或欲望。即便我们能够从知识上认识事物的真相，但不能由此就明白什么是善。我们不能从"如此"而知道为什么"必须如此"。虽然克拉克说通过事物的真相可以知道适当与否，但是所谓"适当与否"已经不属于纯粹知识上的判断，而是价值的判断了。必须先有某种欲求，然后才能产生"适当与否"的判断。

其次，合理论者在说明我们为什么须从善的时候，认为因为我们是理性动物，所以必须服从理。明理的人自然会服从知识上的理。但是，单纯的逻辑上的判断，和意志的选择是不同的两种东西。逻辑的判断不一定就是意志的动因。意志是从感情或冲动产生的，不是单纯产生于抽象逻辑的。"己所不欲，勿施于人"这句格言也是这样，如果没有所谓"同情"这种心理动机的话，它对我们就几乎毫无意义。就如抽象的逻辑能够直接变成意志的动机，那么最善于推理的人就是最善的人了。然而事实却与此相反，无知之人有时反而比有知之人更加善良，这是谁也不能否认的。

以上已举出作为"合理论"的代表人物克拉克，其实他只是这种学说理论方面的代表人物，实践方面的代表者恐怕要推所谓的"犬儒学派"。众所周知，苏格拉底将"善"与"知"视为同一，这个学派以此为基础，以一切情欲快乐为恶，认为只有克服之，才是服从于纯理，才是唯一的善；而且他们所说的"理"仅仅限于反对情欲，是一种不具任何内容的消极性的"理"，认为道德的目的只是为了克服情欲快乐从而保持精神的自由。著名的第欧根尼[①]就是这一学说的典型代表。继这一学派之后，又有斯多葛学派[②]也倡导同一理论。根据斯多葛学派的说法，宇宙是受唯一的理所支配的，人的本质也不能超越这种理性，服从这种理就是服从自然法则，这也是人的唯一的善；生命、健康、财产不是善，贫苦、病死也并非恶，只有保持内心的自由和平静才是最高的善。于是最终与犬儒学派相同，排斥一切情欲，只为实现"无欲"（apathie）而努力。在这方面，艾比克泰德[③]就是一个典型的例子。

当这些学派完全把反对情欲的纯理当作人生的目的时，正如在理论上不能提出任何道德的动机的解释一样，在实践上也不能

---

① 第欧根尼（Diogenēs，又译戴奥基尼斯、狄奥根尼，约公元前412—前324）：古希腊哲学家，犬儒主义哲学的代表人物。——译者

② 斯多葛学派：古希腊哲学流派，由公元前4世纪末的芝诺创立，因芝诺在斯多葛柱廊讲学，故名。主张以感觉主义为中心的认识论，以泛神论的唯物论为中心的自然哲学和清心寡欲的禁欲主义的伦理哲学。——译者

③ 艾比克泰德（Epiktetos）：古希腊斯多葛学派哲学家，主张不受情感支配的清心寡欲。——译者

提供任何积极的善的内容。这样一来，就只能像犬儒学派和斯多葛学派所主张的那样，唯有克服情欲才是唯一的善。然而实际上，我们说必须克服情欲，是因为还有着某种值得追求的更大的目的。假如像"合理论"这样只是为了克制情欲而克服情欲，并以此为善的话，恐怕再也没有比这个更不合理的了。

第八节　伦理学的各种学说（其四）

　　合理论比他律伦理学更进一步，它试图从人性自然中来说明什么是善这个问题。不过，如上所述，如果仅以形式上的理性为根据，毕竟不能说明为什么必须从善这一根本问题。因而我们试做内在的反省，就可以知道意志都是从苦乐的感情中产生的，寻求快乐和避免不快乐是人之常情，这是不争的事实。有一种情况，例如，杀身成仁这种行为，虽然表面上看来好像完全不是为了快乐，但如深究起来，其实也还是在寻求一种快乐。意志的目的终究不外是快乐，我们是以快乐为人生目的，这一点也已成为不言自明的真理。因此，把快乐作为人生唯一目的，并且想用这种原理来说明道德的善恶区别，这种伦理学说的产生就成为自然的趋势。我们把这个称为"快乐论"。快乐论分为两种：一种叫作"利己的快乐论"；另一种叫作"公众的快乐论"。

　　"利己的快乐论"是把自己的快乐当作人生的唯一目的，认为即使是为了别人做事，其实也是为了满足自己的快乐，所以自己的最大快乐就是最大的善。该理论最具代表性的人物是希腊的居勒尼学派[①]和伊壁鸠鲁[②]。亚里斯提卜[③]赞同肉体快乐之外有精神快乐的观点，但又认为无论怎样的快乐都是相同的，只有很大的快乐才是善。他推崇一切积极的快乐，而且与一生的快乐相比，他更重视瞬间的快乐，因此，应该称他为最纯粹的快乐论的代表。伊壁鸠鲁也把一切快乐看成是相同的，他也认为快乐是唯一的善，不管什么快乐，只要不产生痛苦的结果，就不应该加以排斥。但与瞬间的快乐相比，他更重视一生的快乐；与积极的快乐相比，他反而更崇尚消极的快乐，即没有痛苦的状态。伊壁鸠鲁认为最大的善就是"心灵的平和"（tranquility of mind）。但是他的根本主张始终是利己的快乐论，他认为希腊人所说的四种主要德行——智慧、节制、勇气、正义，也只是作为自己快乐的手段才是必要的。他认为所谓"正义"，也不是正义本身有什么价值，而只是作为每个人互不侵犯、享受幸福的手段才是必要的。这种伦理主张在他的关于社会生活的看法中更加明显。他认为社会只因为有助于获得自己的利益才是必要的，国家只是为了谋求个人的安全而存在的，从而认为如果能够避开社会的烦累，又能获得充分的安全，那才是最为理想的。因此，伊壁鸠鲁的主张应更恰当地称为"隐逸主义"，因为他根据这种观点力求逃避家庭生活。

接下来再谈谈"公众的快乐论"，即所谓功利主义。这种学说的根本主张与前者大致相同，所不同的只是不把个人快乐当作最

---

① 居勒尼学派：古希腊哲学流派之一，主张追求快乐是人的本质。——译者
② 伊壁鸠鲁（Epikouros，公元前341—前270）：古希腊哲学家。——译者
③ 亚里斯提卜（Aristippos，约公元前435—前355）：古希腊哲学家，居勒尼学派的代表人物。——译者

高的善，而是以社会公众的快乐作为最高的善。这一学说的全面代表人物是边沁[①]。他说人生的目的是快乐，除快乐之外再没有善。而且不论什么快乐都是相同的，即快乐没有种类的差别（固定钓竿钓鱼的儿童游戏之快乐，和吟咏高雅诗歌的快乐也是相同的）。而快乐只有大和小这种数量上的差别。我们的行为价值，不像直觉论者所说的那样在于它的本身，而完全是由所产生的结果来确定的。也就是说，产生大快乐的行为就是善行。并且谈到什么行为是最大的善行时，边沁根据快乐主义的原则，认为从道理上来说，与个人的最大幸福相比，多数人的最大幸福才是最大的快乐，所以最大的幸福就是最高的善。此外，他还根据这种快乐主义论述了确定行为价值的科学方法。他认为快乐的价值大体是可以用数量来衡量的，例如，可以根据强度、长短、确实与否等标准来计算快乐的程度。边沁的快乐主义论是能够自圆其说的，只是还不能明确说明为什么个人的快乐不是个人的最大快乐，而是绝大多数人的最大幸福才是最高的善。

对于快乐，必须要有感觉它的主体。正因为有感觉的主体才能有快乐。而且这种感觉的主体无论什么时候都必须是个人，那么根据快乐主义的原则来说，为什么一定要把多数人的快乐放在个人的快乐之上呢？也许是由于人们有同情心，感到自己独乐不如与人同乐更快乐。穆勒[②]等人就注意到了这一点。然而即使在这

[①] 边沁（Jeremy Bentham，1748—1832）：英国法学家与伦理学家，功利主义伦理学的代表人物。——译者

[②] 穆勒（John Stuart Mill，1806—1873）：英国自由主义思想家、经济学家，著有《论自由》等。——译者

种场合，对他人的同情心所带来的快乐也不是他人的快乐，而是自己的快乐。自己的快乐仍是唯一的标准。若再追问一下，如果自己的快乐与他人的快乐发生矛盾时又该怎么办？难道从快乐主义出发，也可以说必须放弃自己的快乐而去追求他人的快乐吗？这样一来，反而要成为像伊壁鸠鲁那样的利己主义了，这也是快乐论的必然逻辑结果。边沁和穆勒都极力把自己的快乐与他人的快乐说成是一致的，但我却认为，这种情况毕竟不能在经验的事实上找到证明。

以上大致评述了快乐论的主要论点，现在再进行分析。首先，即使承认快乐论根本的假定的快乐是人生的唯一目的，可是我们果真就能由快乐论获得充分的行为规范吗？从严格的快乐论观点来看，无论什么快乐都必须是同类的，只有大和小的程度上的差异。但假如说快乐有各种性质上的差别，其价值也有所不同的话，那就不能不承认在快乐之外另有确定价值的原则，因此也就与快乐是确定行为价值的唯一原则这种观点相矛盾了。继承边沁学说的穆勒认为快乐有各种性质上的差别，两种快乐的优劣，可以由同样经历两种快乐的人轻易加以判定。例如，任何人都会希望与其变成猪而得到满足，不如成为苏格拉底那样的人而有所不满足。并且穆勒认为这些差别是从人的"尊严感"（sense of dignity）而产生的。但是穆勒的这种观点显然脱离了快乐主义的立场。从快乐主义出发，尽管一种快乐比另外一种快乐小，但总不能说它比另外一种快乐更高尚。

这样说来，如果按照伊壁鸠鲁和边沁等人的说法，即认为快乐纯粹是相同的，只是数量上的差异，那么又如何能够确定快乐的数量上的关系,并且由此来确定行为的价值呢?亚里斯提卜和伊壁鸠鲁只是说可以由知识来辨别,并没有提出明确的标准。只有边沁像上述那样详细地论述了这项标准。然而快乐的感情即便在同一个人的身上,也容易随着时间和场合而发生变化,一种快乐是否在强度上胜过另一种快乐,并不是很明确的。而且要确定什么样的强度相当于什么样的持续度也是极其困难的。既然确定同一个人的快乐的尺度尚且如此困难,可见像"公众快乐论"所主张的那样,要想对别人的快乐加以计算并确定其大小强度,那就更加困难了。通常认为精神上的快乐高于一切肉体上的快乐,如,名誉比财富更重要,多数人的快乐比一个人的快乐更可贵,这等传说性的快乐的价值就这样固定下来了。但是这种标准只是基于各方面的观察而形成的,不能认为它是根据单纯的快乐的大小而确定的。

以上我们把快乐主义的根本原理做了正面的评述,即便如此,要想据此学说来确定我们行为价值的正确规范也是颇为困难的。现在让我们进一步对这一种学说的根本原理做一探讨。

任何人都希望快乐、快乐是人生的唯一目的,这是快乐主义学说的根本假定,也是人们普遍认为的。但若稍加思考,便会明白这种说法并不是什么真理。首先,我们不能不承认,人在利己的快乐之外,还有更高尚的他爱的或理想的欲求。例如,任何人心里都多少潜藏着这种想法:宁肯抑制自己的欲求,也要贡献于所爱的人,或者宁肯牺牲自身,也要实现理想。有时候这些动机显示出的强大力量,往往会使人不顾一切地做出悲壮的牺牲行为。可见快乐主义者所说的人类完全是在寻求自己的快乐的论点,虽然似乎是非常透彻的道理，其实远远离开了事实。当然，快乐主义者并非不承认，人们有这些欲求并且因此不顾一切地做出牺牲行为，也是为了满足自己的欲望。假若反过来看，仍然不过是为了寻求自己的快乐。然而，任何人在任何场合都在寻求欲求的满足，这一点即便是事实，但也不能说寻求欲求的满足者就是寻求快乐者。不管理想的实现包含多少痛苦，在实现它的时候一定会带来满足。而这种满足虽然也是一种快乐，却不能因此就说这种快感一开始便是行为的目的。

这样说来，我们要想产生满足的快感，先须有自然的欲求。正因有了这种欲求，才能通过实现欲求而产生满足的快乐。然而，如果认为因为有这种快感，那么一切欲望就是以快乐为目的的，就把原因和结果混同起来了。我们人类先天有着他爱的本能。正是因为这个缘故，爱他就能给予我们无限的满足。但并不能因此就断言为了寻求自己的快乐才爱他。如果有丝毫寻求自己的快乐的念头，就绝对不可能从他爱中获得满足之感。不仅他爱的欲望是这样的，就连那种完全属于自爱的欲求，也不是单纯地把快乐当作目的的。以食色之欲为例，与其说它们是以快乐为目的，倒不如说它是受一种先天本能的驱使而必然产生的。饥饿的人反而会因为自己有食欲而悲伤，失恋的人反而会因为有爱情而自怨。假如人们以快乐为唯一的目的，那么任何事物也许都不会像人生这样充满矛盾了，因此，毋宁说断绝人的一切欲求才是寻求快乐的途径。伊壁鸠鲁把摆脱一切欲望的状态，即心灵的平静视为最大的快乐，反而和建立在完全相反原理之上的斯多葛的理想相一致，道理就在于此。

然而，有的快乐主义论者却认为：即便我们今天具有了不以快乐为目的的自然欲求，但是因为在个人的一生或生物进化的历史过程中，习惯会变成第二天性，本来是有意识地寻求快乐的，后来也变成无意识的了。也就是说，自然欲求本来是取得快乐的手段，并不以快乐为目的，但后来由于习惯而变成了目的本身（穆勒等人常以金钱为例子来论证这一点）。诚然，在我们的种种欲求中，也会有通过这种心理作用而变成第二天性的，但不能说不以快乐为目的的欲求都是由这种过程而产生的。我们的精神和我们的身体一样，生来就是活动的，并具有各种本能。这同小鸡生来就会啄食谷粒、小鸭生来就会凫水是一样的道理。可是这些所谓的本能，果真都是根据遗传，由原来有意识而变成了无意识的习惯吗？按今天的生物进化学说来看，生物的本能并不是通过这样的过程而产生的。本来是生物细胞中所具有的能力，因为适应了生存条件而保持下来，最终成为某种特有本能并予以发挥。

如上所述，快乐主义论比合理论的伦理学说更接近人性的自然。但是根据这种学说，善恶的区别只能由苦乐的感情来确定，而不能提供正确的客观标准，并且也不能解释道德上的善的根本构成。而且，将快乐作为人生的唯一的目的，并不真正符合人性自然的事实。实际上，人们绝不能只因快乐而满足。那种只以快乐为目的的人，反倒是与人性背道而驰的。

第九节　善（活动论）

以上已经评述了关于善的各种见解，又指出了那些见解的不完善之处，这样一来，善的真正意义是什么自然就清楚了。那么我们作为意志之为目的的善，究竟要到哪里去寻求呢？也就是说，如何寻求和确定我们行为价值的规范呢？

在论述判断价值的基础时，我们曾经说过，这个判断的依据一定要从意识的直接经验中去寻求。所谓的善，只能从意识的内在要求来说明，而不能从外部来说明。单说事物如此这般或者如此发生，是不能说明为什么必须如此的。真理的标准归根到底在于意识的内在必然性。奥古斯丁和笛卡尔等哲学家正是从这里出发，返回到最根本之处来进行思考的，善的根本标准也必须从这里寻求。然而他律的伦理学却想从外部来寻求善恶的标准，于是无法说明究竟为何行善。合理论的伦理学想从意识内在作用之一的理性来确定善恶的价值，虽然说比他律的伦理学说前进了一步，但是"理"并不能够确定意志的价值。正像赫夫丁[①]所说，意识是以意志的活动为始，又以此为终的。意志是比抽象理解的作用更为根本的事实。不是后者引起前者，而是前者支配后者。这样一来，快乐主义理论甚至把感情和意志几乎看成是同一现象，认为它们只有强度上的差异。如上所述，毋宁说快乐是产生于意识的先天要求而得以满足，因此，必须说比起愉快与否的感情来，所谓冲动和本能之类的先天要求是更为根本的。

显而易见的是，要说明善究竟为何物，必须从意志本身的性质中寻找。意志是意识的根本的统一作用，并且直接就是实在的

---

① 赫夫丁（Harald H. Höffding，1843—1931）：丹麦实证主义哲学家、心理学家。——译者

根本统一力的表现。意志不是为其他而活动，而是为自己而活动。因此，意志价值的根本只有从意志本身之中去寻求。关于意志活动的性质，正如上文谈到行为的性质时所说的，在它的根基里有着先天的要求（意识的因素）。它在意识上作为目的观念而出现，并且由它来进行意识的统一。当这种统一完成时，即理想实现时，我们就产生满足的感情，反之则产生不满足的感情。确立行为之价值的，主要在于这种作为意志根本的先天要求，因此，在我们完满地实现了这种要求，即实现了我们的理想时，其行为就被当作善而受到赞美，相反时就被当作恶而受到责难。因此，所谓善就是我们的内在要求即理想的实现，换言之，就是意志的发展完成。在这种根本理想基础上形成的伦理学说叫作"活动论"（energetism）。

这种"活动论"是从柏拉图和亚里士多德开始的。特别是亚里士多德曾在此基础上提出了一种理论，他认为人生的目的是"幸福"（eudaimonia），但是要想达到这种目的，其途径不是在于寻求快乐，而是在于完整的活动。

世上有很多所谓道德家忽视了这一活动的方面。说什么义务或法则，一味地压抑自己的要求，把活动的限制束缚当作善的本性。当然任何人都不是完人，往往由于不理解活动的真正意义而陷入歧途，因而发生这种情况也是难免的。但是正因为有着应该追求的更高层次的东西，所以对较低较小的要求才有必要予以抑制。若只是一味地抑制欲求，反而违反了善的本性。虽然善应该具有一定的命令的威严性，但是合乎自然的喜好却是其更重要的性质。所谓道德的义务或法则，其价值并非存在于义务或法则本身，相反是基于更高的欲求而产生的。由此可见，善和幸福不但不相互冲突，反而可以像亚里士多德所说的那样，善就是幸福。在满足自己的要求或实现理想的时候，我们总是幸福的。在善的深处一定要伴随着幸福的感情。不过，也不能像快乐主义所说的意志是以快乐的感情为目的，快乐就是善。实际上快乐和幸福相类似，但又有所不同。幸福可以由满足获得，满足则是由理想要求的实现而产生的。孔子说过："饭疏食，饮水，曲肱而枕之，乐亦在其中矣。"如此，有时尽管我们处于痛苦之中，但仍旧可以保持幸福感。真正的幸福应该通过严肃理想的实现而获得。世人往往把自己理想的实现及要求的满足等与利己主义及任性而为等同起来，然而对我们来说，自己内心深处的欲求与呼声具有最大威力，它是人生中最庄严的东西。

如果说善是理想的实现和要求的满足，那么这种要求或理想是从何处产生的，善又是什么性质的东西呢？意志是意识的最深的统一作用，即自我本身的活动，因此，作为意志之原因的本来的要求或理想，总是产生于自己本身的性质，也可以说是自己的力量。我们的意识，无论在思维、想象上，抑或在意志上，还是在所谓知觉、感情、冲动上，其深处都有一种内在的统一物在活动，所以意识现象都是这个统一物的发展与完成。同时，对于这种整体进行统一的最深刻的统一力就是我们的所谓"自己"，意志是最能体现出这种力量的。由此可见，意志的发展完成，直接就是自我的发展完成，因而可以说善就是自我的"发展完成"（self-realization）。也就是说，我们的精神发展出来各种能力，并能达到圆满发达的，就是最高的善。亦即亚里士多德所说的"圆满实现"

（entelechia）就是善。竹就是竹，松就是松，正像它们各自充分发挥其天赋本能一样，人发挥其天性自然就是人的善。斯宾诺莎也说过，所谓"德"不外是顺从自己固有的性质而活动的意思。

在这里，善的概念就接近美的概念了。所谓美，就是在事物按照人的理想实现时所得到的感觉。所谓理想实现，就是指这一事物发挥其自然的本性而言。所以，有如花在显示其本性时是最美的一样，人在显示其本性时便达到最高的美。在这个意义上，善就是美。例如，某种行为，其本身从高尚的人性要求来看，也许并没有多少价值，但是当这种行为是真正出于人的天性的自然时，就会引起一种美感，在道德上也同样会产生一种宽容之情，故而希腊人就把善与美同等看待，这在柏拉图的思想中表现得最为明显。

从另外一方面来看，善的概念与实在的概念也是一致的。如上所述，统一者的发展完成，是一切实在之成立的根本形式。所以无论是精神、自然还是宇宙，都是在这种形式上成立的。这样说来，作为自己的发展完成的善，就是指服从自己的实在的法则；也就是说，同自己的真正实在相一致的，便是最高的善。于是道德的法则就包含于实在的法则之中了，所谓善，也就可以用自己的实在的本性来加以说明了。构成价值判断之根本的内在的要求，与实在的统一力，两者实际上是同一的，而不是两个东西。将存在和价值分开来思考，只不过是由于将知识对象和情意对象分离开来的抽象作用，而在具体的真正实在上，这两者本来就是同一的缘故。也就是说，所谓求善向善，就等于认识自己的真。合理论者把真和善视为一物，也是含有一定的真理的，然而抽象的知识和善未必是一致的。在这种场合中的所谓"知",意味着须经体验而获得。这些观点,也是希腊的柏拉图和印度的《奥义书》[①]的根本思想,我认为是关于善的最深刻的思想。(柏拉图说,善的理想是实在的根本;欧洲中世纪哲学里也有这样一句话:一切的实在就是善。)

第十节 人格之善

以上先论述了善应该是什么,提出了善的一般概念,接下来想来探讨什么是人类的善,并阐明它的特征。

我们的意识绝不是一种单纯的活动,而是各种活动的综合,这是谁都明白的事实。由此可知,我们的诉求也绝不是单纯的,当然会有各种各样的诉求。那么在种种诉求当中,究竟满足哪种诉求才是最高的善呢?这里就产生了一个问题,我们自己的整体的善究竟是什么。

在我们的意识现象中没有任何东西是孤立的,它必然同其他事物有所联系而存在。即使是一瞬间的意识也不是单纯的,其中包含着复杂的因素。并且这些因素也不是相互孤立的,而是在彼此关系上具有某种意义。不仅暂时的意识是这样组成的,一生的意识也是这样一个体系。所谓"自己"就是这种整体统一的称谓。

这样看来,我们的诉求也绝不会孤立地发生,而一定是在同

[①] 《奥义书》:古代印度宗教婆罗门教经典的总称,约产生于公元前10世纪至前5世纪之间,主要宣扬世界的本质是"梵",追求"梵我合一"。——译者

其他诉求的关系上发生的。很明显，我们的善，并不仅仅指满足某一种或暂时的诉求而言，而某一种诉求只有在同整体的关系上才能成为善。就像身体的善并不是身体某一局部的健康，而取决于整体的健康一样。所以从"活动论"的观点来看，所谓善首先必须是各种活动的一致和谐或者是所谓中庸状态。所谓良心就是和谐统一的意识作用。

和谐就是善，这是柏拉图的观点，他把善比作音乐的和谐。英国的沙夫茨伯里[①]等也持有这种想法。此外，把中庸视为善，是亚里士多德的观点；在东方，《中庸》一书也表现了这种思想。亚里士多德认为一切德都存在于中庸里，例如，勇气是粗暴和怯弱的中庸，节俭是吝啬和浪费的中庸，这很像中国的子思[②]的思想。又如，进化论的伦理学家斯宾塞[③]所说，善是各种能力的平均，也是同样的意思。

然而只说"和谐""中庸"，意义还是不够明确的。所谓和谐，究竟是什么意义上的和谐呢？所谓中庸，究竟是什么意义上的中庸呢？意识并不是并列的活动的集合，而是一个统一的体系，和谐和中庸并不是从数量上来说的，而必须意味着体系性的秩序。那么，我们各种精神活动的固有秩序是怎样的呢？我们的精神，在其较低层次上也和动物一样，仅仅是本能活动，即对于眼前的对象只是冲动性的活动，完全受肉体的支配。但是意识现象，则

[①] 沙夫茨伯里（Shaftesbury, 1671—1713）：英国伦理学家。——译者
[②] 子思：中国春秋时代思想家。——译者
[③] 斯宾塞（Herbert Spencer, 1820—1903）：英国思想家、社会学家，实证主义哲学的创始人之一。——译者

不管它如何单纯，都一定具有观念的要求。因此，不论是怎样的本能性的意识活动，它的背后一定潜藏着观念活动（甚至在动物当中，某些高级动物也是如此）。无论什么人，只要他不是白痴，就绝不会以纯粹肉体欲望为满足，一定会有观念的欲望在其内心深处活动。无论什么人都是抱有某种理想的。守财奴贪恋金钱，也出自他的理想。总之，人们不是在肉体上生存，而是在观念上有其生命的。

在歌德的《堇菜花》那首诗中，田野里的堇菜花虽受到妙龄牧羊姑娘的践踏，却似乎得到了爱的满足。这里表现出的观念性是所有人的真情实感。所谓观念活动乃是精神的根本作用，我们的意识是受它支配的。也就是说，去满足由观念活动产生的诉求就是我们真正的善。

那么，更进一步的问题是，要说观念活动的根本规律是什么呢？那就是理性的法则了。所谓理性法则就是说明观念与观念之间最一般的和最根本的关系之法则，是支配观念活动的最高法则。而且所谓理性，是可以控制我们精神的根本能力，理性的满足就是我们的最高的善。甚至有人主张，不管是什么，只要服从理的便是人们的善。犬儒学派和斯多葛学派哲学家就是这种观点的极端主张者。他们因此把人心的一切其他要求都当作恶予以排斥，认为只有服从理才是唯一的善。不过根据柏拉图晚年的看法和亚里士多德的学说，虽然理性活动产生的是最高的善，但由理性对其他活动进行的支配或统御也是善。

柏拉图在其名著《理想国》一书中，就把人心的组织和国家的组织同等看待。他说，不论对于国家或个人，被理性统御的状态就是最高的善。

假如我们的意识是由各种能力综合而成，而在这种构成中，其中之一必须支配其他的话，那么，活动论者所主张的善，就必须如上所说，是服从理性的，以理性来支配其他。但是我们的意识本来就是同一的活动。在它的深处，总是只有一种力量在活动。即使在知觉和冲动这种瞬间的意识活动中，也已经出现了这种力量。进而在思维、想象、意志这些意识活动中，这种力量就以更加深刻的形态出现了。所谓服从理性，不外是服从这种深刻的统一力，不然就只是抽象意义上的单纯的理性了，正如上文评述合理论伦理学时所说的那样，所提供的仅仅是没有任何内容的形式而已。这种意识的统一力绝不能离开意识的内容而存在，恰恰相反，意识的内容是通过这种统一力而成立的。而当我们把意识的内容一一分析考察时，却找不出这种统一力了。然而它是在综合的意识内容之上表现出来的无可动摇的事实。如同在绘画作品中表现出的某种理想，在音乐作品中抒发的某种感情一样，是不可以分析的东西，只可以凭直觉体会到。如果将这种统一力称为每个人的人格，那么善就在于这种人格，亦即统一力的维持与发展。

这里所说的人格的力量，不仅仅是指动植物的生命力那种自然的物力，也不是指像本能那样的无意识的能力。本能作用是由有机体发生的一种物力。人格则与此相反，是意识的统一力。尽管如此，所谓人格也不是指每个人以表层意识为中心的、非常主观的各种希求之类的东西。这些希求也许多少会表现那个人的人格，但是真正的人格反倒是在泯灭这种希求和忘却自己的地方出现。虽然如此，人格也不是康德所说的那种完全离开经验内容的、适用于每个人的一般的纯理作用。人格必须是对每个人而言具有特殊意义的东西。所谓真正的意识统一，是在我们不知不觉中自然而然表现出来的纯一无杂的作用，它是没有知情意之分、没有主客之别的独立自在之意识的本来状态。我们的真正人格要在此时才完整地表现出来。因此，人格既不是单纯的理性，又不是欲求，更不是无意识的冲动，它恰如天才的灵感一样，是从每个人的内部直接而自发地活动着的无限的统一力（古人也说过，"道"不属于知或不知的范畴）。正如以上论述实在时所指出的，如果把意识现象看作唯一的实在，那么我们的人格就是宇宙统一力的发动，也就是消除了物心之别的唯一的实在，根据不同情况以某种特殊形态的显现。

因为我们的善是这样伟大力量的实现，所以善的要求是极其严肃的。康德也说过，我们总是怀着无限的赞美和敬畏之心来看待的东西有二：一个是星斗灿烂的天空，另一个是内心的道德法则。

第十一节 善行为的动机（善之形式）

综上所述，所谓善就是满足自己的内在要求，而自己的最大要求是意识的根本统一力，亦即人格的要求，所以满足这种要求亦即所谓人格的实现，对我们就是绝对的善。而这种人格的要求，一方面是意识的统一力，同时又是实在的根本之中的无限统一力的表现。所谓实现我们的人格，就是指这种力量的合一。如果明白了善就是如此的，那么就可以由此而确定善行为是一种什么样的行为了。

根据上述的看法，首先可以明白善行为就是一切以人格为目的的行为。人格是一切价值的根本，宇宙间只有人格具有绝对的价值。我们本来就有各种欲求，既有肉体上的欲求，也有精神上的欲望，因此一定会有财富、权力、知识、艺术等各种可贵的东西。但是无论多么强大的欲求或高尚的诉求，如果离开了人格的要求，便没有任何价值，只有作为人格要求的一部分或者手段时，这些才具有价值。财富、权力、健康、技能、学识等本身并不是善，如果违反了人格的要求，反而会成为恶。因此，所谓绝对的善行必须以人格的实现本身为目的，即必须是为了意识统一本身而活动的行为。

按照康德的看法，物是由外部来确定它的价值的，所以其价值是相对的，但是我们的意志是自己确定价值的，因此，人格也就有着绝对的价值。康德的主张就如众所周知的那样，是要人们尊敬你自己及他人的人格，把它当作"目的本身"(end in itself)来对待，而绝不可只当作手段来利用。

那么所谓真正以人格本身为目的的善的行为应该是怎样的行为呢？要想回答这个问题，就一定要论述人格活动的客观内容，并阐明行为的目的，这就要先说明善行为中的主观性质，即其动机。

所谓善的行为必须是从自我的内在必然产生出来的行为。上文已经说过，我们整个人格的要求，只有在我们尚未进行思考分析、处于直接经验状态下才能有所自觉。所谓人格就是在这种情况下从内心深处出现，逐渐包含整个心灵的一种内在要求的呼声。所谓以人格本身为目的的善行，必须是服从这种要求的行为。违背了它就等于否定了自己的人格。所谓至诚，是善行所不能或缺的要件。耶稣也说，只有如天真烂漫的婴儿那样的人方能进入天国。所谓至诚的善，并不是因为它所产生出的结果才是善，它本身就是善。我们说欺人者恶，与其说是因为由此产生的恶果，毋宁说是因为欺人者自欺欺人，否定了自己的人格的缘故。

所谓自己的内在必然或真挚的诉求，往往难免遭到误解。有人认为真挚就是放纵不羁，无视社会规矩，对自己的情欲不加约束。然而人格的内在必然，即所谓至诚，是建立在知、情、意合一之上的要求，并不意味着违反知性判断和人情要求而单纯地服从盲目的冲动。只有充分发挥自己的知与情，才能出现真正的人格的要求，即至诚。只有倾尽自己的全部力量、忘我无我的时候，才能见出他真正的人格的活动。试就艺术创作来看，画家的真正人格，即艺术创造力要在什么场合下出现呢？当画家还在意识上进行各种构思的阶段，并不能真正看到其人格。只有在他经过多年的苦心钻研，达到技艺娴熟、意到笔随的境地时才能见出他的人格。道德上的人格的表现也是如此。所谓人格的流露，并不是说从一时情欲，而是服从最严肃的内在要求。这与放纵、懦弱等恰恰相反，是一种艰难困苦的历练。

所谓服从自己的真挚的内在要求，即所谓实现自己的真正人格，并不意味着要树立与客观相对立的主观，或使外在事物服从于自己，而是意味着当自己的主观空想消失殆尽，完全与外物相一致的时候，才能满足自己的真正要求、见出真正的自己。从另一方面来说，每个人的客观世界就是各人人格之反映。更恰切地说，每个人真正的自己，就是出现在各人面前的独立健全的实在的体系之本身。因而无论是什么人，他的最真挚的要求必须始终与他所看到的客观世界的理想相一致。例如，无论多么利欲熏心的人，只要多少有一点同情心，他的最大欲求大约就一定是在自己得到满足之后也希望给别人以满足。如果说自己的要求不只限于肉体的欲望，而且也包括理想的要求的话，那就必须承认这一点。私欲的程度越深，就越会因为妨碍别人的私欲，内心感到更多的苦闷。反之，倒是没有私欲的人，才能心安理得地破除他人的私欲。由此可见，所谓满足自我的最大要求和实现自我，便是实现自我的客观理想，亦即与客观取得一致。从这一点上来看，可以说善的行为一定是爱。所谓爱就是自他完全一致的感情，是主客合一的感情。不仅人与人之间如此，画家面对大自然也是爱。

柏拉图在他著名的《会饮篇》里说，爱就是残缺的东西试图恢复它原本完整状态的感情。由此更进一步来思考，可知所谓真正的善行既不是使客观服从主观，也不是主观服从客观。只有达到主客相融、物我两忘，天地间活动的唯有一个实在，那时才能达到善行的顶峰。不管是物推动着我，还是我推动着物，也不管是雪舟①描绘大自然，还是大自然通过雪舟来呈现，本来物和我就没有区别，既可以说客观世界是自我的反映，同样地也可以说自我是客观世界的反映。离开我所看到的世界便没有了我。（参见本书第二章第九节"精神"。）这是天地同根，万物一休。古代印度哲人把这个意思表达为"那就是你"（Tat twam asi），使徒圣保罗

---

① 雪舟（1420—1506）：日本室町时代画家、僧人，曾来明朝学习绘画，有《山水长卷》等作品。——译者

也说,"现在活着的,不再是我,而是基督在我里面活着"(《加拉太书》第二章第二十节),孔子则说:"从心所欲不逾矩。"

第十二节 善行为的目的(善之内容)

关于以人格本身为目的的善的行为,我们已经谈到,所谓善的行为必须是从某种动机出发的行为。接下来想谈谈它到底应该是具有什么目的的行为。善的行为也并不只是意识内部的事,而是以在事实上会产生某种客观结果为目的的动作,所以我们现在应该来说明这个目的的具体内容。以上所论述的都是所谓善的形式,现在要谈的是善的内容。

人格是意识的统一力,又是实在的统一力,它率先在我们个人身上实现。在我们的意识根基里有着不可分析的个性,一切意识活动都是个性的表现。每个人的知识、感情、意志都具有这个人的特有性质。不仅意识现象,连每个人的音容、言语、举止也显示着他的个性。人物肖像画所要表现的其实就是这种个性。这种个性从人一生下来就开始活动,一直到死亡为止,有过种种经验和境遇而获得种种发展。科学家认为它起源于脑的素质,但是正如我每每强调的那样,实际上它是实在的无限统一力的显现。因此,我们应该先把这种个性的实现当作目的。也就是说,这就是最直接的善。当然健康和知识之类的东西本来是可贵的,但健康和知识本身并不是善,我们不能仅以此为满足。在个人身上,能够导致绝对满足的就是自我个性的实现,即在实践中发挥别人所不能模仿的自己的特点。无论是谁,不管他的天赋和境遇如何,都能够发挥个性。正如每个人的面貌都不相同一样，每个人都具有别人所不能模仿的独一无二的特点。而这种特点的实现给了每个人无上的满足，而且也是促使人类进化所不能缺少的因素。以往人们不大重视"个性之善"，但是我却认为个性之善是最重要的，是其他一切善的基础。真正的伟人并不是因为他从事的事业伟大才成其为伟大，而是因为他发挥了强大的个性。登高一呼，声震四方，不是因为他的声音大，而是因为他站的地方高。我认为能够充分发挥自己特点的人，要比那些忘掉自己的本分，专为他人奔走的人更为伟大。

不过，我在这里所说的"个性之善"，是与私利、私欲不能同日而语的。必须把它与个性主义、利己主义严格地区分开来。利己主义是以自己的快乐为目的的，也就是所谓的任性。个性主义则恰恰相反。每个人都在逞纵自己的物质欲望，这反而是消灭个性。以猪为例，不管有多少只，在它们之间是没有个性的。此外，有人似乎把个性主义和集体主义说成是相反的，我却认为这两者本质上是一致的。只有生活在社会里的每个人都能充分地活动，分别发挥他们的天才，社会才能进步，忽视个人的社会绝不能说是健全的社会。

个性之善最需要的道德，是强盛的意志。易卜生[①]所描写的勃朗特那样的人便是个人道德方面的理想人物。与此相反，意志薄弱和虚荣心则是最令人厌弃的恶（都因失去自尊心而产生的）。此外，对于个人而言，最大的犯罪就是因极端失望而自杀。

---

① 易卜生（Henrik Ibsen, 1828—1906）：挪威作家、戏剧家、诗人。——译者

如上所述，真正的个性主义绝对不应该受到责难，也不与社会相冲突。但是，我们每个人的个性是否就是各自独立和互不相关的实在呢？或者，在我们的个人的根本上就是社会性的自我存在，每个人就是社会性的表现吗？如果是前者，那么个人的善就必须是我们最高的善；如果是后者，就必须承认我们还有更大的社会的善。我认为亚里士多德在他的《政治学》一书的开头所写的"人是社会的动物"这句话堪称不可动摇的真理。从现在的生理学成果上来看，我们的肉体已经不是个人的东西，我们的肉体起源于祖先的细胞。我们同我们的子孙一样，都是由于同一细胞的分裂而产生的。一切种类的生物都可以看成是同一生物。生物学家说今天生物不死，就意识生活来看也是如此。在人类过着共同生活的地方，必定有统一着个人意识的社会意识。语言、风俗、习惯、制度、法律、宗教、文学等都是这种社会意识的现象。我们的个人意识就是在这里发生和养成的，而且只是构成这个巨大意识的一个细胞。无论知识、道德或是趣味，都具有社会性的意义。即使是最普遍的学问，也离不开社会的传统（今天各国都有各国的所谓学风，其原因就在于此）。所谓个人的特性，只是在这种社会意识的基础上出现的形形色色的变化罢了。不管多么出类拔萃的天才，也无法脱离这种社会意识的范畴。相反地，却可以说天才人物正是发挥了社会意识的深远意义的人（耶稣对犹太教的关系即是其一例）。只有疯子的意识才与真正社会意识完全无关。

上述这些事实，恐怕谁也不能否认。但是，因为这种共同意识与个人意识是在同一意义上存在的，是否就可以把它看成同一种人格呢？对于这个问题有许多争论。赫夫丁等人否认统一意识的实在，他认为，森林是树的集聚，把它分析开来便没有所谓的森林了；社会也是个人的集聚，在个人之外并没有所谓社会这种独立的存在（参见赫夫丁《伦理学》157页）。但是不能因为分析后统一的实在没有了，所以就认为没有了统一。即便是个人的意识，若加以分析的话，也不会看到另外的统一的自己。不过，因为在统一之上有一个特点，必须把各种现象看成是通过这种统一而成立的，所以才把它看成是一个活的实在。根据同样的理由，也可以把社会意识看成是一个活的实在。社会意识也和个人意识一样，是既有中心又有联系的完整的体系。只是在个人意识方面有肉体这样一个基础，这虽然是不同于社会意识的，但大脑这种东西也绝对不是单纯的物体，而是细胞的集合。这与社会是由个人这种细胞构成的，情形并无相异。

有了这种社会意识，我们个人的意识又是它的一部分，所以我们的欲求大部分都是社会性的。如果从我们的欲求中除去他爱的因素，就几乎空无一物了。关于这一点，只要看到我们的生命欲的主要基因也在于他爱，就可以明白了。因此，与其说我们是由于自己的满足而满足，毋宁说是因自己所爱者以及自己所属的社会的满足而满足。本来，我们自我的中心就不只存在于自己的个体之中，如母亲的自我存在于孩子之中，忠臣的自我存在于君主之中。随着自我的人格越来越伟大，自我的要求也越来越会成为社会性的要求。

接下来简单谈谈社会之善所处的不同阶段。在社会的意识中有各种不同的阶段。其中最小且最直接的就是家庭，家庭可以说是我们的人格向社会发展的最初阶段。男女结合，组成一个家庭，其目的不只是为了延续子孙后代，而具有更加深远的精神上（道德上）的目的。柏拉图的《会饮篇》中有这样一段话：男与女本系一体，但是被神分割，所以至今还是相互爱慕的。这是一种饶有趣味的说法。如果以人类的典型例子来看，男与女都不是完整的人，只有男女结合起来，才能成为完整的人。奥托·威宁格尔①说，无论在肉体上或精神上，人都是由男性因素和女性因素结合而成的，两性相爱的目的就是为了使两种因素结合起来而成为一个完整的人。男子的性格不是人类的完整典型，同样女子的性格也不是，只有男女两性互相补充，才能发展为完整的人格。

然而，我们的社会意识的发达并不会局限于家庭那样的小圈子里面。我们的一切精神或物质的生活都可以在各种社会团体里面获得发展。从家庭推而广之，统一我们的全部意识活动，并且可以视为人格之表现的，便是国家。关于国家的目的，有种种不同的说法。有人把国家的本体放在主权的威力上，认为国家的目的在于防御外敌和对内保护国民生命财产。叔本华、丹纳②、霍布斯等人持这样的观点；又有人把国家的本体放在个人基础上，认为国家的目的只是为了调整个人人格的发展，卢梭等人持这样的观点。然而，国家的真正目的并不是第一种论点所说的那种物质的或消极的东西，也不是像第二种观点所认为的个人的人格是国家的基础。相反，我们个人是作为一个社会的细胞发展起来的。

---

① 奥托·威宁格尔（Otto Weininger，1880—1903）：奥地利思想家。——译者

② 伊波利特·丹纳（Hippolyte Adolphe Taine，1828—1893）：法国文艺理论家和史学家。——译者

国家的本体乃是作为我们精神根基的共同意识的表现。我们可以在国家里面获得人格的巨大发展。国家是一个统一的人格，而国家的制度、法律就是这种共同意识的意志的体现，古代希腊的柏拉图、亚里士多德和近代黑格尔都有这样的主张。我们之所以为国效力，就是为了争取伟大人格的发展与完成。至于国家惩罚人，则不是为了报复，也不是为了社会安宁，而是因为人格有着不可侵犯的尊严。

如今，国家虽然是统一的共同意识的最伟大的表现，但我们的人格的表现却不能停留在这里，它还有更大的欲求，那就是全人类结成共同体的人类社会的团结。这种理想已经在圣保罗的基督教和斯多葛派的学说出现过。但是，这种理想是不会轻易实现的。直到今天这个时代，还是武装下的和平时代。

从遥远的历史黎明期追溯人类发展的足迹，即可看出所谓国家并不是人类的最终目的，人类的发展具有一贯的意义与目的，国家似乎是为了满足其一部分的使命而盛衰兴亡的（世界史就是黑格尔所说的世界精神的发展史）。但是，真正的世界主义，并不是主张各个国家都不用存在了，而是意味着各国越来越繁盛，能够分别充分发挥其特性，以贡献于世界历史。

第十三节　完整的善行

所谓善，一言以蔽之就是人格的实现。倘若从它的内部来看，就是真挚要求的满足，亦即意识的统一，而最后必须达到自他两忘、主客相融的境界；倘若从显现在外的事实来看，小的方面从个性的发展，前进到人类普遍的统一的发展，然后达到其顶点。由于有这样两种见解，便有必要来说明一个更加重要的问题：在内部导致巨大满足者，事实上能否称为大善呢？也就是说，对于善的内在与外在的两种解释是否总是一致的呢？

从上文所论述过的实在论来推论，可以先断言，这两种见解是绝不会相互矛盾冲突的。现象本来就没有内外之分。所谓主观的意识或客观的实在，只是从不同的方面去观察的同一现象，表现在具体中也只有一个事实。正如我反复强调指出的，既可以说世界是通过自我的意识统一而成立的，也可以说自我是实在的某种特殊的小体系。如同佛教的根本思想一样，自我和宇宙有着同一根源，更恰当地说，两者简直就是同一事物。因此，从我们自己的内心，从知识上的无限的真理、感情上的无限的美、意志上的无限的善，都能感受到实在的无限意义。我们认识实在，并不是认识自我以外的东西，而是认识自我本身。实在的真、善、美必须就是自我的真、善、美。

如此说来，也许会产生这样的疑问：这个世界上为什么会有假恶丑呢？实际上，倘若深思一下，就会明白，这个世界上既没有绝对的真善美，也没有绝对的假恶丑。一味见出假恶丑，是因为总是抽象地看待事物的一面而不知其全貌，从而偏于一方，这是与整体的统一相背驰的。（如在实在章第五节中所指出的，从一方面看来，假恶丑是实在成立所不可缺少的，是从所谓矛盾对立的原理产生的。）

根据奥古斯丁的说法，这世界上原来没有恶，神所创造的自然都是善的，只有缺乏本质才是恶的；他又说，神用对立装饰了世界，就像用矛盾冲突构思美丽的诗篇，用阴影增加绘画之美一样。在一个人达观的时候，就可以感到这世界正因为带有一些恶，倒会更美。

可以设想，当善的事实和善的要求相冲突的时候，可能有两种情况。一种情况是某一行为在事实上是善的，其动机却不是善的；另一种情况是，动机虽然是善的，而事实却不是善的。

先就第一种情况来看，如果内在的动机是私利私欲的话，即使外部的事实符合善的目的，也不能说它是以实现人格为目的的善行。我们有时候也会赞美这种行为，但绝不是从道德观点出发，而只是从功利观点出发的。如果从道德观点来看，这种行为却比那种虽然愚蠢却能尽到自己的至诚者更为低劣。也许有人说，即使不是从纯粹的善的动机出发，只要是有利于多数人的行为，也要比一个人洁身自好的善更好。然而，所谓有利于人，有各种不同的意义。假如只是提供物质上的利益，则如将这种利益用于善的目的，便成为善，用在恶的目的，却反而会助长恶。又，假如从有利于所谓世道人心，即真正在道德上有所裨益这一意义上来看，这种行为如果不是内在的真正的善行，那就不过是促进善行的手段而已，并不是善行本身；真正的善行即便本身很小，那也不能与之相提并论。

再谈第二种情况。有时候，即便动机是好的，而在事实上却不一定能称之为善。人们常说个人的至诚往往与人类一般的最高的善有冲突。但是我认为这样说的人，对"至诚"的理解是不正确的。如果真是把"至诚"这个词用在整个精神的最深刻的要求这一意义上的话，我认为这种说法几乎就不是事实。我们的真挚要求并不是有意做作出来的，而是自然的事实。正如真和美在人心深处具有普遍性因素一样，善也含有普遍性的因素。又如对世道深感厌倦的浮士德，深夜在野外散步后孤独地返回书房，在那夜深人静之时，体验到了心平气和的境界，自我的感情也涌动起来。假如有人和我们的意识根基完全不同，那就另当别论，但只要他们多少还具有所有人所共有的理性，那么他们的想法和欲望就一定会和我们趋同。当然，有时人类最大的欲求也许只停留在可能性上，而不是诉诸现实的活动，不过这时候并不是没有诉求，而是诉求受到了遮蔽，以致自己忘掉了真正的自我。

根据上述的理由，我认为我们最深远的诉求和最大的目的会自然取得一致。我们在内心锻炼自己，达到自我的真实，同时在外部又产生对人类的爱，以符合最高的善的目的，这就叫作完全的、真正的善行。这种完全的善行，一方面看来似乎是很困难的事情，但从另一方面来看，又是任何人都能够做到的。道德不能求诸自身之外，只可以在自己内部寻找。世人往往把善的本质与其外表相混淆，而认为若不是什么世界的人类的事业，那就算不了最大的善。但是事业的种类是根据一个人的能力和境遇来确定的，不是任何人都从事同样的事业。然而不管事业如何不同，我们却可以用同样的精神去工作。无论事业多么微小，如果这个人能够始终以人类之爱去工作，应该说他就是在实现着伟大人格的人。拉斐尔的高尚优雅的人格，也许可以从圣母画像创作中得到最适宜的表现，但其实不仅仅是圣母画像，拉斐尔所有的绘画创作都能显示出他的人格。即使拉斐尔与米开朗基罗选择的是相同的绘画题材，但是拉斐尔所显示的是拉斐尔的人格，米开朗基罗所显示的是米开朗基罗的性格。艺术与道德的本体存在于精神，而不存在于外在的事物。

最后想说的是，善虽然在学术上有多种不同的解释，但实际上真正的善只有一个，就是认识真正的自己。我们真正的自己是宇宙的本体，若能认识真正的自己，那就不但会符合人类普遍的善，而且会与宇宙的本体相融合，并且与神意相冥合。实际上这就是宗教与道德的真意。而真正认识自己并与神合一的方法，只存在于自己体会主客合一之力。而要体会这种力，就必须根除我们的那个"伪我"，抛开此世的欲望而死，死而后生（正如穆罕默德所说的，天国存在于剑影之上）。唯有如此，才能真正达到主客合一的境界。这也就是宗教、道德和美术的最高境界。这在基督教里叫作"再生"，在佛教里叫作"见性"。据说从前十一世罗马教皇贝纳蒂克特，叫乔托①画一张足以显示画家才能的作品给他看，而乔托只给他画了一个圆圈。我们必须在道德上获得乔托的这个圆。

---

① 乔托·迪·邦多纳（Giotto di Bondone，1266—1337）：意大利画家、雕刻家、建筑师，意大利文艺复兴艺术的先驱者，被誉为"欧洲绘画之父"。——译者

第四章 宗教

第一节 宗教之要求

宗教的要求就是对于自己的要求,也就是关于自己生命的要求。我们一方面知道自己是相对有限的,同时又想与绝对无限的力量结合,以求由此获得永远的真正生命,这就是宗教的要求。正如圣保罗所说:"现在活着的,不再是我,而是基督在我里面活着。"是要把一切肉体生命都钉在十字架上,只希望依靠神来活下去的那种感情。真正的宗教是为了寻求自己的转变和生命的革新。基督手执十字架所说的:"不从我者,我不助他。"一个人只要还有一点点相信自己的念头,就不能说他抱有真正的宗教心。

为了今世的利益而向神祈祷者自不待言,就是专以来生为目的而念佛,也不是真正的宗教心。因此《叹异抄》①写道:"在自己的心里一心祈求往生的念佛,只是为了自己。"基督教也认为那种只求神助、惧怕神罚者,不是真正的基督教徒,那些都不过是利己心的变形罢了。不但如此,现在有许多人说宗教的目的是求自己安心,这种说法恐怕也是错误的。正因为有这种想法,所以进取之心减弱,竟至认为过清心寡欲的消极生活才能获得宗教的真

---

① 《叹异抄》:日本中世时代的佛教文学典籍,佛教真宗亲鸾法师的语录。——译者

意。我们不是为了自己的安心而寻求宗教的，安心只不过是由宗教产生出来的结果。宗教的要求是我们欲罢不能的巨大生命的要求，是严肃的意志的要求。宗教是人生的目的本身，绝不应该把它当作其他的手段。

若按照唯意志论心理学家的说法，意志是精神的根本作用，一切精神现象都是意志的形态的话，我们的精神就是欲求的体系，处于这个体系中心的最强有力的欲求便是我们自己。而且经由这个中心对一切进行统一，即维持和发展自己，这就是我们的精神的生命。当这种统一活动还在进行时我们是活着的，但在这种统一活动一旦遭到破坏时，即使肉体还活着，精神也如同死亡一般。那么，我们果真能够以个人的欲求为中心对一切进行统一吗？即个人的生命果真能够无止境地维持发展下去吗？世界不是为个人创造的，个人的欲求也并非人生最大的欲求。个人的生命一定会在外部同世界相冲突，在内部陷于自我矛盾。因此，我们就必须要寻求更大的生命，即必须根据意识中心的变化而寻求更大的统一。这种要求在我们所有的共同精神产生时也都可以见到，但唯有宗教的要求是这种要求的顶点。当我们试图对着客观世界而树立主观的自己，并由它来统一前者的时候，不管主观的自己有多么强大，其统一仍然不免是相对的。绝对的统一就是完全抛弃主观的统一，使它与客观的统一相一致。

本来，所谓意识的统一是意识成立的重要条件和根本要求。没有统一的意识，就等于没有意识。意识能够通过内容的矛盾对立而成立，其内容越是多样复杂，就越是要求更大的统一。这种统一的极点就是我们所说的客观的实在，这种统一在主客合一的时候达到顶峰。所谓客观的实在，也不是离开主观意识而另外存在的，而是指意识统一的结果，是无可怀疑、不复再次寻求的东西。并且，这种意识统一的顶点，即所谓主客合一的状态，不仅是意识的根本要求，实际上也是意识的本来状态。正如孔狄亚克[①]所说的那样，我们最初看见光的时候，与其说是我看它，毋宁说我就是光本身。对婴儿来说，一切最初的感觉必然就是宇宙本身。在这种境界里面，主客还没有分离，物我一体，只有一个事实。由于我与物是一体，就再没有必须寻求的真理和非满足不可的欲望。所谓人与神共在，所谓伊甸乐园大约就是指这种境界而言。然而随着意识的分化发展，主客相互对立、物我也相背驰了，于是人生就有了欲求和苦恼，人离开了神，乐园的门便永远对亚当的子孙们关闭了。然而不论意识如何分化发展，终究不能离开主客合一的统一，而我们一直是在知识和意志上寻求这种统一的。意识的分化发展是统一的反面，却仍是意识成立的重要条件。意识的分化发展反而要求更大的统一。应该说这种统一其实既是意识的开始，也是它的终结。宗教的要求就是在这个意义上的意识统一的要求，同时又是同宇宙合一的要求。

这样说来，宗教的要求就是人心最深最大的要求了。我们具有各种肉体上和精神上的要求，但这些都只是自己的局部要求，唯有宗教才是自我本身的解决。我们在知识和意志上寻求意识的统一与主客的合一，但这仍不过是半面的统一，而宗教则是寻求

[①] 孔狄亚克（Etienne Bonnot de Coedillac，1714—1780）：法国哲学家、作家，著有《人类知识的起源》《感觉论》等。——译者

在这些统一背后的最深刻的统一，是寻求知识与意志未分化以前的统一。我们的一切要求都是从宗教的要求分化出来的，因而也可以说是它的发展结果的归结。当人们知识未开的时候都是信宗教的，一旦达到学问道德的极致，就要进入宗教的境界。世上往往有人问为什么宗教是必要的，这就如同追问为什么要活着一样。宗教不是离开自己的生命而存在的，它的要求就是生命本身的要求，因而提出这样的问题就暴露了自己未能懂得生活的真意。真挚地思考生活、真挚地生活着的人，就不会没有热烈的宗教要求。

第二节 宗教之本质

宗教是神与人的关系。人们可能对"神"有各种观点，我认为把神看作宇宙的根本是最恰当的，而所谓"人"指的就是我们的个人的意识。由于人们对两者关系的不同看法，而产生了各种宗教。

那么究竟什么样的关系才是真正的宗教性的关系呢？如果有人说神与我在根本上有着本质的不同，而神只是人类之上的伟大力量，那我们在这种看法中丝毫不能发现宗教的动机；也许有人因为害怕神而服从其命令，也许有人为祈福而讨好神，但这些行为都不过是从利己心产生的。因为本质不同的事物之间的相互关系，除了利己心之外是不能成立的。罗伯逊·史密斯[①]也曾说过，

[①] 罗伯逊·史密斯（William Robertson Smith，1846—1894）：苏格兰东方学家、圣经学家。——译者

宗教并不是因为害怕不可知的力量而发生的，而是由于敬爱与自己有血统关系的神而发生的，并且宗教不是个人对于超自然力量的随意的关系，而是每一个社会成员同那个维护社会秩序安宁的力量之间的共同关系。在一切宗教的根本上，都必须有"神人同性"的关系，即必须有父子那样的关系。

单纯地把神与人的利害关系等同起来，说神能援助我们和保佑我们，那还不是真正的宗教。其实神是宇宙的根本，同时又必须是我们人类的根本，我们皈依于神就是皈依于我们的根本，并且神是万物的目的，又必须是人的目的，人从各个神那里发现自己真正的目的。如同手足是人的手足，人就是神的人。所以我们皈依神，虽然似乎是丧失了自己，但从另一方面看却是得到了自己。耶稣说：凡是得到了生命的人，一定会丧失生命；凡是为了我而失去生命者，一定还会得到生命。这是最纯正的宗教信仰，真正宗教中的神人关系必须是这样的。我们祈祷神并感谢神，并不是为了自己的存在，而是祈祷并感恩自己能够皈依到作为本来归宿的神那里去，并且所谓神对人的爱也不是要赐给人今世的幸福，而是要使人皈依自己。神是生命的源泉，我只是因神而生。正因如此，宗教才充满生命力，并产生真正的虔诚信念。若只是说悟道或服从，那还没有超脱个人认识的局限，还不能说是真正的虔诚信念。"从神那里见出真正的自己"，这句话也许会被认为太看重自己了，但恰恰相反，这正是真正舍己崇神之道。

所谓神人同质、人归其本于神，这是一切宗教的根本思想。只有基于这种思想的，才能称得上是真正的宗教。但是即使有这种思想的基础，也会在神人的关系上产生不同看法。有人认为神是超越宇宙之外的，是从外部来支配世界的，因而神对人而言也是从外部进行活动的；也有人认为神是内在的，人是神的一部分，因而神是内在地对人进行活动的。前者是所谓"有神论"（theism）的看法，后者是所谓"泛神论"（pantheism）的看法。泛神论的这种看法似乎更为合理，但有许多宗教家反对。他们认为把神视同自然，是抹杀了神的人格性，又将万物看作神的变形，则不仅丧失神的超越性和损害其尊严，而且会产生万恶之源也应该归之于神这样错误的结论。但如细思之下就会明白，并不能说泛神论的思想一定有这些缺点，也不能说有神论一定没有这些缺点。即使把神与实在的实体同等看待，如果承认实在的根本是精神性的，那就未必会丧失神的人格性。而且任何泛神论也不认为每个事物本身就是神。斯宾诺莎哲学认为万物是神的"差别相"（modes）。而且，在有神论中，神的全知全能与这个世界上的恶的存在也不容易调和。这个问题在欧洲中世纪哲学中，确实使许多人颇感头疼。

认为神是超越的，是从外部来支配世界的，这种看法不仅与我们的理性相矛盾，而且从这种看法中产生的宗教，并不是最深刻的宗教。我们能够作为神意来认识的事物，只有自然的法则，此外并没有可以称为"天启"者。当然神是不可测的，我们所认识的恐怕也不过是它的一部分。然而，即使另外有所谓"天启"，却反而容易表现出神的矛盾性。我们信仰耶稣的神性，是因为他的一生包含着最深刻的人生真理的缘故。我们所说的神，必须具有经纬天地、哺育万物这样的宇宙的内在统一力，此外并没有什么可以称之为神。如果说神是人格性的，就必须意味着在这种实在的根本上直接认识到其人格意义。相反地，那些超自然之类的说法，不是根据历史传说，而是自己的主观臆想。

我们正是在这个自然的根基里，又在自己的根基里直接见神，才能感到神的无限温暖，才能够达到我因神而生的那种宗教真谛，也只有从这里才能产生真正的对于神的敬爱。所谓"爱"是两个人格合而为一之谓，所谓"敬"是部分的人格对全人格发生的感情。在敬爱的深处必须有人格的统一。因此，敬爱的心情不仅发生于人与人之间，而且也出现于自己的意识之内。正如我们昨天和今天的不同意识具有同一的意识中心，所以才充满着自敬自爱的心情；同样地，我们敬神爱神是因为与神有着同一根基的缘故，是因为我们的精神是神意的一部分的缘故。诚然，神与人虽有同一精神的根基，但正如有着同一思想的两个人，其精神是相互独立的。这是从肉体方面，在时间及空间上对精神加以区别的。从精神方面来看，具有同一根基的东西便是同一的精神。正如我们每天变化的意识因具有统一性而能显示同一的精神一样，我们的精神也必须与神同为一体。这样，所谓"我因神而生"的说法就不仅不是比喻，而只能是一种事实。正如威斯特克特主教在给《约翰福音》第十七章第二十一节所做的注解中说的，所谓信者的一致性，不只是目的、感情等"道义上的合一"（moral unity），而是"生命的合一"（vital unity）。

这样，最深刻的宗教就能够在神人一体上成立，而宗教的真意即在于获得这个神人合一的意义。也就是说，我们要在意识的根基里破除自己之私，而去体验广博无限的宇宙精神。所谓信念，不是能够通过故事传说和理论从外部获得的，而是应该从内部磨炼出来的。正像雅各·波墨所说的那样，我们是通过最深处的"内生"（die innerste Geburt）而达到神的。我们在这个内在的再生上直接见神并信仰神，同时在这里发现自己的真生命，感到无穷的力量。所谓信念也并不是单纯的知识，而是在这种意义上的直观，同时又是活动力。在我们所有的精神活动深处，有一个统一力在活动，这就叫作我们的"自己"，又叫作"人格"。它不仅是欲求，就连知识这种最富于客观性的东西也无不带有这种统一力，即无不带有各人的人格色彩。知识也好，欲求也好，都是通过这个力而成立的。所谓信念，就是这种超越知识的统一力。与其说信念是由知识和意志来支撑的，倒也不如说知识和意志是由信念来支撑的，在这种意义上，信念是神秘的。但我们说信念是神秘的，并不是说它有违知识，就如信念与知识是相冲突的，它就不能成为生命的根本了。当我们克尽知识的探求、竭尽我们的意志以后，便从内心得到不可不信、无可动摇的信念。

第三节　神

所谓"神"是指这个宇宙的根本而言的。如上所述，我不把神看作是超越宇宙之外的造物者，而认为神直接就是这个实在的根基。神与宇宙万物的关系不是艺术家与其作品那样的关系，而是实体与现象的关系。宇宙不是神的造物，而是神的"表现"（manifestation）。从显现在外的日月星辰的运行，到内在的人心的机微，无不是神的表现。我们在这些事物的根基里能够一一地感受神的灵光。

正如牛顿和开普勒因看到天体运行的井然有序而激起了虔诚之念，我们对于自然现象研究得越深，就越能够认识在其背后有一个统一力在支配着。所谓科学的进步无非就是指这种知识的统一而言。如同承认在外在自然的根基里有一个统一力的支配一样，在内在的方面，也必须承认在人心的深处也有一个统一力的支配。人心虽然千变万化，看似飘忽不定，但是对它加以全面观察时，则无论东西古今，似乎都有一种伟大的统一力在支配着。更进一步思考时就会发现，自然与精神不是完全无关的，而是彼此有着密切的联系。于是，我们就不能不思考这两者之间的统一，想到在两者的根基里必须有更大的唯一的统一力。无论哲学或科学，都没有否认这个统一。而这个统一就是神。

当然，如果像唯物论者和一般科学家那样，认为物体是唯一的实在，万物只是服从物力法则的话，那就不能设想神的存在了。但是实在的真相果真是这样的吗？如以上我在论述"实在"时所指出的那样，即便说是物体，也不是能离开人们的意识现象而另外独立的实在。我们的直接经验的事实也只有这个意识现象。无论空间、时间和物力，都不过是为了统一说明这个事实而假设的概念。像物理学家所说的那种除去了人的特性的所谓纯物质，其实都是离具体事实最远的抽象概念。越是接近具体的事实，就越能够成为个人性的。最具体的事实就最是有个性的。因此，像神话那样的最原始的解释，总是拟人性的，但是随着纯知识的进步，就越来越成为一般性的、抽象性的，最后便产生纯物质这样的概念。但是那种关于纯物质的解释是极其表面而且肤浅的。同时也不能忘记，即便在那种解释的背后，也潜藏着我们的主观的统一。

最根本性的解释一定要还原于我们自己。宇宙解释的密钥就在于我们自己。企图通过物体来说明精神，应该说是本末倒置的。

牛顿和开普勒看到自然现象并感到井然有序，其实不过是我们的意识现象井然有序而已。意识都是通过统一而形成的，并且这个统一，小者是始于每个人每天的意识间的统一，大者是把全人类的意识结合起来的宇宙的意识统一。（把意识统一局限于个人的意识之内，只是加在纯粹经验上的独断罢了。）所谓自然界就是通过这种超个人的统一而形成的一个意识体系。我们通过个人的主观来统一自己的经验，进而再通过超个人的主观来统一每个人的经验，自然界就是作为这个超个人的主观的对象而产生的。罗伊斯[①]也说过，自然的存在是与我们相信人类同胞的存在这种信仰相结合的，因而所谓自然界的统一毕竟只是意识统一的一种。本来并不存在精神与自然两种不同的实在，这两者的区别只是因对同一实在的看法不同产生的。在直接经验的事实上并没有主客的对立，也没有精神与物体的区分，物即心，心即物，只有唯一的一个现实。只是这种实在体系的冲突，若从一个侧面来看，就是在其发展上出现的主客对立。换言之，在知觉的连续上并无主客之别，只是经由反省才发生这个对立。在实在体系发生冲突时，它的统一作用的方面被认为是精神，把精神作为对象而与它相拮抗的方面被认为是自然。但是所谓客观的自然，实际上也不能离开主观的统一而存在；所谓主观的统一，也不是没有对象即内容的统一。两者都是同一种实在，只是统一的形式不同而已。而且，

---

① 罗伊斯（Josian Royce，1855—1916）：美国哲学家。——译者

偏于任何一方者，就是抽象的和不完全的实在。这种实在只有在两者合一的时候才成为完全的具体的实在。所谓精神与自然的统一，不是两种体系的统一，它们本来就处在同一的统一之下。

在实在中，没有这样的精神与自然的区别，因此就不会有这两者的统一，只是因为对同一直接经验的事实本身的看法不同才产生了种种差别，那么我在上面所说的作为实在之根基的神，就必须是这个直接经验的事实，亦即我们的意识现象的根基。而我们的一切意识现象都是成体系的，即使是由于超个人的统一而形成的所谓自然现象，也离不开这种形式。统一的或自我发展的，是一切实在的形式，所谓神就是这种实在的统一者。宇宙与神的关系，就是我们的意识现象与其统一的关系。正如无论在思维方面或意志方面，心象总是经由一个目的观念而得到统一的，从而一切都可以视为这个统一的观念之表现。同样地，神就是宇宙的统一者，宇宙则是神的表现。这不是比喻的说法，而是事实。神是我们的意识的最大和最终的统一者，更准确地说，我们的意识是神的意识的一部分，其统一来自于神的统一。小自我们的一喜一忧，大至日月星辰的运行，无不由此统一而产生。这个伟大的宇宙意识的统一，也曾打动了牛顿和开普勒。

那么，在上述意义上，作为宇宙的统一者和实在之根基的神，究竟是什么呢？支配精神的只能是精神的法则。所谓物质，如上所述，不过是为了方便解释而设的最肤浅的抽象性概念而已。精神现象就是所谓知情意的作用，因而支配它的也只能是知情意的法则。然而精神不只是这些作用的集合，在它的背后还有一个统一力，而这些现象都是统一力的表现。如果现在把这个统一力名之为"人格",那就应该说作为宇宙的根基的神是一个伟大人格。从自然的现象到人类历史的发展,一切伟大的事物都具有伟大的思想、伟大的意志的形式,因此,可以说宇宙是神的人格之表现。我们这样说,并不意味着赞同某些人的看法,他们认为神是超越宇宙之外,另外具有特殊思想和意志的类似于主观精神者。实际上,在神那里,知即行、行即知,实在一定直接就是神的思想,又是神的意志。(参见斯宾诺莎《伦理学》第一部分。)

我们的主观的思维和意志,是因各种体系的冲突而产生的不完全的抽象的实在,因此,不能直接以此来比拟神。有一个名叫依林沃斯[①]的人,在他的《人及其神的人格》一书中,提出"自觉""意志的自由"和"爱"三者,作为人格的要素。我们在把这三者视为人格的要素以前,必须首先搞清楚三者到底指的是什么。

所谓"自觉",是部分的意识体系在整体意识的中心被统一的时候所伴随的现象。自觉是通过反省而发生的,而所谓"自己的反省"作为一种作用,是对这种意识之中心的寻求。所谓"自己"不外是意识的统一作用,这个统一若被改变,自己也要改变。除此之外,所谓自己自身只不过是一个空名。我们做内在的反省,似乎能够得到一种特别的自我意识,但这只是心理学家所说的伴随着这种统一的一种感情而已。不是有了这种意识才进行这个统一,而是有了这个统一才产生这种意识。这个统一本身不能成为知识的对象,我们虽然能够拥有这种统一并进行活动,但我们并

---

① 约翰·理查德森·依林沃斯(John Richardson Illingworth, 1848—1915):英国圣公会牧师、哲学家和神学家。——译者

不能认知它。真正的自觉是存在于意志活动上，而不是在知性的反省上面。

如果谈到神的人格上的自觉，那么这个宇宙现象的统一就必须全都是神的自觉。例如，三角形的各角的总和是两个直角，这是任何人在任何时代都承认的，这也是神的自觉之一。一切支配着我们的精神的宇宙统一之信念，都可以说是神的自我统一的意识。万物都是通过神的统一而成立的。在神那里，一切都是现实，神总是积极能动的。神既无过去，也无未来，时间和空间是由宇宙的意识统一而产生，对神来说，一切都是现在。正如奥古斯丁所指出的，时间是神造的，神因为超越了时间，所以存在于永远的现在。因此，神没有反省，没有记忆，没有希求，从而也没有特别的自我的意识。因为一切都是神自己，除自己之外并无他物，所以也就没有自己的意识。

其次，所谓"意志的自由"也有种种意味，而真正的自由必须是指从自己的内在性质进行活动的必然的自由。所谓完全没有原因的意志，不仅是不合理的，而且即便就自己而言也完全是偶然的东西，是不会从中感到自己是自由的。因为神是万物的根本，神外无物，万物都是从神的内在本性产生的，所以神就是自由。在这个意义上，神确实是绝对的自由。这样说来，神似乎被自己的本性所宥，而丧失了其全能性，但实际上，违反自己本性的活动只能表示自己的本性不完全或有矛盾。我认为神的完整性与全知全能性，与其不确定的自由意志是不可能两立的。奥古斯丁也曾说过，神的意志是不变的，它不会前后矛盾，也不会朝三暮四。（参见《忏悔录》第12卷第15节。）而选择性的意志倒是同人们的不完全的意识状态并存的，因而不能用它来与神相比拟。例如，对于我们得心应手的事情就丝毫没有选择性意志的余地，选择性意志是在疑虑、矛盾、冲突的情况下出现的。

当然，正如众所周知的那样，在所谓知识的里面已经包含着自由，知识即意味着可能性。但是这个可能性未必一定是不确定的可能。所谓知识不应只限于反省的场合，直觉的场合也是有知识的，而且直觉才是真正的知识。知识越是完全，就越没有不确定的可能。这样说来，神就不会有不确定的意志，亦即不会随意而为，因而神之爱不是偏狭的爱，不是爱某些人而憎恶另一些人，不会令一些人兴旺发达而令另一些人衰亡。神作为一切实在的根基，它的爱必须是平等普遍的，而且对于我们来说，它的自我发展本身就是无限的爱。在万物自然的发展之外，没有特别的神之爱。爱本来是要求统一的情感，自我统一的要求就是自爱，自他统一的要求就是他爱。神的统一作用直接就是万物的统一作用。因此，正如埃克哈特[①]所说，神的他爱必须就是其自爱，神就像人们爱惜自己的手足那样爱惜万物。埃克哈特还说，神对人的爱不是随意的行动，而是非此不可的行动。

如上所述，即便说神是人格性的，也不能直接将它与人的主观精神等同，反而必须把它视为不分主客、没有物我之别的纯粹经验的状态。这个状态实际上既是人的精神的开始，又是其终结，同时还是实在的真相。耶稣说，心地纯洁者见神，又说要像婴儿

[①] 埃克哈特（Meister Eckehart，约1260—1328）：德国神学家，哲学家，著有《德育讲道集》。——译者

那样纯洁才能升入天堂。那时，我们的心是最接近于神的。所谓纯粹经验，不只是指知觉的意识。在反省的意识背后也有统一，而反省的意识就是由统一而成立的，它也是一种纯粹经验。在我们的意识深处，任何情况下都有纯粹经验的统一，我们不能跳出这个范围之外。（参见本书第一章。）

可以把神看作是宇宙深处一个大的"知性直观"，也可以把神看作是包括了宇宙的纯粹经验的统一者。这样，我们就可以理解奥古斯丁所说的"神以不变的直观来直观万物"，亦即"神是静中有动、动中有静"的论点（Storz, Die Philosophie des HL. Augctinus, §20）。同时又可以理解埃克哈特所说的"神性"（Gottheit）及波墨所说的"无物的静谧"（Stille ohne Wesen）这些话的含义了。一切意识的统一都必须是超越变化之上而岿然不动的，而且变化是由此而起的，既是动的又是不动的。意识的统一不能成为知识的对象，它超越了所有的范畴，人们不能为它赋予任何定型，而且万物都是通过它而形成的。因而，所谓神的精神，从一方面来看确是不可知的，而从另一方面来看，反而与我们的精神密切相连。我们能够在这个意识统一的深处直接看到神的面影。因此，波墨曾说："到处都是天，你站的地方和去的地方都是天。"又说："通过最深刻的'内生'就能达到神（Morgenröte）。"

也许有人会说，倘若根据上面的观点，神与物的本质是同一的，即使认为它是精神性的，那也与理性或良心等没有什么区别，这岂不是说明它不具有活生生的个性人格吗？实际上，个人性只能是由不确定的自由意志而产生的。（这个观点在欧洲中世纪哲学中，曾经是斯科特·埃里金纳①反驳托马斯·阿奎那所持的论点。）我们绝不能对这样的神发生宗教的感情。在宗教上，犯罪不光指破坏法律，而是指背叛人格；后悔不是单纯道德上的后悔，而是伤害父母、背弃恩人那样的沉痛的后悔。厄斯金②说，宗教与道德的区别在于是否承认良心的背后有人格。

黑格尔等人认为，所谓真正的个人性不能离开一般性而存在，对"一般性的限定"（bestimmte Allgemeinheit）就成为个性。一般性的东西是具体性事物的精神。所谓个人性并不是从外面加在一般性上的东西，而是从一般性发展而来的。在没有任何内在统一，只是各种性质的偶然结合中，是没有个人性可言的。作为个人人格因素的所谓意志自由，指的就是一般性的东西对"自身的限定"（selfdetermination）。如同三角形的概念能够分化为各种三角形那样，某个一般性的东西对其中包含的各种限定的可能有着自觉，就是自由的感觉。那么，经由完全缺乏基础的绝对自由意志，反倒不会发生个人的自觉。虽然也有"个性是没有理由的"（ratio singularitatis frustra quaeritur）这样的说法，但这样的个性，实与没有任何内容的"无"是相同的。具体的个人性不能在抽象的概念上被认知。不能在抽象的概念上表现出来的个性，却能在画家和小说家的笔下鲜明地表达出来。

我们说神是宇宙的统一，这种统一不只是抽象的概念的统一。神是如同我们个人那样的具体的统一，也就是一个活的精神。正

---

① 斯科特·埃里金纳（Johannes Scotus Erigena，约810—877）：欧洲中世纪神学家、哲学家，著有《自然的区分》《预定论》等。——译者

② 厄斯金：（Thomas Erskine of Linlathen，1788—1870）：苏格兰神学家。——译者

如我们的精神在上述意义上是具有个人性的，也许可以说神也有着具体鲜活的一面。理性和良心虽然可能是神的统一作用的一部分，却不是鲜活的精神本身。这种神性的精神之存在，不单纯是哲学上的论题，而是实际心灵经验的事实。在我们的意识深处，谁都有这种精神并且进行着活动（理性和良心就是其声音）。只因受到我们的"小我"的妨碍，不能感知它罢了。例如，诗人丁尼生①有过这样的体验：当他安静地念着自己的名字的时候，便在自己个人意识的深处，使自己融化为无限的实在，而意识不是朦胧的，而且是极为鲜明的。此时他感悟到所谓死是可笑的、不可能的，所谓个人的死才是真正的生。据说从幼年起，丁尼生在孤寂独处时常常有这样的体验。又如文学家西蒙兹②也说，在我们的寻常意识逐渐淡漠的同时，本来意识在其深处便逐渐强化，终于只剩下一个纯粹的绝对的抽象的自己。如果还要列举宗教方面的神秘家的经验，就更多了（James, The Varieties of Religious Experiences, Lect. XVI, XVI）。也许有人把这种现象都看成是病态的，但究竟是不是病态的，就要看它是不是合理的。如我反复强调的那样，若认为实在是精神性的，而我们的精神不过是它的一小部分，那么我们突破自己的小意识而感悟到一个大精神，是丝毫不足为怪的。胶着于我们的小意识之内，反而是迷误。我认为伟大人物必定如以上所说，会比普通人有更深远的心灵经验。

---

① 丁尼生（A. Tennyson, 1809—1892）：英国诗人，代表作有《悼念》等。——译者
② 西蒙兹（J. A. Ssymonds, 1840—1893）：英国文学研究家、诗人。——译者

第四节　神与世界

纯粹经验的事实是唯一的实在,并且神是它的统一,如果确认了这一点,那么神的性质及其与世界的关系,就都能通过我们的纯粹经验的统一,即意识统一的性质与其内容两者之间的关系来认识了。

首先,我们的意识统一是看不到也听不到的,因而完全不能成为知识的对象。因为一切都通过意识统一而成立,所以它是超越一切的。看到黑色而呈现出黑色来,并不是心变成了黑色;看到白色而呈现出白色来,也不是心变成白色了。佛教不必说,就是在欧洲中世纪哲学中,狄奥尼修斯[①]派的消极的神学在讨论神的存在问题时,也以否定的方式印证了这种现象。库萨的尼古拉也说过,神超越有无,既是有,又是无。当我们对自己的意识进行深刻反省的时候,就能够体会波墨所说的神是"无物的静谧",是"无底"(Ungrund)或"无对象的意志"(Wille ohne Gegenstand)这些话的意味深长,并且会被一种崇高而不可思议之感所打动。此外,对于所谓神的永恒、普遍存在、全知全能这些说法,也都应该从这个意识统一中进行解释。因为时间、空间是通过意识统一而成立的,所以神是超越时间与空间而永远不灭、无处不在的;又因一切都是通过意识统一而产生的,所以神是全知全能和无所不知、无所不能的,在神那里,知与能是同一的。

[①] 狄奥尼修斯(Dionysius,1402—1471):希腊人,托马斯·阿奎那的研究者,经院哲学家。——译者

那么，上述的绝对无限的神，与这个世界是怎样的关系呢？离开了"有"，"无"就不是真正的"无"；离开了一切的"一"，就不是真正的"一"；离开了差别的平等，就不是真正的"平等"。没有神就没有世界，同样地，没有世界也没有神。当然，这里所谓世界不光指我们的这个世界。正如斯宾诺莎所说的那样，神的"属性"（attributes）是无限的，因此，神必须包含着无限的世界。只是世界的表现必须属于神的本质，而绝不是它的偶然的作用。神并不是一次性地创造了世界，而是世界的永恒的创造者（黑格尔语）。总之，神与世界的关系是意识统一与其内容的关系。意识的内容是经由统一而成立的，离开意识内容便没有统一。至于意识内容及其统一，并不存在统一的和被统一的这两种东西，而只是同一实在的两个方面。一切意识现象在其直接经验的状态上只是一个活动，但是由于把它作为知识的对象进行反省，它的内容便被分析为各种各样的，从而有了差别。如果从它的发展过程来说，则它的整体作为一个活动先是冲动式地出现之后，由于矛盾冲突，它的内容便被反省和分析。在这里，我不由得想起波墨的一句话。波墨认为：神在未呈现之前，是没有对象的意志，神是通过对自身的反省，即把自身当作镜子，才开始分出主观与客观，由此发展出神及其世界。

本来，实在的分化及其统一，是一体的，不应视为二物。它意味着一方面是统一，另一方面是分化。以树木为例，花像花的样子，叶像叶的样子，这才显示出树木的本质。上述的区别只是我们思想上的区别，而不是直接的事实上的区分。正如歌德所说的那样："大自然既没有核，也没有壳，一切事物同时是核又是壳。"（Natur hat weder Kern noch Schale, alles ist sie mit einem Male.）在具体的真实在，即直接经验的事实上，分化与统一只是一种活动。例如，一幅绘画或一首歌曲，其一笔一调，无不直接表现全体的精神，并且在画家和音乐家那里，本来是作为一种审美感兴的东西，却能直接成为姿态万千的山水和婉转动人的音乐。在这种状态中，神就是世界，世界也就是神。像歌德在《伟大的以弗所人狄安娜》的诗中所说的那样，与其一味在脑海里思考抽象的神，倒不如根本不理会保罗的说教，而专心制作狄安娜银龛的银匠，在某种意义上可以说银匠的创作反而接近真正的神。又如埃克哈特所言，在没有神的地方，却可以见到神。

在上述的状态下，天地仅有一指之隔，万物与我融为一体。但是，如上所述，一方面由于实在体系的冲突，另一方面是其发展过程中必然要发生实在体系的分裂，即必须发生所谓反省。使得本来为现实的东西却成为观念性的，本来为具体的东西却成为抽象的，本来的"一"却成为"多"。于是一方面有神，另一方面有世界；一方面有我，另一方面有物。这样便成为彼此相对、物物相背的情形。那个人类祖先因偷吃伊甸园的智慧树果实而被赶出乐园的故事，也意味着这个真理。人类祖先的那种堕落，不仅仅是在亚当、夏娃的古代，而且在我们的心中时时刻刻都在进行着。但是反过来想，不论分裂或是反省，都不是另外存在的作用，都只是作为统一的一个方面的分化作用的发展罢了。在分裂和反省的背后，包含着更为深远的统一之可能性。反省是达到深刻统一的途径（因此有"善人尚且会死，何况恶人"一语）。神在表现其最深刻统一的时候，先必须大行分裂。从一个侧面来看，人类就是神的自觉。借用基督教的传说来讲，有了亚当的堕落，才有基督的救赎，从而显示了无限的神之爱。

那么，根据以上对世界与神之关系的看法，应该怎样来说明我们的个人性呢？如果认为万物是神的表现，只有神才是真正实在，那么是不是就得认为我们的个人性是虚伪的假象，就像泡沫那样完全无意义呢？我认为未必如此。诚然，所谓离开神而独立的个人性将是不存在的，但是并不能因此就把我们的个人性看作是完全虚幻的，相反可以视为神的发展的一部分，即它的分化作用之一。正如每个人都带着神赋予他的使命而诞生一样，我们的个人性也是神性的分化物，每个人的发展就是在实现神的发展。在这个意义上，可以说我们的个人性具有永久的生命，而且能够永远发展（可参见罗伊斯《灵魂不灭论》）。神同我们的个人意识之间的关系，就是意识的整体和它的不同部分之间的关系。在一切精神现象上，各部分都处于整体的统一之下，同时又必须是独立的意识。我们说万物是唯一神的表现，未必是要否定各个人的自觉的独立。例如，我们每时每刻的意识既处于个人的统一之下，同时各自独立的意识又是一般的。依林沃斯说过，一个人格必然求助于其他的人格，在其他人格上自己能得到全人格的满足。也就是说，"爱是人格的不可缺少的特征"（Illingworth, Personality human and divine）。承认他人的人格就是承认自己的人格。这种对人格的互相承认就是爱。从一个侧面来看，就是两个人格的合一。由于爱，两个人格互相尊重，互相独立，同时又合一而形成一个人格。由此可见，因为神具有无限的爱，因此可以既包含一切人格，又承认一切人格的独立。

其次，所谓万物都是神的表现，这是泛神论的观点。对此观点的责难，就是认为它难以解释根本之恶这一问题。根据我的看法，世界上本来没有可以绝对地叫作恶的东西，万物本来都是善，应该说实在就是善。宗教家虽然极力说肉欲之恶，但肉欲也不是绝对的恶，只有在妨碍精神的向上时才成为恶。又如进化论的伦理学家所说的，今天我们称之为罪恶的东西，在某个时代却是道德的，即可以说是过去的道德的遗物，只是因为不适合于现在的时代才成为恶。因此，不是物的本身本来就是恶的，恶是由于实在体系的矛盾冲突而发生的。

那么这个冲突是从何而来的呢？这是由于实在的分化作用而发生的，是实在发展的一个重要条件。实在即依靠着矛盾冲突而发展的。就像靡菲斯特所自称的，他总是寻求恶，但又是善的创造力量的一部分。恶可以说是构成宇宙的一个因素。诚然，恶并不是促进宇宙统一演进的作用，因此，恶本身不能作为目的。但是，没有任何罪恶，没有任何不满的平稳无事的世界，只能说是极为平凡而且浅薄的世界。不认识罪恶的人就不能真正认识神的爱。没有不满，没有苦恼的人就不能了解深远的精神的趣味。罪恶、不满和苦恼都是促使我们人类精神向上的重要条件。因此，对于恶的问题，在真正的宗教家看来并不是神的矛盾，反而会感到神的深远的恩惠。世界不会因为有哪些东西就变得不完满，反而却因此而变得丰富深远。如果从这个世界上把恶清除殆尽，那么不仅会丧失精神向上的途径，而且不知道会有多少美好的精神事业也会同时从这个世界上消失。

从整个宇宙来看，若认为宇宙是由精神的意义而建立起来的，那就不能因为恶的东西的存在而看出任何不完满，反而能意识到恶的必要和不可缺少。罪恶是令人憎恶的，但是世界上再没有比悔罪更美的了。在这里我不禁想起了王尔德在《狱中记》（*De Profundis*）里所写的那段话——

> 基督把罪人看作最接近完全的人而加以爱护，他的目的不是把一个饶有风趣的盗贼变成乏味的正人君子。基督使用世人未曾知道的方法使罪愆与苦恼变成美丽的神圣之物。当然罪人必须悔改，而这样耶稣就完成了所要做的事。希腊人认为，人是不能改变自己的过去的，甚至有这样一种说法：神也不能改变过去。但是基督却使人看到最普通的罪人也能变好。当那个放荡公子跪倒哭泣的时候，基督一定会说，他使过去的罪恶与苦恼变成了一生中最美丽而又神圣的时刻。

以上是王尔德的话。王尔德曾经被判为罪人，所以他能够很深地认识罪恶的本质。

第五节　知与爱[①]

一般认为知与爱是完全不同的精神作用。但是我认为这两种精神作用绝非不同，它们本来是同一的精神作用。那么它们是什

[①] 这一段文字并不是作为本书的续稿而写的，但是因为它和本书的思想有联系，所以附录于后。——原注

么样的精神作用呢？一言以蔽之：主客合一的作用，又称物我一致的作用。

为什么"知"是主客合一的呢？所谓我们认识物的真相，就是把自己的妄想臆断，即所谓主观的东西消除殆尽，从而与物的真相保持一致，也就是同纯客观相一致，这样才能很好地认知它。例如，说月亮上有浅黑点的地方是兔子在那里舂米，或者认为地震是因为地下的大鲶鱼在跃动，这些都是主观的臆想。所以我们在天文学和地质学上完全抛弃这种主观的臆想，按照纯客观的自然规律进行研究，才能摸清这些现象的真相。我们越是客观，就越能很好地认识物的真相。几千年来科学进步的历史，展现的就是人类抛弃主观、服从客观所走过的路程。

再来说为什么"爱"是主客合一的问题。所谓我们爱物，就是抛弃自我而与他物保持一致。只有自他合一，其间毫无裂隙，才能发生真正的爱。我们爱花，就是自己与花一致，爱月，就是与月一致。父母成为子女，子女成为父母，才能发生父母子女的爱。由于父母成为子女，所以感觉到子女的一利一害，就像是自己的一利一害一样；由于子女成为父母，所以感觉到父母的一喜一忧，就像是自己的一喜一忧一样。我们越是抛弃自我之私，而成为纯客观的，即成为无私的，爱就越深越大，并能从父母子女夫妇的爱发展到朋友之爱，从朋友之爱进展到人类之爱。而佛陀的爱甚至泽被禽兽草木。

这样，知与爱就属于同一精神作用。因此，要认识物就必须爱物，爱物就必须认识物。数学家舍我而爱数理，追求与数理本身一致，因而能够很好地阐明数理；艺术家热爱自然，与自然打成一片，并将自己融化于自然之中，才能识得自然的真相。再从另一方面来看，因为我了解我的朋友，所以爱他。越是境遇相同，思想志趣相同，相互了解越深，同情心越是浓厚。爱是知的结果，与知是爱的结果一样，若把这两个作用分开来思考，就是不明爱与知的真相。知即爱，爱即知。例如，我们热衷于自己所喜爱的事物时，几乎是无意识的。忘掉自己，只有超越自己的不可思议的力量在独自堂堂地发挥作用。此时既无主，又无客，而是真正的主客合一。此时就是知即爱，爱即知。当自己的精神完全被数理的奥妙所夺而废寝忘食的时候，就是我知数理，同时又在爱它。此外，如果我们对于他人的喜忧完全不分自他，他人之所感就是自己所感，与之共欢笑，共悲泣，此时就是我在爱他人，并在知他人。爱就是对他人的感情进行直觉。对跌落水池中的幼儿进行救援时，甚至来不及有怜爱的自觉。

通常认为，爱是感情，应该同纯粹的知识相区别。但是事实上，在精神现象之中，既没有纯粹的知识，也没有纯粹的感情。这不过是心理学家为了学术研究上的方便，才设立的抽象的概念。正如学理的研究必须由一种感情来维持一样，爱他也必须以一种直觉为基础。在我看来，所谓普通的知，就是对非人格的对象的知识；即使对象是有人格的，也当作非人格的来看；与此相反，所谓爱是对有人格的对象的知识，即使对象是非人格的，也把它当作有人格的来看。两者的差别不在于精神作用本身，倒可以说是在于对象的种类。正如古来许多学者和哲人所说的那样，如果宇宙实在的本体是有人格的，那么爱就是把握实在之本体的力量，就是对于物的最深的知识。通过分析推论得来的知识是物的表面的知识，并不能把握实在本身。我们只有通过爱才能得到最深的知识。爱是知的极点。

以上大体论述了知与爱的关系，现在再把它和宗教联系起来谈一谈。主观是自力，客观是他力。我们所说的知物和爱物，就是投射自力、建立他力的信心。如果说人一生的工作不外是知与爱的话，那么我们就是每天在他力的信心上进行活动的。学问也好，道德也好，都是佛陀的光明，宗教则是这个作用的极致。学问和道德是在各个不同的领域中沐浴他力的光明，而宗教则是在整个宇宙上与绝对无限的佛本身相接触。《马太福音》中写道："我父啊，倘若您愿意，求您叫这个杯子离开我；然而不要照我的心意，只要照您的心意。"佛学有言："念佛乃升入极乐净土之途，抑或坠入地狱之业，一切皆不可知。"这些话都表达了宗教的极意。然而要想认识这个绝对无限的佛或神，只有爱才能做得到。爱就是知。印度吠陀教和新柏拉图学派以及佛教的圣道门都讲"知"，基督教和净土宗讲"爱"或"依"，虽各其特色，但其本质是相同的。神是不能通过分析和推论来认识的。倘若认为实在本质上带有人格性，那么神就是最富于人格性的。我们只有通过爱或信的直觉才能够认识神。所以如果有人说我不认识神，我只是爱神，或者说我信神，那么他就是最认识神者。

思索与体验

各版序言

初版序

本书除了最后一篇之外，都是我来京都之后所写文章的结集。以"思索与体验"为标题，只是表示这是我曾经的思索与体验而已。来京都后，对我的思想产生影响的是李凯尔特①等所谓"纯逻辑学派"的主张，以及伯格森的"纯粹持续"的理论。我对于伯格森的理论有同感，并在李凯尔特的理论中得到了反省，两者对我都大有裨益。但我并不是原原本本地信奉伯格森，也不认为李凯尔特的论点是不刊之论，而是认为当今的哲学所需要的，毋宁就在这两种思想的综合当中。

这都是两三年前所写的东西，趁着这次付梓重新阅读时，觉得不满意的地方还有许多。特别是在第一篇论文当中，我对康德与李凯尔特等人做了批评，但是这些批评的粗陋不由令我羞愧。只是这些批评所依据的立足点，不论是现在或当时都没有改变，因而我还是原样不动地将其出版。

我在第四篇论文《自然科学与历史学》中所讨论的，并不是

---

① 李凯尔特（Heinrich John Rickert，1863—1936）：德国哲学家，新康德主义的代表人物之一，著有《历史科学与自然科学》等。——译者

我自己确定了的观点，而是尝试根据文德尔班[①]与李凯尔特的思想所进行的讨论。通过这篇论文，我想做的只是要为那些认为自然科学方法是唯一的科学方法的人们，提供一个反省的机会。关于这篇论文，有位历史学家曾质疑我所论述的东西是否有助于探究当今历史研究的真相。而且，这样的观点会造成一种弊端，即认为历史的研究只是针对个别具体的事实。但是，这篇论文本来就不是要深究历史这一概念，也不是要以归纳的方式来导出结论。我所要主张的是，历史学与自然科学在立场上是不同的，它在认识论的层面上必须拥有这样的属性。即使我所论述的东西，可能会伴随一种弊端，认为历史的研究只是针对个别的事实，但这并不是我的本意。我想要说的是：所谓的"个性"并不意指各个具体个别的事实，相反地，个别具体的事实，对历史而言未必是必要的。

大正三年[②]十二月
西田几多郎

增订版序

在这个版本当中，我移除了《认识论者亨利·彭加勒》与《物质与记忆·言》这两篇论文，然后加上《现代的哲学》《柯亨

---

① 文德尔班（Wilhelm Windelband, 1848—1915）：德国哲学家，新康德主义弗赖堡学派的创始人，著有《哲学史教程》等。——译者
② 大正三年：公元 1914 年。——译者

的"纯粹意识"》与《洛采的形而上学》三篇文章。对于阅读我的《自觉中的直观与反省》一书的读者而言，本书可以提供参照。由于我自己精力不逮，这次的修订就完全拜托了文学学士务台①。

大正十一年②八月

西田几多郎

第三订版序

本书自大正十一年出版增订版以来，已经经过了十多年的岁月，这次又要更新版本。趁此机会，我将先前移除的《认识论者亨利·彭加勒》一文再次收录于本书中，对我来说，彭加勒③毕竟是难以割舍的。

几个十年之后再回头来读这本书，姑且不论我对李凯尔特与伯格森等人的思想要点的陈述，让我感到汗颜的是，当进一步从我的立场来陈述自己的想法，并对李凯尔特等人做出批评的时候，就显得极其幼稚和肤浅了。例如，因为我将"应然"④与"意义"归

---

① 务台．务台理作（1890—1971），日本哲学家，西田几多郎的朋友，西田哲学的研究者，著有《表现世界的逻辑》《场所的逻辑学》等。——译者
② 大正十一年：公元1922年。——译者
③ 彭加勒（Henri Poincaré，1854—1912）：法国数学家、物理学家、哲学家，20世纪科学革命与哲学革命的先驱人物，"批判学派"的代表人物。著有《科学与假设》《科学之价值》《科学与方法》等。——译者
④ 应然：德文Sollen，日语作"当爲"，从道义与理想的立场认为应该做的、应该有的东西，是对意志和行为予以规制和约束的事物，对义词是"Sein"（实在、实存、本体）。——译者

结于"纯粹经验的自发自展[1]",或许有人会认为我不理解李凯尔特等人的理论。或许还有人会认为,这不过是粗陋的心理主义而已。但是,所谓"纯粹经验的自发自展"是以《善的研究》所讨论的东西为基础的,就算有人认为我当时的思想是心理主义的,这也无可奈何,而实际上我的思考并不仅仅如此。《善的研究》中所谓"纯粹经验的自发自展",从一开始也将黑格尔"具体性概念的发展"的思想包含在内了。真正的自发自展的"纯粹经验",必须是超越了"存在与应然"这种单纯的抽象对立,并将"存在与应然"作为自身的内在分裂而自发自展进行的"动态的一般者"。当然,在本书的论文当中,这样来思考经验,我不能说有多少是成功的,但这至少表达了我的意图。

  本书的论文是在我刚来京都的时候写的,主要是我学习阶段的产物。我从来就不是康德式的认识论者,但是,我在当时确实颇为新康德主义学派的哲学家们所打动。当时这个学派是德国哲学界的主流,也是日本哲学界的主流。现在再回头阅读这本书的时候,我深深地感到了历史的脉动。

昭和十二年[2] 十二月

西田几多郎

---

[1] 自发自展:西田凭经验而使用的一个概念,意即自行发生发展,自动展开。——译者
[2] 昭和十二年:公元1937年。——译者

答高桥氏[①]对拙著《善的研究》的批评

一

《哲学杂志》第303号至304号，刊登了高桥文学士为拙作《善的研究》所写的评论文章。我很感谢高桥氏对拙作的批评，从中得到了不少的启发。

高桥氏对拙作的批评分为五条，我也想按这个顺序，对各条一一做出回应。

先说第一条。高桥氏提出质疑：西田所谓"纯粹经验"，到底是不假思索的下意识状态，还是主客未分之前主客合一的意识状态，抑或是对事实本身不附带任何意义的反映？并认为如果所谓"纯粹经验"是这样的，那么它一定是绝对性的东西；也就是说，纯粹经验不能是一部分属于纯粹经验而一部分不属于，或某种程度属于而某种程度不属于，也没有程度上的深浅比较，它必须是纯粹的事实、纯粹的经验。但是西田却在纯粹经验中做了程度上的区别，而且根据其统一的紧密与否来看其差异。倘若纯粹

[①] 高桥氏：高桥里美（1886—1964），哲学家，以研究现象学、辩证法而知名，曾任东北大学总长，著有《高桥里美全集》（全七卷，1973年）。他在1912年发表处女作论文《意识现象的事实与意义》，对西田《善的研究》提出质疑批评，后在对抗西田哲学的基础上建构了自己的哲学体系。——译者

经验具有程度上的差异的话，那么所谓"纯粹"也好、"直接"也好，毕竟只是想象出来、感觉出来的，其实也就不存在什么纯粹和直接；或者，按照西田看法，各种统一都有程度上的不同的差异，但同时又都是纯粹经验。这样的话，毕竟无法说明它们的起源，可以说一切都是意义，又一切都是事实。在这里，西田所谓的纯粹经验存在着根本的矛盾云云。

对于以上高桥氏的批评，我首先要说，正如高桥氏所想象的，统一程度弱者就是弱，强者就是强，具有不同的统一程度者，都同样是纯粹经验。此前，我也听到了关于纯粹经验与非纯粹经验如何区分、后者较前者如何出现之类的疑问。在我看来，如果说没有绝对的纯粹经验，也就没有绝对的非纯粹经验。可以说一切都取决于观点与看法。本来，我就认为纯粹经验与非纯粹经验、事实与意义之类并不是相互对立的两种意识状态，这些区别只不过是同一种意识的两个侧面而已，也就是对同一个事物的观点看法的不同。一切意识都具有统一的一面与差异的一面，也就是说，"一"就是"多"。若将这两个方面对立起来看，那么，统一的一面显著者就是纯粹经验，差异的一面显著者就是非纯粹经验。在这个意义上，看似与纯粹经验完全不同的思维，在其根本上也有直观性的统一；相反地，被认为是完全属于纯粹经验的知觉，也存在着其复杂的统一。我在第一章"纯粹经验"的论述中，目的不是将纯粹经验从间接的非纯粹经验中区分开来，而是要论证知觉、思维、意志以及"知性的直观"的同一的型式。我完全不把知觉与思维视为不同的东西，在这个问题上不取二元论的观点，而是将两者看作同一型式，而取一元论的观点。

假如就像高桥氏所批评的，如果不能说明"意义"的起源，那么作为与"意义"对立的作为"事实"的纯粹经验，就变得无意义了，一切都是既可以说是意义，又可以说是事实。然而，在我看来，意义与纯粹经验的事实并不是相互对立的。在我们的直接的真正的纯粹经验中，事实即意义，意义即事实。这就是独立自动的纯粹经验的真实面目。

针对李凯尔特的所谓纯逻辑派的观点，我曾说过，纯粹经验的世界是价值的世界、意义的世界。我这种说法，似乎与我将纯粹经验视为事实本身的经验这一看法相矛盾，但是其实并非如此。如果将"事实"理解为直接被给定的东西，那么与意义对立的事实就不是真正的事实，而只是意义。所以，我在这里赞同高桥氏的说法，一切都可以说既是意义又是事实，不与意义对立的事实才是纯粹经验。这样一来，就可以说意义的起源是不能说明的。将纯粹经验视为与"多"对立的"一"，与动对立的静，与意义对立的事实。由此，当然就无法说明意义的起源。

像这种将抽象分析的东西独立出来，从"一"导出"多"的思考方式，实际上与我的思考方式是根本相反的。依我看来，在对于我们而言的纯粹经验中，亦即在原本的具体状态中，只有自发自展的唯一的流动。我想明确的是它在所谓意义、事实之类的唯一的活动中究竟意味着什么。我说在这些场合有意义产生，并不是说这种意义是此前所未有的、新产生出来的，只是说在这种场合中某一方面变得显著了，以至被明确意识到。

依我这样的看法，正如高桥氏所说的，一切都是纯粹经验，因而在它上面再区分出程度之差异，说它是严格的或不严格的之类，其实是没有意义的。但是，我所说的纯粹经验，并不是静止的直观，而是活动的发展。纯粹经验作为根本性质上的统一，不是静止性的直观的统一，而是活动性的、自发自展的统一。我所说的"统一"，是不能脱离活动性、发展性的。这样的活动性的统一，与我所下的纯粹经验的定义并不矛盾。如果高桥氏所说的纯粹经验只是某种程度上的，或者是这样思考、这样感受的，那么可以说这种纯粹经验的纯粹性、直接性也就荡然无存了。我所说的"纯粹""直接"就是这样的，发展变化是其本质，发展变化与其自身是同一的。自动性的一般者的发展过程也可以视为纯粹经验，正如在有机发展中那样，都有其各自的意义和发展程度，但同时又都可以称之为纯粹经验。我所说的分裂意味着更大的统一，就是这个意思。当然，我也得承认，在论述过程中我使用了"程度之差""严密不严密"之类单纯的量上的区别用语，是不能令人满意的；而且，在《善的研究》的开始部分对纯粹经验的阐述，对其"活动性的统一"的意义，论述得也并不十分明晰。

第二条，对于我关于纯粹经验与知觉、思维、意志、"知性的直观"的关系及其程度之差的问题，高桥氏也提出了质疑批评。他指出我在这些问题的论述中，将纯粹经验弄得稀薄、不纯了；说看似主张纯粹经验，实则否定了它；说所谓纯粹经验不是具体的而是抽象的，不是事实性的而是意义性的。如此之类的批评，正如我上述的那样，是由于对纯粹经验的思考方式不同所造成，因而对此没有必要另外再做回应与辨析。

二

第三条，高桥氏所质疑的另一个问题是，若将纯粹经验作为自动的一般者的自发自展，那么这如何与纯粹经验的界定相一致？这是高桥氏向我提出的最重要的一个疑问。

高桥氏质疑的是，如果纯粹经验的性质是发展的，那么，在发展的哪一部分、哪一阶段有纯粹经验？如果经验的东西仅仅是整体的一部分，假如存在真正的纯粹经验，那么它作为内容应该只有在最终阶段才能有，作为过程只有体现为完整的过程才行。但是，这些是我们不可知的，而能知者是神和绝对者。

我所说的纯粹经验，不是普通心理学家所说的那种作为判断对象的、分别孤立的、抽象的意识内容。所以，当然也不是高桥氏所说的那种部分性的意识内容。这种意识内容只是依靠思维而形成的东西，毋宁说这应该与高桥氏所谓"整体的过程"较为接近。但是，高桥氏认为，在无限的经验的发展中，无限发展性的实在整体是不可知的，因此任何地方都没有所谓的纯粹经验。这样说来，高桥氏所谓的"整体的过程"又是指什么而言的呢？所谓"认知无限发展的整体过程"又是指什么而言呢？

所谓"认知无限发展的整体过程"，并不是指在发展的各个阶段的排列与组合，而是应该知道发展的内在活动本身。不能因为不知道最初与最后的阶段，而断言对于无限发展的整体过程也不可知。所谓真正的无限，不是黑格尔所谓的"das Endlose"（无限的），而必须是"das Unendliche"（无限判断），更准确地说，是如狄德金①等人所思考的那样，是某个体系在自己当中反映自己。这样，我们就能在最直接的自觉活动中，认识无限的现象了。

在高桥氏看来，像这种意义上的知性活动，与我所说的纯粹经验是不可能一致的。高桥氏认为，无限存在于有限的意识中，并不能完全形成意识的形态，所以，在与纯粹经验相反的意义上，也包含着很多的无意识或低级意识在内。但是，我所谓的纯粹经验，如上所说并不是各自分立的意识内容，这种意识内容只是判断的结果。真正的纯粹经验是自动形成的生动的具体事实。借用高桥氏的话说，在具有很多的无意识或低等意识内容的地方，更恰当地说是在绝对活动的地方，亦即在真正无限的地方，才存在没有任何间隙的直接而又纯粹的真正意识。

高桥氏所说的"有限的意识内容"，其实是间接的、不纯粹的。他像普通心理学者或经验论者那样，对纯粹经验不是进行内观，而是从外部看。这样就无法获得纯粹经验的真相。

高桥氏又根据我所说的纯粹经验是主客合一的这一判断，认为不能将这种纯粹经验视为真正包摄宇宙的唯一的意识，认为我所谓的纯粹经验只是在不同的场合中是纯一的，说看一看我所说的各种不同的知觉，明显就是如此。但是，实际上在我看来，我们在不同的场合，真正进入没有思虑分别的、主客合一的纯粹状态的时候，我们就与绝对活动的宇宙意识相契合了。高桥氏之所以认为把各种不同的知觉直接视为宇宙意识是矛盾的，是因为他

---

① 狄德金（Julius Wilhein Richard Dedekind，1831—1916），用分割的概念定义无理数，明确了实数的概念，以此奠定了解析学的基础，著有《连续性与无理数》。——译者

把知觉看作是通过思维而形成的各种不同的意识内容了。而我所谓的纯一的各种经验，指的是生动的具体的事实本身。在这里，我们能在各种不同的场合看到神的存在，能看到深刻的宗教性事实。高桥氏似乎认为所谓"统一的发展"与所谓"绝对"是不相容的，但他所理解的"绝对"是什么呢？如果是指那种没有活动性发展的、静止性的统一，岂不就是如同黑格尔所说的"死物"（caput mortunm）吗？那不是适得其反吗？

我把个别经验看作是发展的，认为在知觉、思维、意志的根基处潜藏着深刻的直观。对此高桥氏认为，这样说来，纯粹经验的真相看上去就不是知觉、冲动那样的直接经验了，而是如同"知性的直观"那样的东西了。而所谓"知性的直观"，在"直观"这一点上虽与日常中的知觉相类似，但那却是天才或伟人通过修炼才能达到的，而不是在知觉、冲动的意义上的直接经验。

对此，我认为高桥氏对于知觉与冲动，只是看到了其直接性的一面，只看到了它与天才伟人的直观之不同，实际上似乎没有看到真正生动具体的知觉与冲动，看到的是成为我们判断对象的抽象的意识内容。通常我们直接知觉的东西，其实并不是真正的直接的知觉，有很多是独断的东西。例如，说"雪是白的，水是清的"之类的独断，而在印象派画家眼里，所见雪、水与普通人所见并不一样。但是这并不是因为那些画家拥有和我们不同的眼睛或不同的知觉。我们所谓的知觉，往往不是真正的知觉，而是因袭的独断。那些画家拥有的知觉，才是纯粹的、直接的知觉。天才的艺术家、宗教伟人并没有在生动的纯粹经验上附加任何东西。只是他们达到了真正的真正、纯粹的纯粹。

高桥氏认为，经验论者的实在并不在直接的经验之外，说按照黑格尔的看法，直接的东西在实在中是最贫乏的东西。高桥氏说的没错。但无论是所谓经验论者的直接，还是黑格尔所说的直接，都是通过思维形成的抽象状态，不是我所说的"直接"，实际不如说那是间接。我所说的"直接"是独立自动的具体的整体，就如同黑格尔的"理念"那样的东西。这是因为，真正的纯粹而直接的经验，正是这种生动的经验。

第四条，作为纯粹经验之发展方式的统一与对立矛盾的关系，高桥氏也有批评。他认为，这两方面的对立，并不是通常所说的主观客观的对立，不是部分与部分的对立，毋宁说这种对立是抽象性对立与使得这些东西形成对立的整体统一力之间的对立。高桥氏言之有理。我承认，自己对这些对立的区别，对矛盾对立的意义论述还不够严密，所以产生了种种暧昧含糊之处。

但是，像高桥氏这样，设想我所说的纯粹经验是去除了对立的统一力，这是不能令我满意的。这种所谓的统一力，正如高桥氏所言，是基于无差别的原理，而不是真正达成统一的独立自动的具体经验本身。毋宁说，高桥氏所说的那种包含着"多"的整体的"一"，那种作为活动本身之整体的静止状态东西，才接近我所说的纯粹经验。也许正如高桥氏所言，一切都成了纯粹经验，那么纯粹经验与非纯粹经验之间的区别、统一与不统一之间的区别，就都不复存在了。

如上所说，我认为，作为具体的整体，一切都是纯粹经验，而不能设想与之相对立的东西。但是这个整体，正如有机性的整体那样，其中有着撼动无限整体的整体；其统一也如有机性的统一那样，其中有着撼动无限统一的统一。而从另一方面看，对无限独立的整体予以撼动者，并不妨害整体的独立，反而却能成就它。一方面是绝对的而另一方面是相对的，这就是独立自动而又生动的经验之真相。我所说的"纯粹经验"的"纯粹"，就是在这个意义上生成的。这样说来，每个经验一方面都是纯粹经验，而另一方面，难道就不能承认其间的层级性的差别吗？我以"统一"和"对立"来对"纯粹经验"与"意义"进行区分，不过是在整体体系中的相对的区别，我所说的"严密""不严密"也不过就是这种区别。

在上述的体系中，各种经验都是独立的经验，都具有各自不可动摇的特殊意义。这样说来，真正绝对的纯粹经验也许并不存在。但是，难道就不能设想它们各自具有相对性的意义吗？真正的绝对不是排斥相对的绝对，而是在自己当中包含相对的绝对。高桥氏质疑：从永远之相必然堕入迷妄之见的理由何在？以我之见，在独立性的对峙的意义上，既没有全然的迷妄，也没有全然的真理。所谓迷妄者，是各有其意义者。

三

以上所回应的高桥氏的第一条到第四条的批评，是专门针对我的观点的批评。第五条是对意识现象的"事实"与"意义"之关系的论述，从中可以见出高桥氏自己对此问题的思考。

按照高桥氏的看法，"意义"与"事实"属于意识中两个根本不同的方面。他认为，意识的事实就是事实，不能证明在此之外还具有意义。只是意识的事实应该是有意义的事实，此外无他。高桥氏为了证明这一观点，举例做了说明，认为"无"的概念作为意识的事实也是实在，意味着这是作为事实的"无"的概念，所表示的是虚无本身，必须是纯粹实在的否定；再者，判断作为现实的意识事实，一切判断都应该是真理，谬误的判断应该是不可能的，但实际上判断会陷于谬误，既然如此，在判断的事实以外也必须考虑意义。

在我看来，什么意义也没有的抽象的事实是存在的，从那里不会产生意义。但是，单靠像高桥氏所说的意识的两个方面来说明，还是觉得不够充分。有没有必要在此基础上做出进一步的思考探讨呢？

高桥氏所谓的事实，到底意味着什么呢？所指的是意识到的某人、某场所、某时间上的某件有意义的事情吗？它有点普通事实的意思，但是这种意义上的事实是由我们的思维而形成的，因而还不是严格的直接的事实。真正被给予的直接经验的事实是直观的事实，它不是这个意义上的事实。所谓"这个意义上的事实"，是根据时间、空间、因果律的范畴，将直接经验的事实统一起来，也就是从某种中心即 a priori 去看直接经验的事实，只是它的一种解释而已。像这种被限定的事实，其自身就已经是意义了，此外不可能另有某种意义。也就是说，像这种事实在任何意义上都不可能超越事实。

在自发自展的纯粹经验的事实中，"事实"中的"现在"就不是现在的现在了，而是过程的现在；这种事实中的"部分"就不是部分的部分了，而是整体的部分。高桥氏所说"意识"作为一种事实是有意义的事实，难道不应该做这样的解释吗？说事实具有意义，难道不是说事实指的并不是完全与自身内容不同的天外之物，而是指在直接经验的事实中具有意义吗？

高桥氏认为，判断既然属于一种意识现象，那就必须是彻头彻尾现实性的东西，因此一切判断都是真理，谬误的判断是不可能的；然而判断中的谬误是可能的，那就必须在事实以外来考虑其意义了。在我们的经验的事实中，一切都是各具意义的事实，即便就判断来看，在直接经验中的判断的事实也不是所谓"心理的事实"那样的东西，而是李普斯[①]所说的"直接要求的事实"，亦即判断本身。如果这种直接经验的事实是"要求的事实"，亦即"理想追求"的事实的话，那么它自身就有包含谬误的可能性。

所谓"认识""真理"之类，对其性质有种种不同的理解，但是我认为知识并不像普通所认为的那样，它不是现实的誊写或者符号之类。我倒是赞成康德哲学的观点，即认为认识活动是通过某种被赋予的范畴而将经验统一起来的建构活动。但是，在康德学派看来，知识的形式与内容具有各自独立的基础，一方面是混沌的、无统一的、被给定的经验内容，另一方面是将它予以统一、予以建构的先天的范畴作用。对这样的看法我并不赞同。被给定的直接经验的事实是其自身自发自展的活动，所谓"认识"也同样是从一种体系或一个中心，亦即先天的范畴而将其他统一起来的一种活动。先天与后天、形式与内容的区别是相对的。[②]

[①] 李普斯（Theodor Lipps，1851—1914）：德国心理学家、美学家，"移情派"美学的代表。——译者

[②] 以上思考，请参见我的《认识论中的纯逻辑派的主张》。——原注

诚然，依据这样的看法，也许就没有什么绝对的真理、绝对的谬误之类的东西了。一切知识在各自的立场都是各自的真理。对于所谓谬误，也因为立场与观点的不同而有所改变。正如高桥氏所说的，既然判断也是一种意识现象，一切判断都是真理，谬误的判断是不可能的。这也似乎可以理解为，一切判断作为直接经验的事实，各有各的意味与立场，在各自的眼里都是真理。说一切判断作为事实都是真理，这里面包含了事实的判断都是有其自身的意义，都是有所指涉的东西。因为判断中含有谬误是可能的，所谓判断的事实所具有的完全不同的意义不是加上去的，正如说艺术的真实是心理的真理，梦中的空想也具有其自身内在意义的统一。要说这是谬误的，就是从完全不同的立场亦即非个人的立场才产生的看法。然而，这种场合中的所谓谬误，是观点的不同、立场的转换，并以此才把意义加上去。从非个人的立场来看，个人性的统一也许是谬误的；而从个人立场上看，非个人的看法却是谬误。

逻辑上的真实未必是艺术上的真实。高桥氏认为，既然是事实，所以一切判断都是真理。这就如同说石头落入水中被水流冲刷，一切发生的事件都遵循着必然的自然法则，而违背这一法则的事件则不会发生。若是在这个意义上，说"一切判断都是真理"，其背后岂不是隐含着对我们的意识现象进行自然科学式的解释所具有的信仰吗？再者，即便像高桥氏所说的那样，历史的事实总具有不可磨灭的意义，那么历史事实的唯一性也来源于历史范畴的统一。无论是哪一种，都已经具有一种意义了。

还有关于"无"的概念，高桥氏认为，这个概念作为心理的事实是实在，作为逻辑上的意味则是对实在的否定，并以此来说明意识与意义的区别。但高桥氏所说的作为意识之事实的"无"的概念到底是什么呢？作为严密的心理学事实的"无"的概念，只是一种语言文字层面上的心象或者如同"意识的缘晕"那样的一种感情而已。对我们而言，作为直接的意识之事实的"无"的概念，其意义就是其事实。所谓心理的事实就是由这种直接的要求而建构起来的，它离真正的事实相去甚远。高桥氏将黑格尔的"无"的概念中的事实的立场与意义的立场混同起来了。黑格尔所说的逻辑性概念，无疑就是一种实在的创造力。难道高桥氏所说的"事实"不是根据这种概念建构的吗？黑格尔所说的"有与无的统一"，不是普通逻辑学中所说的同一无差别的意思，所表示的是创造性的概念的辩证法的发展。

总而言之，我认为，高桥氏所说的"意义与事实是意识的两个方面"，这两个方面并不是全然相反的东西。问题是，我们必须思考：一个意识如何具备这两个方面？两个方面如何结合为同一个意识？意识在哪个方面是意义，在哪个方面是事实呢？如果高桥氏所说的事实是心理性的事实的话，这个事实果真另具意义吗？如何能够确信这种事实有意义呢？对此也有必要进行深刻的探讨与反省。

在我看来，在直接经验的世界，是"意义即事实"的世界。其自发自展的要求就是意义，其发展完成的状态就是事实。也就是说，事实与意义的区别是由种种的立场、由发展完成的状态所决定的，并非是全然对立的。从这个立场出发，对于事实与意义的关系、真理的标准等问题，我还没有进行过翔实的论述，在这里我只是谈了我的思考方法。

以上我对高桥氏批评文章的观点，大体上谈了我的看法。本来不应以如此粗杂的方式来回应高桥氏的精细的批评，我只是想说，对于高桥氏的批评，可以从这样的方面进行思考与回应。此外，以上所论，即便与我在《善的研究》中的论点有不同之处，我也不打算就此进行辨析争论了。我写作这篇文章，也不是为我的不完善、不成熟的论著做什么辩护。最后，我对高桥氏关于真理问题的新的研究成果表示期待。

大正元年[①]八月

[①] 大正元年：公元 1912 年。——译者

现代的哲学

一

本文标题中的"现代的哲学",本来应该包括广义上的现代的哲学,还要论述其发展路径及相互关系。但我不想讨论这么大的问题。关于这方面问题的论述,可以参见已经出版的桑木[①]博士的《现代思想十讲》一书。我只想在现代哲学中,将我最感兴趣、认为最值得研究的两三个哲学学派加以论述。至于我是否服膺其观点学说,那另当别论。在现代哲学中,德国有以赫尔曼·柯亨[②]为中心的马堡学派,以文德尔班、李凯尔特为中心的所谓"西南学派",以及布伦塔诺[③]为先驱的迈农[④]、李普斯等人,特别是继承波尔查诺[⑤]、将此学派的思想予以融合发展的胡塞尔的哲学。这些学

[①] 桑木:桑木严翼(1874—1946),日本哲学家,著有《哲学概论》《现代思想十讲》《哲学及哲学史研究》等。——译者

[②] 赫尔曼·柯亨(Hermann Cohen,1842—1918):德国哲学家,新康德主义马堡学派的代表人物,著有《康德的经验论》《康德对理论学习的论证》《康德对美学的论证》等。——译者

[③] 布伦塔诺(Franz Clemens Brentano,1838—1917):德国哲学家、心理学家,"意动心理学"学派的创始人。著有《从经验立场出发的心理学》等。——译者

[④] 迈农(Alexius Meinong,1853—1920):奥地利哲学家、心理学家,新实在论者。——译者

[⑤] 波尔查诺:(Bernhard Bolzano,1781—1848):捷克哲学家、数学家,提倡客观主义的逻辑学,对布伦塔诺等产生了影响。此外,他将"无限"作为数学研究的对象,著有《知识学》等。——译者

派的渊源各有不同，但都富有深刻的内省与直观。此外，法国的伯格森也绽放出天才的思想火花，我觉得也颇值得研究。我打算将这些哲学加以评述，不管他们的出发点有多么不同，都将其称为"现代哲学"，并考察他们对于现代哲学问题如何互争互补，也可供初学者参考。

近世哲学发端之时，反抗中世纪权威而发生的"自觉"的精神，至18世纪的启蒙哲学，看上去已经臻于完成。启蒙哲学排斥一切神秘的东西，无论是道德还是宗教，一切都要建立在明晰的理性之上，也就是要将人的理性树立为最终的权威。然而，现在回过头来看，启蒙哲学果真在深刻意义上达到自觉的根本了吗？启蒙哲学所谓的"理性"，不过是自然科学的理解力而已。所谓"悟性的个人"（verständiges Einzelwesen），指的不过是能够确认一切事物的最高权威者而已。仅仅从逻辑的理解中去寻求那支配我们精神的最终的权威，把人看作是机械地遵从逻辑理解之法则的人，这难道不是对人性的很大的束缚吗？也正是基于这个原因，一群诗人才对这种启蒙思潮群起反抗，这就是19世纪所谓浪漫主义思潮的嚆矢。从哲学史上看，康德正好在启蒙主义的终结与浪漫主义的开始的阶段出现了。

康德信奉当时的数学即自然科学，认同启蒙思潮所主张的抛弃一切外界权威，以内在的理性寻求一切价值的根基。它对知识基础做了深刻的反省，并以数学即自然科学的知识作为根本的立足点。作为著名的哲学家，他在哲学领域的建树堪比哥白尼的天文学。根据康德的看法，我们的客观的知识是通过纯粹统觉而成立的，所谓自然科学的世界是由"纯我"的综合作用而形成的，

"纯我"就是自然的立法者。这样说来，人的理性并不是自然界的一部分，相反，自然界则是由人的理性而形成的；主观不是依存于客观存在，而是客观依存于主观。不用说，康德的"我"不是心理学意义上的我，不是个人的主观，而是先验的主观；不是存在的意识，而是价值意识。倘若将这两者予以明确区分的话，康德的立场就直接回到了贝克莱的立场，康德也担心出现这种误解，而对这一点特别加以解释。

想来，作为一个在虔敬主义①的家庭成长起来的虔诚的康德，要以此阐明知识的基础，同时又要明确其限度，就必须在自然科学的法则之外确立道德法则的依据。不知康德的"第一批判""第二批判"是不是为此目的而写。不管怎样，对于康德来说，维护道德法则的尊严是他深刻的、不可拒绝的内在要求。康德通过《纯粹理性批判》明确了知识的限度，确立了超越自然法则的"善"的依据，同时也确立了"美"的依据。他明确指出：所谓真、善、美的价值判断都具有各自互不侵犯的独立根据，而且是基于一种先天的要求。我们今天所具有的"规范意识"或"价值意识"，实际上都来源于康德的创见。

那么，康德的这种批判哲学对于此前的启蒙哲学而言，具有怎样的意义呢？通过康德，我们不单可以摆脱外在的权威，而且可以摆脱自然法则的束缚。康德还原了自然科学世界的成立根源，并在那里发现了人的深广的自由。康德所说的人的自由，不是作

---

① 虔敬主义：基督教思想流派，主张不固守特定的教理，而在个人虔诚的内心见出信仰的本质。——译者

为自然界之一员的悟性的个人的自由，而是自然界成立之前的理性的人的自由。

如上所说，浪漫主义的立足点是康德所赋予的。但是，就真正的浪漫主义而言，康德过于朴素了，而且过于倾向分析性。费希特的胆、诺瓦利斯[①]的梦，是不能从康德那里寻求到的。康德阐明了经验世界是由纯我的综合统一而成立的，然而在康德那里，知识是由形式与内容构成的。将那些从外部给定的经验内容通过时间、空间及范畴的形式而予以建构者，是所谓"客观的知识"。形式是主观所具有的，内容必须求诸外部。在这里，关于"物自体"的假定就是康德哲学中所必不可少的了。康德的"纯我"不是世界的生产者，而只是它的建构者。在知识论方面，康德不是纯粹的主观主义，不仅如此，他总是抱着分析的态度，正如对真、善、美的价值分析与区别那样。道德的判断、审美的判断当然具有普遍有效性，然而与逻辑的判断完全不同。他主张灵魂不灭、神的存在，在实践理性中不可缺少。与此同时也强调，单纯的"假定"必须与知识相区别。知、情、意的活动都属于我们的活动，但是如果把"知"与"情""意"进行比较的话，前者是客观性的，后者则是主观性的。我之所以是"我"，不是因为知识，而是因为情意。这样看来，可以说康德还没有达到纯我的深刻的根源。

站在康德的立场上，舍弃"物自体"的假定，而通过纯主观

[①] 诺瓦利斯（Novalis，1772—1801）：德国浪漫主义诗人，代表作有《夜颂》《圣歌》等。——译者

主义建构起纯正的浪漫派哲学的人，是费希特。康德的主张，简单地说就是：来自外部感觉的内容先由时间与空间这种直觉的形式统一起来，形成所谓的"经验的直觉"（empirische Anschauung）亦即"知觉"（Wahrnehmung），然后再通过"范畴"这一理解力的形式组织起来，成为知识即经验，而"纯我"只不过是这种形式性的统一的根源。然而在费希特那里，"我"本身能够生产内容，具有创造的作用。费希特在后来撰写的《尝试》（1797年）中，将"我"这一概念界定为"我对于我的活动"，而在这个活动之外，"我"并不存在。也就是说，"我就是我"，而且我的活动就是我的存在。

倘若我们的"我"是这样的，那么，在"自觉"中的思考者与被思考者就是合一的。也就是说，主观与客观是合一的。费希特把这个称为"知性的直观"（intellectuelle Anschauung）。在通常的意识当中，主客是相分的，其间有可质疑的余地。而在"自觉"中，主客合一是被直觉到的。我想我是通过费希特，才开始明白了作为宇宙之核的、可以称之为阿基米德之立足地的"自觉"的真相。

以上的主张也许被认为是一种独断，或者是一种循环论证，实际上也像费希特所说的那样，它是"第一义的无条件的原理"。没有它，什么意识都不会成立，就会成为一种难以避免的循环论证。费希特通过康德的"纯粹悟性"概念与"直觉形式"的结合而导出的经验的原理，再从这种纯我的内在必然中导出。在费希特那里，空间时间的直觉形式对于思维而言也不是从外部给定的，而是从思维中发展而来的。我们能够通过对自身活动的直觉而发展起来。在这里，我无暇详细评述费希特的哲学体系，我只是强调，在费希特那里，世界就是我的发展。在康德那里只是价值基础的东西，在费希特那里成为实在的根基。而这种理论性的我的根基，正在于实践性的我，知识界也就从属于道德界。

从费希特这种主观的立场看，世界是自我的发展，而谢林则从客观的立场，在客观的世界即自然本身当中，见出我亦即精神。而实在则是精神与自然的"同一"（Identität），精神与自然是其两极。在谢林那里，艺术成为"哲学的器官"（Organ der Philosophie）。而到了黑格尔那里，则成为理性的"辩证法的发展"（dialektische Entwicklung），世界变成了理性的发展。

19 世纪初发端的浪漫派的哲学就这样发展起来了。主张学问与诗歌合一的浪漫主义精神，在施莱尔马赫[①]的宗教观中有特别鲜明的体现。在学问的根基中有着无限的理性，在艺术的根基中也有着无限的理性。学问在你那里是"物的存在"，艺术是"在物中的你的存在"。而在生命的深广殿堂中可以见出两者之统一的，就是宗教性的直观。宗教是无限的"知觉与意义"（Sinn und Geschmack für das Unendliche）。施莱尔马赫在虔敬的宗教感情中见出了两者的统一，见出了宇宙的根基。而且施莱尔马赫和斯宾诺莎一起，在可敬的诗人诺瓦利斯那里，将一切都在诗中溶解，一切事物都是"情"（Gemüth），如同光照万物使万物呈现缤纷色彩一样，情也光照万物。海因里希·冯·奥夫特丁根[②]也在这个世

---

① 施莱尔马赫（Friedrich Schleiermacher, 1768—1834）：德国哲学家、神学家，现代基督教神学之父，著有《论宗教》等。——译者

② 海因里希·冯·奥夫特丁根：诺瓦利斯小说《海因里希·冯·奥夫特丁根》中的人物。——译者

界中看到了他所憧憬的"蓝花"。他在漫长的旅途中体验了现世的一切，回到了"情"的故乡。

由康德奠定了哲学基础的浪漫主义思潮，催生了费希特、谢林、黑格尔的哲学，同时催生了施莱尔马赫的宗教学，在另一个方向上与浪漫派诗歌结合，使得浪漫主义一时风靡思想界。康德的价值变成了存在，康德所区分的真善美的价值，在其根本上见出了统一。

然而到了19世纪后半期，作为浪漫主义的反动，迎来了实证主义的时代，这既有思想本身内部转化的原因，也有自然科学进步和德国物质生产发展的外部原因。无论如何，19世纪后半期，伴随着自然科学与历史研究的发展进步，实证主义思潮支配了一个时代，这是不争的事实。在哲学上，毕希纳[①]、摩莱萧特[②]等人的唯物论思想引起了许多人的注意。在文学上，左拉[③]所提倡的"实验小说"也颇有影响。然而，这种实证主义盛行一时，但却不能行远。到了19世纪末期，关于自然科学的知识及其限度、性质的批判思潮兴起，其中最为有力的就是称为现代哲学之基础的所谓"新康德主义"思潮。关于这方面历史演变的叙述，我推荐阅读朝

---

① 路德维希·毕希纳（Friedrich Karl Christian Ludwig Büchner, 1824—1899）：德国哲学家、医学家，现代药物学奠基人，著有《力与物质，经验的自然科学研究》，该书被视为"唯物主义的圣经"。——译者

② 摩莱萧特（Jacob Moleschott, 1822—1893）：荷兰生理学家、哲学家，庸俗唯物主义的代表之一。——译者

③ 左拉（Émile Zola, 1840—1902）：法国作家，自然主义文学的代表人物，著有《萌芽》等。——译者

永博士[①]的著作《近世时代"我"的自觉史》，兹不赘言。

二

随着"回到康德"口号的响起，新康德主义学派形成了。其中有最重要的代表人物赫尔曼·柯亨创建的"马堡学派"，和以文德尔班为中心的"西南学派"。

就连堪称新康德主义的急先锋的奥托·李普曼[②]，对康德的"先验"的真意也没有真正理解。只有柯亨早已理解了康德的"先验"之真意，将"存在"与"价值"予以严格区分，把"先验"完全作为价值的基础，在"科学知识"（sine qua non）的方法的意义上，理解时间、空间和范畴。不仅如此，他将康德的思想加以彻底化，排斥作为原因的"物自体"概念，从时间空间这样的直观的形式中，来阐明思维上的根本的综合。在这一点上，柯亨与文德尔班是一样的。但柯亨将思维看作是"生产性的"（erzeugend），这一点使他与文德尔班有所不同。在康德那里，"范畴"是与时间空间不同的形式，借由时空形式组织起来的"经验的直觉"（empirische Anschauung）与范畴的结合，我们的客观知识即经验得以成立。但是在柯亨那里，思维本身是生产性的，时空的形式是从思维本身中必然地发展而来的。这一点显

[①] 朝永三十郎（1871—1951）：日本哲学家，京都大学名誉教授（西洋哲学），京都学派的代表人物之一。——译者

[②] 奥托·李普曼（Otto Liebmann，1840—1912）：德国新康德主义哲学家，代表作有《康德及其追随者》。——译者

然与费希特的"范畴的超验演绎"(transszendentale Deduktion der Kategorien)较为接近。尽管柯亨起初很讨厌人们将马堡学派视为费希特的系统,但两者之间的相似性是不能否定的。

通常,思维被认为是"统一的综合"(Synthesis der Einheit)。而要统一,就必须假定被统一者的多样性。对于思维而言,这种多样性被认为是从外部给定的。然而,作为我们的客观性知识之根源的思维是创造性的,思维的内容不是从外部赋予的。对于思维而言,被给定的东西就是思维所要求的东西。被给定者是作为问题被给定的。思维在其本身中生产内容,思维活动本身就是思维的内容。"多"要求"一","一"要求"多"。思维就是伴随着分离的综合。知识的发展并不是从外部得到了新的内容,知识的发展是思维本身返回其根源,是将不纯的东西加以纯化。根据柯亨的"连续原理",思维总是通过还原而建构知识。

在康德那里,直觉有着与思维不同的根源,它通过与思维的结合而获得客观性的时空形式。而在柯亨那里,时空的形式则被看作是从纯粹思维中发展而来的思维的范畴。作为客观知识之基础的思维,不能止于所谓逻辑的思维,更应该发展到其背后更为具体的思维。于是,就必然走向基于经验知识的数学的思维。由数学的思维而产生最初的"单位"(Einheit)即"一"(柯亨把单位看作无限小的东西),"一"产生"多"(Mehrheit),"多"与"一"的相结合产生"总体"(Allheit)。这个"一"是数的范畴,"多"是时间的范畴,"总体"是空间的范畴。这样,时空的形式就只是从思维本身之本质,即从知识的客观性要求中必然产生出来的。思维并不思考实在,而实在则是由思维形成的。柯亨的这些思考，在他的题为《康德的经验理论》（*Kants Theorie der Erfahrung*）和《极小量方法的原则及其历史》（*Das Prinzip der Infinitesimalmethode und seine Geschichte*）的小册子中都有论述，可以见出他的理论基础。可惜在这些书中，对于创造性思维的思考表述还不够充分。到了《纯粹知识的逻辑》（*Logik der reinen Erkenntnis*）一书，柯亨自身的哲学体系才完全得以形成。

如上所说，把思维视为自发自展的进行过程，将实在性之基础的时空形式也作为思维的范畴，认为它们是从思维本身导出的。但是取这种观点的人在这里常常会遇到一种困惑，即知识的形式与其经验内容结合的问题。柯亨虽然也曾说过："超验方法逊于感性"（Die transzendentale Methode scheint an die Empfindung zu scheitern）。但是在这里，柯亨还是不赞同康德关于内容是从外部给定的看法，认为被给定的东西必须是思维所需要的东西。在柯亨看来，所谓感觉的东西未必是实在的知识，只不过是实在知识的一个"指标"（Index）而已。感觉的内容进入知识体系中，为了能够要求其客观性，那就必须嵌入范畴之中。即"强烈伟大的基础"（Grundsatz der intensiven Grösse）的要求被视为内容量，才能在经验的知识界取得其"市民权"。单纯的感觉，即"知觉"（Bewusstheit）的状态，是不拥有这个权利的。感觉对思维而言是应该被说明的被给定之物。感觉的内容不是非合理的，只不过是应该被合理化的"非有"罢了。

思维与感觉的结合可以做如上的解决。但是对马堡学派而言，还有一个需要解决的问题，那就是意识的问题。我们所谓的意识究竟是什么呢？意识的事实是从何处发生的呢？柯亨把"知觉"

（Bewusstheit）与"意识"（Bewusstsein）做了区别，认为"知觉是神话，意识是科学"（Bewusstheit ist Mythos, Bewusstsein ist Wissenschaft），某种经验的内容不管是否被意识到，其内容自身不会有任何变化。意识状态之于经验知识的内容，只不过是其样式（Modalität）罢了。知识是通过思维的自发自展而成立的，它的可能的样式就是意识。意识只是思维的一种范畴。也就是说，柯亨把康德在分析时使用的纯粹悟性的综合原则，视为知识成立的根本条件。通过第一到第三个原则，而形成数学式的自然科学亦即客观的知识内容的范畴。其第四个原则先决条件（Postulat）相当于意识的范畴。保罗·纳托尔普[①]在心理学中，把主观客观的区别看作意识统一的程度，亦即客观化程度的相对的区别，是正负、左右之类的意识中的相反方面的区别。柯亨在《纯粹知识的逻辑》中，通过数学、科学的材料而对上述的观点做了详细论述。柯亨用作材料的数学、物理学的知识，从这些学问的现代进步上看，还有一些不充分之处，但无论如何，这本书在现代德国哲学中也许可以说是黑格尔《逻辑学》之后的重要著述了。

接下来，想谈一谈文德尔班，他与柯亨相对而立，可以称为新康德主义学派之重镇。

与柯亨一样，文德尔班将康德的批判哲学予以彻底化，它摒弃了康德的"物自体"概念，将知识的根据完全置于思维的要求。而且，康德总是很重视数学与物理学，以此来论述知识的性质。

[①] 保罗·纳托尔普（Paul Natorp，1854—1924）：德国哲学家、教育学家，马堡学派的代表人物之一，著有《精密科学的逻辑基础》等。——译者

在这一点上，柯亨也与康德颇有不同，文德尔班则着眼更广，他把"假如存在真理这样的东西"作为基本的立场与出发点。在论述真理之前，必须假定规范意识。普遍有效性的知识，不像"模写说"所认为的那样，不是经由外界或者内界的实在的结合，而是经由任何人都承认的规范意识来建构经验的内容。在存在之前，价值就存在了。知识与实在结合而成为真理之前，实在之所在一定是真理。不承认真理的规范意识的人，对真理问题是不能置喙的。这里是通过规范意识的假定而成立的。这样说的话，也许会被认为是循环论证，但是，不可避免的循环论证必须在这里使用。这就是西南学派目的论的批判理论的依据，也就是确信在知识的根基中存在着意志，把实践理性置于逻辑理性的根基中。

这样说来，一切价值意识都是通过先天的规范意识而成立的，为了说明这样的价值判断，其不可缺少的条件就是要有逻辑学、伦理学、美学。这些学问研究的是纯粹价值之形式，其内容是历史的发展的。文德尔班在极其一般的意义上理解康德的批判哲学，他不拘泥于自然科学的知识，而是倚重于完全相反的、立足于先验之上的历史学，并确认它为经验的科学。在康德与柯亨那里，作为"建构的原理"（Konstruktive Grundsätze）的自然科学原则，到了文德尔班那里变成了"规制的原理"（regulative Grundsätze），亦即目的论的东西。到了李凯尔特，更将康德的批判哲学理论予以彻底化，在"认识对象"中，他明确了认识对象的"应然"性，使其研究方法与心理主义做严格的区分。他认为真理并不是由思维的必然性而成立的，思维的必然性却须依赖于"应然"的假定。在后来撰写的《认识论的两种途径》中，他将先验的心理学与先验的伦理学相区别，认为"认识对象"中使用的方法是属于前者的，从而加以排斥，主张从纯粹的不夹杂任何心理学见解的、波尔查诺所谓的"句自体"（Sätze an sich）[①]中，产生认识论。

因为担心上述作为认识对象的"应然"一词会混入心理学的东西，李凯尔特主张使用"价值"这个词。在这里，西南学派的认识论显然与波尔查诺的纯逻辑主义相接近，最终发展到与之结合（关于马堡学派与西南学派的翔实的评述与比较，可参见田边元[②]博士的论文《认识论中逻辑主义的限度》，载大正十三年二月至三月的《哲学杂志》）。

在我评述波尔查诺学派的哲学之前，想先就包括马堡学派、西南学派在内的相关学派与康德、费希特的关系做一点分析。

这些学派的共同之处就是反对认识论上的心理主义。将"事实"的问题与"价值"的问题做严格区分，返回早先的康德那里，任何时候都把认识论置于严密的批评方法之上。这就如他们所标榜的那样，真正在根本上继承了康德，因而可以称之为"新康德主义学派"。但是，在康德那里，是将通过时空形式构成的感觉的内容，亦即经验的直觉，视为独立于思维范畴之外的独立的知识要素，而作为感觉的原因，则有假设"物自体"的必要。然而，如今这两派所谓的新康德主义者却完全摒弃了康德的这种主张，

[①] 在康德哲学中，Ding an sich 是"物自体"，Sätze an sich 是一种语言上的模仿，Sätze 是句子（文本）的意思，故"Sätze an sich"可译为"句自体"或"文本本身"。——译者

[②] 田边元（1885—1962）：日本著名哲学家，"田边哲学"的创立者，其影响仅次于西田几多郎。田边元提出超越黑格尔、马克思两种辩证法的"绝对辩证法"，还在国家与社会论的层面上建构了"种的逻辑"论，晚年转向宗教哲学研究，著有《作为忏悔道的哲学》等。——译者

而认为知识成立的根基在于"纯粹思维"。在柯亨看来，时空的形式是从思维本身发展而来的。西南学派则把时空的形式作为建构的范畴，而与方法论的思维范畴相区别。他们都是将纯粹思维作为知识的基础。这样，作为感觉之原因的"物自体"就完全从批判哲学中被排斥出去了。在现今的哲学中，所谓被给定的东西并不是如感官经验那样的东西，而是"体验"或"纯粹经验"那样的东西。在这一点上，新康德主义者们却与他们所反对的心理主义、实用主义或者直观主义是趋同的。从舒佩[①]等人的内在哲学，马赫、阿芬那留斯[②]的"纯粹经验"论，到詹姆斯的"根本经验"论，伯格森的"纯粹持续"说，无不如此。

当然，关于诸如此类的"与件"[③]也有种种不同的看法，但无论如何，现代的哲学家，对李凯尔特提出的关于"前概念"（des Vorbegriffliche）都作为"与件"进行思考。在西南学派那里，哲学家们认为，这种"与件"嵌入建构性的范畴中，作为"客观实在"（objektive Wirklichkeit）而被给予，而把它从某种方法论的先验中组织起来的东西，就是我们的科学。根据种种的不同的先验，而产生种种不同的科学。关于实在与知识之间的关系，文德尔班等人是从整体与部分之间的关系上思考的，他认为两者之间的区别不是质的区别而是量的区别。在马堡学派中，"与件"不是感

[①] 舒佩（Wilhelm Schuppe，1836—1913）：德国哲学家，曾任格赖夫斯瓦尔德大学教授，认为感觉是科学的唯一对象，世界不能离开意识而存在，物质与意识同一，与马赫主义在思想上基本一致。著有《认识论与逻辑学纲要》《内在论哲学》《唯我论》等。——译者

[②] 阿芬那留斯（Richard Avenarius，1843—1896）：德国哲学家，经验批判主义的创始人之一，曾任苏黎世大学教授，著有《纯粹经验批判》《人的世界概念》等。——译者

[③] 与件：原文"所舆"，哲学概念，是指不经过思维而直接体验到的意识内容。——译者

官的经验，像纳托尔普那样，他们在心理学上也很认同伯格森的"纯粹持续"说。关于知识与实在的关系，被给定的东西就是能够要求的东西。理性一定是透彻的，非合理的东西不是不可知的。只是在马堡学派中，思维本身能够产生内容，思维与实在是合一的。而且这种思维作为数学式的自然科学思维，有着一定的形式，所以实在的性质就成为可预料的东西。比起西南学派，在马堡学派中，两者的接近更为紧密。在西南学派中，思维的形式只是确定思维对象的条件，而内容的选择是自由的，所以实在与知识之间的关系不能是不确定的。柯亨根据康德的《纯粹理性批判》中的分析的纯粹悟性的综合原理来思考思维的性质，而文德尔班则通过纯粹理性的规制原理来思考它。

关于这两派哲学与费希特的关系，人们都可以看出他们与费希特的类似之点。但两派都把费希特的哲学看作是形而上学的，都止于康德的认识论的立场，而与费希特的立场有所不同。在文德尔班看来，费希特将康德的"规范意识"理解成为目的论。他的认识论也如费希特那样，是在知识的根源上见出意志的一种唯意志主义。但尽管如此，他又认为费希特的"知识学"（Wissenschaftslehre）从意志的规定中演绎出实践的手段，是错误的。也就是说，任何情况下都要将价值意识与存在意识区分开来。

如上所说，作为柯亨哲学之根本的"纯粹思维"的发展，与费希特的先验的演绎范畴十分类似，但是柯亨拒绝承认他与费希特的关系，声称自己的思考是将柏拉图的"理想"做"力学的"理解，是基于柏拉图的"灵感"（Paraklet）做出的思考，亦即是柏拉图与康德结合的产物。柯亨对于费希特从康德的认识论的纯我立场逆转为笛卡尔的"我思故我在"（cogito ergo sum）的立场，做了严厉批评。纳托尔普也反对马堡学派将费希特、黑格尔的哲学视为一脉的做法，认为黑格尔的哲学、马堡学派的哲学主张一切都是思维，但是黑格尔承认不变的绝对，而马堡学派只承认无限的过程，在这一点上两者是不同的。

至于这些人对费希特、黑格尔的看法确当与否，这些学者在多大程度上坚持自己的立场，又另当别论，不管怎样，他们的基本主张大致如此。

三

以上我大体评述了属于西南学派的李凯尔特如何反对认识论上的心理主义，并确认了作为普遍有效性之对象的意味的世界、价值的世界，主张把波尔查诺所谓的"句自体"作为认识论的出发点。我想由此再对波尔查诺、布伦塔诺乃至胡塞尔的哲学思想略作评述，并分析上述的新康德主义学派与他们的关系。

19世纪上半期的波尔查诺，认为在我们个人的意识当中，在时间上生灭的所谓精神活动，与超越个人意识的客观存在的世界是对立的；此外，他还明确提出了作为我们的表象与思维对象的世界，有"意义的世界"与"价值的世界"之分。由此，他成了"纯逻辑主义"的先驱人物。波尔查诺是哲学家，又是数学家，他反对当时盛行的康德哲学，对费希特、黑格尔等更是排斥，而与更早的莱布尼茨的哲学相连接。波尔查诺认为，像康德那样将认识的基础置于"我"的综合作用之上，尚不能摆脱心理主义，所以不予苟同，于是他将"被思考的真理"（gedachte Wahrheiten）与"真理自身"（Wahrheiten an sich）予以严格区别，主张逻辑学摆脱"被思考的真理"，而纯粹以"真理自身"为对象，认为将逻辑学单单理解为形式的逻辑，那也毕竟只是思维的主观形式。根据波尔查诺的看法，对于我们的种种表象与判断，要超越这些心理作用，就必须将"表象自身"（Vorstellungen an sich）或"句自体"（Sätze an sich）作为研究对象。所谓真理，也只是这样的一种"句自体"。"句自体"由表象自身而形成，只有在文句自身中具有"实在的存在"（wirkliches Dasein）者才是真理。显然，波尔查诺所谓的"实在的存在"，指的不只是所谓的存在，而是广义上由任何人在任何时候思考都不变的东西。像数学的真理那样的东西也进入存在之中。"句自体"不单是这种真理，例如，会有"圆的四角形"这样的"没有对象的表象"（gegenstandlose Vorstellungen），这种谬误的"句自体"当然也是会有的。波尔查诺就是以这种思考为基础，来组织他的"科学学"（Wissenschaftslehre）。

上述的"表象自身"或"句自体"这样的概念，是波尔查诺非常独特的思考，尽管当时这些思考的价值还没有完全被认可，但是现在他已经被视为"纯逻辑主义"的创始者。波尔查诺的思考并不像现今的纯逻辑主义哲学家们那样完全放弃认识活动的分析，只关注纯逻辑的"表象自身"或"句自体"，而是从心理现象的内省的分析出发。与波尔查诺做相同思考的人，还有弗朗兹·布伦塔诺。前者从客观的立场出发，后者从主观的立场出发，但都是殊途同归。与波尔查诺相比，布伦塔诺活动的时代晚得多，但也不能说他的思想基于波尔查诺。一般认为他的思想根源是亚里士多德和托马斯·阿奎那。但我认为，这两位古代哲人并不是这些人的思想来源。

布伦塔诺心理学的根本思想，就是主张将精神现象与物体现象予以区别。两种现象的区别，在于现象本身中是否含有对象。也就是说，精神现象的特征就是欧洲中世纪经院哲学所说的"对象的内在"（die intentionale Inexistenz des Gegenstandes），亦即"内在表征性"（immanente Gegenständlichkeit）。所谓意识，就是把对象即意味包含在自身中。于是，可以说一切精神现象就从两个方向上成立。一方面是颜色或声音之类的所谓意识内容，亦即内在的对象；一方面是诸如表象、判断、感情、意志之类的所谓活动作用。一切意识都具有这两个方面。所谓精神活动的种类的区别，只不过是对于"对象的关系"（intentionale Beziehung）的种类之区别。布伦塔诺把"表象活动"视为最根本性的东西，而判断、感情、意志之类，都是附加在表象作用上的东西。判断与"情意"（Liebe oder Hass）是同一种东西，将这些与表象对立起来，作为布伦塔诺独特的精神现象分类方法，由此可以得到理解。由于布伦塔诺持这样的观点，我认为布伦塔诺所谓的"内在的对象亦即内容"，完全是把波尔查诺的"表象自身"或"句自体"的思考包含在自己的思想中了。

两人的不同在于，一个作为逻辑学家，是超越性的思考；一个作为心理学家，是内在性的思考。而迈农的"对象论"（Gegenstandstheorie），只不过是布伦塔诺关于"内容"问题思考的一个发展。

明确了波尔查诺的"表象自身""句自体"、布伦塔诺的意识"内容"与"作用"的区分，接下来，对"表象""内容""意识"

三者的区别与联系做出思考的，是波兰哲学家塔多斯基[①]。我认为他的题为 *Zur Lehre vom Inhalt und Gegenstand der Vorstellungen*（1894）的小册子，标志着从波尔查诺、布伦塔诺向胡塞尔哲学的发展推移（不是事实上的，而是思想上的）。塔多斯基认为在"表象"中，应严格区分"作用"（Akt）、"内容"（Inhalt）和"对象"（Gegenstand）三者。关于"作用"与"内容"的区分不必多说，在"对象"与"内容"的区分上，特瓦尔朵夫斯基认为，其区分无关乎两者都能用对象语来表达，本质上它们不是同一的，前者是超越的，后者是内在的。例如，等边三角形与等角三角形，作为意识内容它们是不同的，但是作为对象却是同一的。特瓦尔朵夫斯基认为，不仅仅在表象中，而且在判断中，对上述三者也能进行区分。"思维对象"是与"思维作用"毫无关系的超越的东西，而所谓"思维内容"，是作为对象的符号出现在意识中的、能够肯定又能够否定的东西，借用迈农的话来说，就是作为一种"假定的对象"。塔多斯基说，对"命名作用"（Nennung）也可以做上述三种区别。

塔多斯基将波尔查诺、布伦塔诺综合起来，做出了上述的三种区分，接下来就要论述这三者之间的关系问题。我认为，正是在这里，他显示了与胡塞尔的"现象学研究"（Phänomenologie）很相似的思考（当然，胡塞尔的研究，并不是从塔多斯基开始的）。胡塞尔的现象学正是通过这三个区分，来确立他的"纯意

[①] 塔多斯基（Ritter Kazimierz Jerzy Skrzypna-Twardowski von Ogończyk，1866—1938）：波兰哲学家。——译者

识"的立场即"纯现象学"的立场。

　　胡塞尔先从我们的知识问题开始进行研究。这集中体现在《逻辑研究》（*Logische Untersuchungen*）一书中。在所谓"逻辑研究"中，胡塞尔的出发点与普通的逻辑学和认识论不同，完全摒弃了心理学式的见解，开始对"言表""意味""对象"之类的概念进行内省的考察与界定。关于"言表"（Ausdruck），他先将"物质的方面"与"精神的方面"亦即"作用"（Akt）予以区别。这里值得注意的是，胡塞尔的"作用"是具有"意味的体验"（intentionales Erlebnis）的意思，是将布伦塔诺的"内容"与"作用"合起来，更确切地说，是二者不加区分的根源上的统一。胡塞尔把"作用"分为"材料"（Materie）和"性质"（Qualität），所谓"作用的性质"（Akt Qualität）相当于布伦塔诺的"作用"。只有音声的言语，是通过精神的方面亦即作用的加入，而成为"有意味的言表"（sinn-belebter Ausdruck）的。对于这样的"作用"，胡塞尔区分为"意味附加的作用"（bedeutungs-verleihende Akte）和"意味充实的作用"（bedeutungs-erfüllende Akte）。前者只是赋予物质性的言表以意味，从而使其成为言表；后者不仅仅使言表成其为言表，而且将意味的对象的关系予以落实。于是，在作用当中，对对象进行表述的作用之内容，亦即意味（Sinn），也分为两种："意向的意义"（intendierender Sinn）亦即"绝对意义"（Bedeutung schlechthin）和"实现的意义"（erfüllender Sinn）。关于"对象"，在塔多斯基看来，是超越了言表与作用的东西。胡塞尔认为这种成为作用对象的"物种的统一性"（ideale Einheit der Species）即"生物"（Wesen），绝不是通常所认为的通过抽象作用或概括作用而形成的东西，而是最初被给定的作为意味之统一的东西。而这正好与波尔查诺所说的"表象自身"与"句自体"相当。

胡塞尔将"言表""作用""意味""对象"的含义及其相互关系阐明之后，就进一步向知识的现象学方向推进。他认为，"作用"亦即"意味的体验"（intentionales Erlebnis）就是我们的意识，"意识"与"作用"是同义词。我们自己只不过是这种作用的无限连续的统一点。这样说来，我们的所谓"知性作用"，不言而喻就是作用的一种。所谓"认识"，就是作为意味之基础的直觉与含有意味的作用之间的结合，是言表和被言表的直觉的同一之意识。而且如上所说，因为有"有意味的作用上的附加意味"与"意味充实"两种，所以这种同一的意识也分"静态统一"与"动态统一"两种。前者仅仅是命名或者分类，后者则是关于种种关系的知识。所谓知识的进步，就是在直觉方向上得到充实，亦即和直觉相一致，其极致就是"契合"（Adäquation）。但是，胡塞尔所谓的"直觉"并不是指普通的知觉，而是包含着种种关系的意识。种种的关系的意识也是直觉性地被赋予的。

如上所说，胡塞尔在《逻辑研究》中，对人们的知性作用的研究，与所谓自然科学的心理学研究相反，是从现象学的立场，将意味作为包含的东西，做了非常精细的研究。但是，在他的《逻辑研究》中，作为其研究之立足地的"纯现象学"的立场还没有得到明确呈现，而以"纯现象学"形成其独特的哲学建构的，是刊登于《哲学与现象学研究年报》上的题为《纯粹现象学和现象学哲学的观念》（*Ideen zu einer reinen Phänomenologie und phänomenologischen Philosophie*）的论文。当然，这篇论文还没有最后完成，但可以从中了解他的现象学哲学的大体面貌。

根据该文的论述，胡塞尔先将"本质"（Wesen）与"事实"（Tatsache）做了区分，把前者的研究称为"本质的学问"，将后者的研究称为"事实的学问"。前者，有逻辑学、数学等；后者，是普通的经验科学。而前者是从后者独立出来的，后者依存于前者。所谓"学问的知识"是指什么呢？在胡塞尔看来，我们的直接经验是无限的流动，我们站在这个流动中的某一处而形成自己的立场，所见到的就是种种不同的世界。由自然科学的观点而形成自然界，由数学的观点而成为数学的世界。在这里，胡塞尔使用"Einstellung"（态度、看法）这个词，我认为多少有点不够恰当，但他是为了易懂而使用的，我们的学问就是在某种立场上形成的。这个想法与康德学派认为学术知识是靠某种经验而成立的想法是一致的。

那么，所谓"现象学"是一门什么样的学问呢？现象学的立场是怎样的立场呢？如上所说，种种的立场构成了种种的世界，这个世界都是"我思"（cogito）之结合。而现象学作为"本质的学问"的一种，就要将这些立场完全排除，而站在纯粹意识的立场去看，这就是现象学的立场。排除一切立场，只从"纯我"的立场去看，就是"纯现象学"。这样一来，现象学就必须成为"纯粹描述性的"（rein deskriptiv）。要言之，正如胡塞尔明确指出的，胡塞尔的现象学与康德在《纯粹理性批判》的第一版所提出的"先验的心理学"是一样的，从现象学的立场上看，我们的体验可以分为"内容"和"作用"，当然这两者都属于同一个体验的两个方面，都是互相关联的。现象学是从"纯粹意识"的立场上阐明这种关系的。学问都是由某种先验而成立的，而返回到"纯粹意识"的立场上，将这种先验予以反省，从而明确其性质的学问，就是现象学。也可以说，现象学就是从纯粹意识的立场反省学问自身，研究其性质的学问。事实的学问依存于本质的学问，现象学便以这一点作为学问的基础，也就是关于"学问的学问"。胡塞尔在《逻辑研究》所尝试的，就是对于逻辑的知识所进行的这种研究。

与以上评述的哲学具有同样的性质，而且也同样出自布伦塔诺的另一个哲学家迈农，还有与迈农具有相同倾向的特奥多尔·李普斯，在这里就不再评述了。但绝不意味着轻视这两个人，迈农的精细研究、李普斯的明晰透彻议论，是令我十分看重的，并想努力研读他们的著作。对于李普斯多病早逝，最终未能完成他的哲学体系的建构，也感到甚为可惜。只是由于时间所限，而且在现有的评述中已经将该派哲学的思想特征讲清了，所以在此省略不赘。总之，从波尔查诺到胡塞尔的思想脉络的梳理分析，只是我个人的臆见，但愿以后的读者会看出谬误：特别是对复杂而难得要领的胡塞尔的评述，想必会有许多误解。

四

以上，我对当今德国哲学中的新康德主义学派大体情况，以及波尔查诺、布伦塔诺一派的哲学做了大体评述，最后还有必要谈谈这些哲学之间的关系，并对当今哲学的要点做一概括。

关于伯格森，可以说与康德、波尔查诺等人的出发点完全不同，我国已经有许多研究著作，我也曾经写过相关文章，在这里没有必要再重复了。

继承了莱布尼茨，又受英国休谟启发的康德，针对休谟关于维持知识的客观性的观点，开始深入研究英国经验哲学的认识活动，试图以此来证明知识的主观性。于是康德提出了知识形成的根基是纯粹统觉的综合。从这一点上看，康德的研究是主观性的。波尔查诺认为康德的哲学尚有心理主义的影子，依据就在于此。本来是数学家的波尔查诺完全无视认识的形成活动，而是将意义本身作为对象，并以此出发。波尔查诺所谓的"句自体"就是"jede Rede wenn durch sie irgend etwas ausgesagt oder behauptet"。[①]但是反过来思考，认识对象的问题与认识作用的问题，任何时候似乎都是不能脱离的（可以分开去思考）。

从康德出发，而将康德的思考予以彻底化的西南学派的李凯尔特，最后必然会到达上述波尔查诺的出发点。与此相反的是以波尔查诺为基础的胡塞尔，吸收了布伦塔诺的思想，而倾向于康德的先验心理学的方法。李凯尔特主张将对象与作用完全切断，而胡塞尔则将两者联系起来予以论述。马堡学派也反对自然科学的心理学，而承认先验心理学的必要性，纳托尔普的心理学就是一个证明。

要之，康德与波尔查诺不过是从同一个圆周的两个点上出发的，他们都在一个圆上转动。将康德与波尔查诺的对立放在现代

---

① jede Rede wenn durch sie irgend etwas ausgesagt oder behauptet：大意为"自身言说或判断的每一句话语"，可译为"句自体"。——译者

哲学中来考察，就可以看出他们的对立相当于英美的实用主义与新实在论之间的对立。前者是将新康德主义的文德尔班关于"面向真理的意志"（Wille zur Wahrheit）做个人的、主观的思考。而所谓"新实在论"，就是从波尔查诺那样的立场出发，反对主观主义的认识论。罗素等人的主张与德国的纯逻辑主义的主张在根本上并没有本质的差别，但是实用主义并不只是认识论上的心理主义，也是认识的"他律主义"（Heteronomie）。文德尔班的目的论批判哲学可以直接与波尔查诺的纯逻辑主义相结合，但实用主义却不能，原因正在于此。

以上所评述的诸位学派，尽管观点方法各有不同，但都是关于我们的概念性知识的探讨。康德曾以"物自体"为不可知，从而将哲学的探索局限于我们的认识本身。而如今德国哲学家们，也不把康德所说的物自体作为考察对象了，但是尽管如此，他们都是康德问题的思考者。像波尔查诺，与康德的出发点就有所不同，但他的大作《科学学》（Wissenschaftslehre）本身就是一种逻辑学，所研究的也是意识问题。然而，对于知识的问题，我们不能不将它视为实在的问题。当然，在现在的哲学中，在认识的研究中，还考虑到作为感觉之原因的不可知的物自体，或者在价值研究中，还考虑到自然科学的存在，不免被视为落后于时代。但是知识的世界自身并不完整完善。"知"这种行为自身，不能像反映论所说的那样与物完全契合，而只是像批判哲学所说的是一种"建构"，在概念性的知识世界以外，还存在直观的世界、神秘的世界。西南学派的李凯尔特就确认在知识之前的世界，存在着体验的世界。只因为这样的世界是在知识以前，所以我们对此不可置一言。

柯亨认为，在思维中，被给定的东西就是思维所要求的东西，感觉是知识的指标。但是所谓"思维的要求"意味着什么呢？思维是创造性的，思维固然可以预先设定知识的形式，但是其经验内容也是可以预先设定的吗？柯亨认为思维可以自动生产内容，但他所说的其实不过是科学法则的形式而已。如果说"思维即实在"（Denken = Sein），那么思维的要求就不单是起于"有"（öv），而一定是起于"有＋非有"（öv + μὴ öv）。这里就有必要假定有直观的世界、神秘的世界。纳托尔普的心理学起初是承认伯格森那样的世界图景的。据我所知，波尔查诺关于实在界与意识界的对立、价值与实在的对立的论述，尚未摆脱因袭的思想束缚。胡塞尔的现象学的世界，似乎可以说属于一种直观的世界观。正如上文所说，对于认识的世界，我们必须承认一种以此为基础的神秘直觉世界。

而对于这个直观的世界，我认为较为切实地抓住它的人，就是伯格森。倭铿[①]也可以说属于这类哲学家，但他徒然推崇"精神生活"，缺乏精细深刻的内省。将当今的哲学大体分类的话，就有两大派，即伯格森的直观的哲学与当代德国哲学中的认识论哲学。后者又可以分为"新康德主义派"和"新波尔查诺派"；而英美哲学家的"新实在论"与波尔查诺在倾向上相同，英美实用主义哲学则与德国西南学派的目的论批判哲学相似，他们关于"目的"

---

① 倭铿（Rudolf Eucken, 1846—1926）：德国哲学家，反对唯物论，确认"精神生活"之意义，著有《大思想家的人生观》等。——译者

的思考，认为它是主观的、个人的，因而是他律的。

以上对现今影响最大的哲学做了评析，这些哲学各有各的立场，都具有很大的思想价值，我认为他们之间不是相互排斥，而是相互补充的。更确切地说，是将各自的立场彻底贯彻，却最终与他人相结合。19世纪初，作为启蒙主义之反动的浪漫主义运动，虽然都从康德出发，但显然是形而上学的、一元论的。如今的浪漫主义具有了分析的、多元论的倾向，显然是认识论的。受自然科学的感化，其结果是使我们的思想、感情逐渐变为分析的和批判的了。但是，我们的理性需求，我们的深刻的自我要求，是不会在这里停滞不前的。像上述的波尔查诺的先验的逻辑学与康德的先验的心理学相互补充，胡塞尔显然也是从这一点着眼的。马堡学派虽具有逻辑主义倾向，但是比起西南学派，似乎更多地有所顾虑，这一点从纳托尔普的《心理学》第一卷就可以看得出来。

但是，比起这个问题来，更根本和更困难的问题，就是"认识的世界"与"体验的世界"如何结合，这个问题至今未能得到充分的解决。伯格森对直观的世界的论述，是他人望尘莫及的，但当他论述到认识的性质时，其思考就显得极其粗疏而且幼稚了，因而他的认识论并没有超出某种实用主义。相反地，在德国哲学中，对认识之性质的论述是很精致的，但是对"直观"的解释却是极其粗略的。像埃克哈特和雅各·波墨那样深刻的哲学家，在如今的德国哲学界已经难以见到了。像李凯尔特那样，体验的世界因为在其认识以外，可以不置一词，可以不做任何论辩；在柯亨那里，思维的要求与体验的世界相接，思维即实在，是创造性的，是处在不断流变中的世界，但我认为在这里还缺乏从直观本身出发的，亦即从"有＋非有"（ὄν ＋ μὴ ὄν）的整体出发的深刻洞察。胡塞尔的现象学的世界也是一种直观的世界，但是这个世界果真像胡塞尔自己所说的那样是"纯粹记述"的世界吗？我认为，根据"记述"这个词的意思，亦即根据他的方法，是不可能直接表现流转的世界之关系的。胡塞尔在分析上却欠精细，还缺乏深刻性。我认为当今哲学的重要问题就在这里（对此可参见上述田边氏的论文），那就是变了形的"物自体"的问题。大体上，当今哲学都带有康德哲学的倾向，自然都同样会面对这个问题。

当今的哲学一方面要面对伯格森哲学那样的直观的世界，一方面又带有批评的、分析的、多元的倾向。而当今的科学、艺术也带有同样的倾向。在数学中，公式定理被重视，从各自的立场进行严密的批判性研究，算数、解析、几何各自都明确了其基础，至此数学被统一为一个整体，但我认为事实上似乎并非如此。而且在这种倾向中，都包含着新康德主义的精神，那就是认真研究学问所依靠的"先验"，将知识予以纯化。在物理学中，将物理学的基本概念予以实体化的独断思想，逐渐被批判性地纯化，而到了其相对性原理中，连时空这样的概念也明确地被视为方法论的概念了。如今的物理学家都似乎显出一种实用主义者姿态，我倒觉得就像普朗克[①]在《物理的世界图像的统一》（*Die Einheit des*

---

① 普朗克（Max Karl Erust Ludwig Planck，1858—1947）：德国物理学家，在热力学理论上有建树，1900年导入普朗克常数，开辟了通往量子论的道路。——译者

physikalischen Weltbildes）结尾处所说的那样，把他们视为新理想主义者似乎更确切一些。物理学知识的构成，其先验的基础是不可缺少的。物理学的知识依据先验而形成，又向着先验的方向推进。物理学家思考理论与理论之间的调和统一，将两种理论加以比较而选择其一，就是基于这样的先验理想。在这里绝没有实用主义之类的利害权衡。

在近代艺术中，从印象派向后期印象派的推移，也具有马赫等人那样的从感觉主义向新理想主义推移的意味。艺术并不是单纯被动的反映感觉，而是创造活动，是在某种立场上的创造。后期印象派不像印象派那样只见要素，而是"观照整体的秩序"（Ordnung des Ganzen），塞尚[①]的"绝对的构造"（absolute Gestalung）的艺术，岂不含有新康德主义的精神吗？

以上所评述的现代思潮，不仅反映在哲学上，也反映在其他科学、艺术等方面。可以说一边是主观主义、理想主义的，一边是分析的、多元的。我认为这个方向也是人文发展的唯一方向。当初启蒙主义的表面的自觉，发展到康德那里达到了真正的内在自觉，到了19世纪初的浪漫主义又发展到了深刻博大的自我的自觉。而古代的浪漫主义尚未充分到达客观本身的根基，还没有将客观本身转换为可以言说的主观主义，而只是无视客观的主观主义，所以随着自然科学的兴起，不久就消散了。现代浪漫主义是经历了自然科学炼狱的浪漫主义，是从自然主义与实证主义的深处走出来的浪漫主义。古代的浪漫主义是抒情诗的，而新的浪漫

[①] 塞尚（Paul Cézanne，1839—1906）：法国画家，后期象征派的代表人物。——译者

主义是戏剧的，是将种种的知识特性充分发挥，然后再将它们统一起来。我想，在现代思潮的某种意义上，很需要费希特、施莱尔马赫、诺瓦利斯。而今日的思想界什么时候得见海因里希《蓝色花》[①]那样的作品呢？

---

① 蓝色花：是德国浪漫派的典型意象（艺术理想）。——译者

伯格森的哲学方法论

伯格森不仅是法国一流的哲学家,而且也是世界级的大学者。在我国近年来也颇为许多人所知晓。关于他详细的传记材料,我们掌握还不多,知道他生于1859年,如今大概有五十来岁,四十来岁之前在各大学担任教职,1900年起任法兰西大学教授,又担任法兰西科学院的院士。

迄今为止的自然科学的研究方法已经达到了极致,认为一切现象不放在因果律的框架中就不能得到解释。伯格森的思想则与之相反,他认为在我们精神生活的深处,存在着超越自然法则的创造性活动。我们所面对的实在界,只是我们意志活动的世界,而不是知识对象的世界。对于实在而言,自然科学的解释只是表面性的。在法国,这种思想从梅洛-庞蒂,到雷诺维叶[①]、埃米勒·布特鲁[②],成为思想界的一个潮流,伯格森更以此声名大振。文德尔班在《物质与记忆》的德文译本的序言中说,在法国,自从笛卡尔以来,形成了一种特别的哲学方法,那就是从内在的经

[①] 雷诺维叶(Charles Renouvier,1815—1903):法国哲学家,新批判主义的创始人。——译者

[②] 埃米勒·布特鲁(Emile Boutroux,1845—1921):法国哲学家,是唯灵论的实证主义的代表,主要著作有《论自然法则的偶然性》《现代科学和哲学中的自然规律观念》《现代哲学中的科学与宗教》等。——译者

验事实出发，对此进行批判性的思考，而自成哲学上的一派；在德国，是把心理学的、认识论的、哲学的研究和区别综合起来自成思想体系。伯格森的著作就有这样的特征，他似乎是在论述心理和生理现象，其实触及的是深刻的哲学问题。我觉得伯格森的思想是明快的，但并不容易弄懂。无论如何都有其崭新、深刻之处，而且饶有趣味。

一

人说哲学是一门绝对性的学问，那么它到底是怎样的学问呢？根据伯格森的看法，人们对于事物有两种不同的看法：一种是从外部观物，或者是在某种立场上观物，根据立场的不同，看法就有所不同。而立场可以有无数种，所以看法也就有无限多。从某种立场观物，就是把此物放在与他物的关系中来看，是从与他物形成关系的那一个方面来看，也就是分析的方法。所谓分析，就是由他物来表述此物，表述者的看法都是翻译，是依据"符号"（Symbol）来表述。另一种看法从内部观物，没有什么着眼点之类的东西，而是从物自体观物，亦即"直观"（Intuition）。因此，也就不需要使用符号之类的方式来表述，是一种无言的境界。在以上两种看法中，第一种无论怎样精微，毕竟只是看到了物的相对的状态，而最终没有看到该物的真正状态。只有依靠第二种看法，才能看到物的绝对状态。

例如，空间中的一个物体的运动，我们可以在种种不同的立场上予以观察，也可以用种种方式来表述，但这些都是从外部的观看，所看到的只是相对的状态而已。要想看到运动本身的状态，我们要将运动之物视为有内心一样，与之同感，将自己置于它的状态之中。事物的相对状态与绝对状态之间的差异，就如同从种种不同角度拍摄街市的照片，与走进街市内部实地观察这两种方式的不同。不论拍多少张照片也不能代替实物本身的样子。又如通晓希腊语的读者读荷马史诗，可以留下一种单纯的印象，但要向不懂希腊语的人进行说明解释，无论如何也不能完全做到。这种绝对状态若不是从内部直观，终究无法得知。

所谓科学，就是分析的学问，就是依靠符号来说明的。连科学中最具体的学科，如生理学，也只是观察研究生物的结构及外形，并加以比较，论述其机能，最终见诸有形的符号。而哲学与之相反，它是直观的学问，是要变成物自体而观之，捕捉其绝对的状态。

二

那么，上述的哲学的直观，与科学的分析方法所得到的概念的知识，有什么不同之处呢？两者又有怎样的关系呢？这就是伯格森所要论述的问题。根据他的看法，我们被给定的直接而具体的实在是流转的、发展的、不可或止的，亦即生动的。所以，这样的实在的真实面目到底不能从外部窥测。而只有融汇于物中以求知之。所谓"直观"，如上所述，是完全抛弃自己的立场，一扫利害得失的关系，走进物自体而观之。

所谓概念的知识是怎样的知识呢？在伯格森看来，我们的知解力并非为知而知，而是为了某种利益目的而知，是为了满足欲求而知。在这一点上，伯格森完全是一个实用主义者。所谓知识是我们以自己的利益为中心，并从这个侧面观物的。也就是说，从自己的行为的关系中观物。因而，所谓概念，就像是我们作用于物体的固定模式那样的东西。只要我们有种种行为即态度，那就有种种不同的概念性的倾向。种种的概念都能捕捉活动着的实在的某一侧面，并将它固定下来，我们尝试将概念运用于实际，就是看我们运用概念能够做什么事情。概念就是这种出于一定目的的抽象固定的符号。当把它运用于实用性目的的时候，是可以的，但是当把它用于纯粹求知的时候，或者说用它来捕捉生动具体的实在的时候，就会成为谬误。

正因为如此，要真正认知实在，除了直观，别无他途。将概念组合起来，来达到原本的实在，毕竟是不可能做到的。比起死物来，活物无法复制。直观是哲学的唯一方法。然而许多人试图以概念达到实在，将科学上的分析方法用于哲学问题。因此，各自固守立场，形成了种种学派、种种分支，甲论乙驳，流于知识的相对性。这些人都犯了方向性的错误，恰如南辕北辙。本来，概念应该以相反的形式出现，通过概念来把握实在的话，就必定会陷于矛盾。相反地，在我们纯粹的现实的直观中，令那些大哲学家头疼的种种矛盾如何发生、如何调和就很明白了。真正正确的哲学方法，必须与以往的方法相反。亦即不是由概念到直观，而是由直观到概念。其实不仅哲学上，即便在科学史上，伟大的发现都是通过直观获得的，是通过返回现实而获得的。朝着现实的深处放下一个吊锤，放得越深，就越能与生动的实在相接近。

三

以上简要叙述了伯格森思考的要点。他是通过一个个实例来证明其论点的。直观就是从内部，融入物本身观物，在这个意义上，任何人都能够进行直观的，就是自己。从外部观察自己，就是由知觉、记忆、努力等种种要素而形成的自己，但在自己的深处却有着不断的流动，这种流动是其他任何流动所不可比的。这样的流动就是状态的连续。每个状态都指向将要到来的状态，又包含将要逝去的状态，此种情形是言语无法表达的。这就是上述的所谓实在的真相。伯格森将这种流动称为"内在的持续"或"纯粹持续"（durée interne, durée pure）。这些终究是不能从外部描述的。用比喻来描述的话，也只能得其万分之一，何况抽象概念更是如此。统一性、多样性、连续性之类的组合说明，也绝不能描述真相。唯有通过自己的直观才能做到。

心理学是研究人自身的学问，其方法与其他科学一样，是分析的。由单纯的直观而获得的东西，又被分为知觉、感情、表象等心理学上的要素来思考。这对心理学的研究而言是迫不得已的事情。依靠这样的一般性的表述，个人的特性就被湮灭了。例如，嗜好，每个人都有与他人不同的嗜好，与他人不同的微妙的东西就完全不能言说。也就是说，只能就我们面对某种事物有怎样的取向而做一般化的论述。这样的概念的组合是无法呈现原物的。例如，在描绘巴黎的风景画上，都标明画的是巴黎，到过巴黎的人根据自己的直观，而画出这幅画；而没到过巴黎的人要根据这幅画来获得巴黎的整体印象，是不可能的。然而，以往的经验主义者、合理主义者，都试图做这样的事情。经验主义者根据心理学的分析来研究精神现象，但这种分析研究所见者，只是个别的精神现象，不可能见出人格上的统一。合理主义者也以这样的方法分析精神现象，同样无法见出人格上的统一。所以说，经验主义者最终的结论是：我们的精神就是个别具体现象的联合，而所谓人格的统一是虚构的。而合理主义者则总是试图维持人格的统一性。然而，带有积极性的东西，就都属于个别的精神现象，所以作为人格的统一而留下的，都是消极性的东西，亦即没有任何内容的形式性的人格。而这种消极性的人格，无论是在佩特[①]，还是保罗[②]都是同一的，所谓全人类，即便是神，也都符合同一种人格结构。正是因为这样的原因，泰恩和穆勒的经验主义，与德国哲学的超越哲学，其方法都是一样的，都是根据心理学分析所得到的东西来研究哲学问题，而两者也都陷入了共同的困境与矛盾。

针对上述情况，伯格森对"运动"提出自己的看法，尝试通过分析人们的运动来理解人，也就是将运动尽可能多地在静止的状态，亦即在点上进行分析，再从点到点的推移中来做解释。然而关于运动的问题，实则是自古以来哲学上的困难问题。运动的解释应该出自运动者本身。运动的速度减弱到极点就是静止，运动根本上取决于位置。

[①] 佩特：瓦尔特·佩特（Walter Horatio Pate, 1839—1894），英国作家、批评家，19世纪末主张"为艺术而艺术"的美学运动的理论家和代表人物。——译者

[②] 保罗：保罗·蒂里希（Paul Tillich, 1886—1965），德裔美国基督教存在主义哲学家和信义宗新教神学家，被广泛认为是20世纪最有影响力的神学家之一。——译者

四

如上所说，从分析到直观，是以往哲学中的错误道路，这使得哲学陷于困境。真正的哲学方法必须与普通的科学方法相反，那就是从直观到分析。这样，一切思考上的矛盾就都会解决。

例如，对所谓"持续"进行分析，可以分为连续的意识状态的多数，与结合这些状态的统一这两种情形。所谓"持续"就是此两者的综合。然而这种综合如何才能成为可能呢？此事不仅是不可思议的，而且如何由这种抽象的持续，来理解我们现场所经验的具体持续的种种倾向与程度呢？具体而言，若将持续视为多量的瞬间的连续，那么瞬间的东西如何既是短暂的又是无限的呢？将这种思考予以推进，那么"持续"也就成立了。反之，从统一性的方面来看，持续成为无变化的，而无变化的持续就不是持续了。这两方面不但不能综合，而且任何方面都只是作为唯一的抽象的持续而存在。然而真正具体的持续，绝不是除了数量的增加之外，没有任何变化，一小时的持续与一天的持续，都是各有特色的持续。

根据以上的分析，假如由分析而到直观，就又会产生种种困境；相反，从直观出发就会避免这些困境。内在地对"持续"进行直观，就会有一种紧张感，我们由此就更能体验"持续"的种种倾向。不仅如此，我们还可以将紧张松弛下来，把它缩短，达到极短，就会将没有任何属性的纯粹的持续予以反复（伯格森称之为"物质性"）；又可以将紧张达到非常高的强度，达到极强，就达到了永久之念。在这里，就与伯格森自己的哲学相关联了。

无论如何,从直观出发再进入分析,就容易解决种种难题。

在数学中,作为最有力的研究方法的微积分,就是从这种方法中产生出来的,近代数学才取代了既成的,而成为生成的。伽利略突破了亚里士多德的思考,从运动者本身来研究运动,从而开创了现代科学的道路。而现代哲学中,所有堪称开创性的人物,在方法上都是通过直观得来的。只是,无论在科学中,还是在哲学中,从直观的大海深处得来的真理,一旦遇到了理解力的光线,就会干燥化、固定化,失去生气,从而成为一种符号性的知识。康德在《纯粹理性批判》中,对这种哲学予以沉重打击,使之不能再立。纯正的哲学至今依然是可能的。从直观中得来的东西,容易逃过康德的批判。

最后需要强调的是,以上所说的"直观"丝毫不带有神秘性。所有人多少都会有所经验。例如,具有问题创作经验的人,围绕自己的主题不管收集了多少材料,还会感到缺少一种东西,即他会努力走到事物本身去观。一旦达到这种境界,精神自然就有了活动,千言万语随之流出笔端。哲学的直观也是同样。知识材料与文学家有所不同,它所依靠的是一切科学研究所得来的观察及其经验。

明治四十三年[①] 十月

---

① 明治四十三年:公元 1910 年。——译者

伯格森的"纯粹持续"

我对伯格森的哲学怀有很大的兴趣，但是对于他的著作我读得不精透，而且对于他那博大精深的独创思想可能还有不少误解，对于像伯格森这样的哲学，不精读其书就难知真义。在这里，只是把我的理解整理为两三个要点。

在伯格森的思想中最重要的特色，也是成为他哲学根基的一个核心范畴，就是"纯粹持续"（durée pure）。本来，哲学上两派，有从理想出发者，和从经验出发者，伯格森属于后者。通常，所谓从经验出发的经验，并不是通常人的经验，那不是真正的纯粹的经验，而是通过思维形成的东西。伯格森试图排除一切独断，而去发现经验本身的真相，这样拈来的东西就是"纯粹持续"。

根据他的看法，我们的直接经验的事实亦即所谓意识现象，本来是具有"种别的"（qualitative）东西，而不是"量别的"（quantitative）东西，相对于"种别"而言，"量别"上的区别是从物体界的对比中次生性地发生的。例如，感觉的强弱、感情的深浅等，都属于"种别的"而不是"量别的"。意识的这种"种别"是指意识总是在同时处于一种状态，而不容许独立的两种意识同时存在，因而意识绝不能是并置（juxtaposition）的。也就是说，它没有空间上的关系。

伯格森在谈到这个问题时，回忆自己小时候嗅到蔷薇花香。

自己嗅到了蔷薇花香，沉浸于儿时的回忆时，并不是通过蔷薇花香勾起儿时的记忆，而是在花香中嗅出了儿时的记忆。这是"种别的"，无论到何时，这种意识变化都必须表现为不间断的连续。换言之，就是连续的进行。这种东西是言语思虑不能表达的，是禅家所谓"心随万境转，转处实能幽"那样的完全的经验真相，也是自己的本体。伯格森又把这种"纯粹持续"叫作"内在持续"。

那么，这种"纯粹持续"具有怎样的性质呢？说到"持续"，就会令人感觉是指时间上的东西。但伯格森的持续，并不是通常意义上的时间上的持续。根据他在 Essai[①] 中所详细论述的那样，通常所谓的"时间"只不过是将"连续的进行"予以反省，并将其置于同时存在的断面上而形成的并置关系。例如，在钟表上显示时间，就是将时间的进行用时针表示为空间上的移动。时间是不能回转的，在时间的根基存在着空间，没有空间的参照，所谓时间无从谈起。而伯格森所谓的"纯粹持续"是纵线性的无限进行，一瞬间也不能返回过去。当我们在一瞬间想起过去的时候，这种意识已经不是一瞬间之前的过去了，我们毕竟不能将同一经验再次予以重复。

赫拉克利特曾将这种"纯粹持续"比喻为永久之流动，是"流动之时"（le temps qui s'écoule），而不是"流逝之时"（le temps écoulé）。正因为如此，"纯粹持续"亦即我们的内在生活一定是不断的内在的进步发展，亦即一种"创造的进化"（evolution créatrice）。我们的现在绝不是没有过去的现在，而是从我们的过去自行发展来的现在。我们的未来又是由现在自行发展而去的未来。我们的过去总是在背后压迫着我们，我们总是背负着历史前行。而我们

---

① Essai：法文，意为实验、试验。——译者

的独创性实际上也正在于此。

记忆力这样的"力"并不是将过去加以分类记载，过去是自动地保存自己，与自己的关系仿佛如影随形。不过，这样看来，"纯粹持续"从开始就是朝着预定目的前进的，似乎可以做设计性的说明，但伯格森对于这种作为直接经验的"纯粹持续"，不仅拒绝做机械性的说明，而且也不做设计性的说明。如上所说，纯粹持续是连续性的创造，不会在同一场合下反复。大体的类似场合与大体的方向也许可以预想，但是真正如何发展，只有将自身投入其中并亲临现场，方可得见。在这里，没有思虑考量、概念性的知识存在的余地。就像一首和歌所吟咏的那样："划船驶入由良川①，未知何所去，随波逐流只向前。"伯格森所说的"自由意志"指的就是这种境况。他喜欢做的一个比喻是：画家画肖像画的时候，他前面有模特儿，究竟会画出怎样一幅画，由画家禀赋和调色板上的颜料也许大体上可以想象，但是最终如何，连画家自身也不清楚。我们在生活的每一个瞬间里都是画家，每一瞬间都是创造的。也许是由于我们知识上的缺陷，只能以过去的经验为基础，以抽象出来的概念性的知识来做解释，其结果是无力的解释。这种情况，是彭加勒等大哲学家都承认的。

那么，伯格森所谓的"纯粹持续"究竟是什么呢？我想在这里略加理解说明。根据他的看法，"纯粹持续"是直接的具体经验之真相，也就是实在的真面目。而像物理学家所说的物体界，如合理主义者所说的不变的实在界，其实都是由我们的知识建构出来的东西，并不代表实在的真相。我们的知识是行动的手段，以追

---

① 由良川：日本河流名称，位于京都府北部。——译者

求外界的成功为目的。一切所谓的知识都具有实用性的意味，只是将物作为手段而从外部去观察。要知物之本身，就要成其物，并从内部知之。这就是伯格森所谓的"直观"。关于"直观"与概念的知识之比较，在他的题为《哲学入门》的小册子有详细论述，可以参见。我曾在关于伯格森的哲学方法论的文章中谈过，在此从略。

从上述的"纯粹持续"中，如何形成知识与物质呢？这两者具有怎样的意味呢？"纯粹持续"是连续性的创造，是将一切的过去纵线地放在背后而集中在"现在"这一点上进行的创造。简言之，就是在精神非常集中之处存在着创造。也就是说，"纯粹持续"是"紧张"（étendre）的。紧张起来，当然也有一个紧张的程度之差。紧张的反面是"松弛"（détendre）。"纯粹持续"必须具有紧张与松弛两个方向。将"纯粹持续"在纵线上紧张起来的状态就是我们的生命，是自由的行动，而且是实在的真面目。但是将这种紧张一旦松弛下来，我们就从活泼活跃的世界而转入梦的世界，在那里我们将自己扩散，过去的历史将一个个独立的无数的记忆配置为并列的关系，我们的人格个性就陷于空间的关系中了。像这样将连续的纵线的经验并列为一个个独立的横线的空间关系，并且可以从外部见出它们的相互关系，那就是"知识"了，物质界也由此而成立。伯格森认为，这两者具有同一的根源。所谓物质界，只不过是将"纯粹持续"的紧张予以高度松弛的东西。

当然，绝对紧张的东西与绝对松弛的东西实际上也许都是不存在的。但不管怎么说，物质都是与精神相抗逆的东西。但是，我们的精神亦即"纯粹持续"使自己很紧张，便能突破那种并置的横断面，为了在那里战胜这个外界，就需要拥有并置关系的知识。所谓外界知识，是从"纯粹持续"的尖端处与这个横断面相触碰而产生的东西。在伯格森看来，我们的身体只是行动的器具，而不是与精神平行的独立的存在。显示这个接触面的就是身体。

那么，伯格森的宇宙观是怎样的呢？如上所说，在"纯粹持续"中有紧张与松弛两个方向，这种持续使自己紧张突进之处就有我们的生命，这也是宇宙发展进化的形式。当松弛达到极度状态，几乎没有活力的东西，就是所谓无机物。所谓生物，就是持续地突破松弛的平面而使自己发展，也就是说，生命的"原始冲动"（l'élan vital）就是突破相同的物质而树立自己的个性。然而，生物这种东西并非能够完全突破物质的束缚。在伯格森看来，生命恰似从一个中心向四面泛滥的大浪一样，或者遇到障碍即停止，或者冲破障碍而前行。

伯格森将生命力的方向分为"眠生的""本能的""知识的"三种。第一种是植物的生活，第二种是动物的生活，第三种是人类的生活。这三者原本是从一种分化而来的，本来是浑然的，但后来有了完全不同的进化方向。只有人类的"纯粹持续"能够完全突破物质界，而能进入自由之境。然而，即便是在人类中，也会在这种"纯粹持续"的绵延中出现固化的独断与因袭的作茧自缚。这个茧越厚，人也就越陷于麻痹的生活而无可选择。只有那些创造性的天才人物才能突破它，而在"纯粹持续"上阔步前行。

明治四十四年①九月

---

① 明治四十四年：公元1911年。——译者

柯亨的"纯粹意识"

康德依据其批判的方法,在知识方面明确了客观知识的依据,与此同时也将此方法运用到道德艺术方面,明确了其客观判断的依据。康德批判哲学的目的就是反对心理主义,将"事实"与"价值"的问题严格予以区别,把"纯粹的先验"作为真、善、美三方面的普遍有效性的根据。以康德学生自任的柯亨,其哲学的目的与宗旨大体也是如此。

康德所说的纯粹的先验,在知识、道德、艺术等各个方面都是形成客观判断的不可缺少的依据。而在柯亨那里,所谓"纯粹的"(das Reine)就是在自身中发展的东西,是从自身中形成内容的东西。柯亨的"纯粹"一词,是古希腊毕达哥拉斯学派的用语,柏拉图也将"纯粹"作为自己哲学的重要术语。"纯粹"并不是无内容,不纯粹的内容并不是纯粹的反义词,"纯粹"指的就是应该纯化的东西。

从这种思考出发,柯亨认为,对于思维而言被给定的东西,就是思维所要求的东西,一切科学的知识都是思维内容的发展。在柯亨看来,思维是在其自身中具有"生产性"(erzeugend),也就是活动性的东西。生产自身就是所产,而"生产本身就是成果"(Die Erzeugung selbst ist das Erzeugnis)是其特征。作为普遍有效性而要求具有客观性的"科学知识"(Wissenschaft),必须由这种

"纯粹思维"赋予基础。对于思维而言，被给定的东西并不是从外部被给定，而是基于内在的要求，亦即作为问题而被给定。"已保存的"（das Gegebene）就是"已放弃的"（das Aufgegebene）。所谓知识的内容，如同在思维之外的感觉一样，并不是从外部被给予的，而是思维所要求的。感觉还不是实在的知识，单纯的实在知识的指标只是 Index，离开了思维就没有实在，亦即"思维即是实在"（Denken = Sein）。

在柯亨的哲学中，主观与客观的区别，只是意识的内容经由思维统一的程度之差别，未经思维之光烛照的意识内容，亦即单纯作为问题被给予的状态，就是主观的；而当达成统一状态时，就是客观的。柯亨把前者作为"知觉"（Bewustheit），并且与"意识"（Bewusstsein）相区别。他之所以说"知觉是神话，意识是科学"（Bewusstheit ist Mythos, Bewusstsein ist Wissenschaft），其根据就在于此。被时间与空间限定的心理学家们所设想的所谓"心理物理学科目"（psychophysisches Subejkt）之类，反而应视为客观界的一种现象。

柯亨效仿"纯粹意识"的"纯粹"之意，提出了"纯粹意志"与"纯粹感情"的概念，并以此阐明意志与感情方面的客观性，亦即明确善与美的意义。根据柯亨的看法，我们的意识原本就是活动性的，意识的本性就是"运动"（Bewegung）。以前所谓思维是生产性的、运动性的，也是因为思维属于"意识的种类"（eine Bewusstseinsart）的缘故。所谓"运动"，本来就不光指物质界的运动而言。"运动就是物质界的运动"这样的理解是十分错误的。实际上物质界的运动是由思维的运动所决定的。纯粹思维既是生产者自身，也是所产，由自身创造内容，由自身去发展，运动就是在这个意义上的运动。如上所述，在其根本上运动的意识，不只是思维，还有意志和感情。思维只是一个方面而已。因为意志与感情是意识的一种，因此，在与"纯粹知识"的"纯粹"相同的意义上，是可以讨论"纯粹意志"与"纯粹感情"的。

那么，柯亨所谓的"纯粹意志"究竟是什么呢？根据"连续原理"，所谓"纯粹思维"从自身发展，形成"纯粹知识"，而"纯粹意志"也同样从自身发展，而且必须是发生在自身中的创造着内容的行为。对于思维而言，被给予的东西，就是思维所要求的东西。从外部被给予的"感觉"这样的东西，也是根据"内包量"①的原理，是内部所要求的东西。感觉是实在的知识的指标。离开了思维就没有知识。同样地，驱动意志的是意志本身。意志被从外部推动时，就不是意志。当"我"是从外部被推动的时候，那只是自然，而不是"我"。

感觉并不直接就是知识，同样地，欲望也不直接等于意志。当感觉符合内包量的原理，就能够在知识体系中要求其权利；同样地，欲望成为我的意志，也是根据先验的倾向。柯亨说："倾向是纯粹的激情。"（Die Tendenz ist das Reine des Affekts.）这种倾向不是出自别处，而是出自意志自身，亦即为了"努力"（Streben）的努力。这个对象是"应然"（Sollen）的世界，"应然"成为其内容。这种纯粹意志因其来源于自然，它就是在构成自然的纯粹思

---

① 内包量：又称"内涵量"，是事物的等级即深度的标志，如温度的高低、颜色的深浅、金属的软硬等，相对于"外延量"（事物存在的规模即广度）而言。——译者

维的根基上自行运动的。

接着，柯亨还根据上述的思考方法，论述了"纯粹感情"问题。认为感情也和思维、意志一样，是在自身中拥有对象的、能够创造内容的一种意识。审美判断的客观性就是这样形成的。美丑的判断，与快乐不快乐的判断有所不同。所谓快乐不快乐，表示的是主观的意识形态，尚未能在自身中赋予独立客观的意识内容，把它作为审美判断来看，还不能要求其具有普遍有效性。那么，感情与思维、意志相对而言，在何种意义上可以视为一种特殊的意识呢？如上所说，意识的根本特性就在于它是运动的、活动的。这种运动意识的"基本形式"（Urform）就是感情。关于感情，约翰内斯·缪勒①曾在对于"感觉"而言的"本质"（Disposition）的意义上，认为它是意识本身的本质。感情与运动不是不同之物，感情是"运动的"（Annex）。说意识是运动的，不是说这个运动只是直线的运动，而是指根据"连续原理"可以循环进行的圆环状运动，其起点就是终点。感情就是表示这种意识发展的某一阶段的意识统一之意识。要言之，感情就是意识对于意识本身的态度。

柯亨论述了三个"纯粹意识"方向。他指出，在知识当中，客观对象的创造是主要目标，而主观则不被注意。而在意志当中，情形却相反，作为意识之本质的运动本身是被意识到的。也就是说，在意识当中，作为意识中心的自己是被意识到的。然而

---

① 约翰内斯·缪勒（Johannes Peter Müller，1801—1858）：德国生理学家，实验生理学、感官生理学的创始者之一。——译者

在"纯粹意志"当中，自己既不是始，也不是终。在"纯粹意识"中，自己的焦点是在无限的距离，亦即个人在无限的问题中据有其焦点。而"纯粹感情"即审美的意识则相反，是将自己自身作为目的，不是把自己的问题作为目的，而是将自己即个人本身作为目的。一切艺术的创作都是这样还原于个人的根本感情，是由纯粹的感情内容而形成的。因而，艺术是天才的作为。

柯亨就是这样来论述"纯粹意识"的，按照他的理解，我们的意识本来就是运动的，"纯粹的"（das Reine）就可以认为是"在前的"（Prius）。我们根据连续原理去还原，就是去接近运动着的本质的整体。"纯粹感情"是根本性的意识，我们得以在艺术中接近意识的中心。我觉得正是在这里，柯亨的思考与谢林的思考、伯格森的思考之间存在着一个接触点。当然，我们也许不能认为，作为康德学生的柯亨所论述的是"价值"的顺序，而谢林、伯格森所思考的是"实在"的顺序。但是我想，在"价值"与"实在"之间，无论如何要找出它们的内在的接触点。

大正五年[①] 八月

[①] 大正五年：公元 1916 年。——译者

逻辑的理解与数理的理解

一

当我们在说"理解"与"不理解"的时候，明显是有许多不同意义的。将不同东西的意义用一个词来表示，将会造成表意的不精确，这个另当别论，在此想要说的是，在"理解"中，是不是有某种深层的东西存在呢？我想讨论一下种种不同意义上的"理解"之间的关系，并先就"逻辑[1]的理解"与"数理[2]的理解"之间的关系加以思考。

所谓"理解"究竟是什么呢？严格意义上的理解或许可以说是逻辑的理解。我们通常认为，所谓逻辑的理解是将特殊者"包摄"（subsume）于一般当中。所谓的"三段论式"就是这种形式。但是，这种包摄不单单是回想过去的经验并不断反复之。我们并不只是要通过推论式，将包含在大前提中的过去的经验提取出来。经验的单纯反复并不构成任何知识，也不提供任何的理解。甚至所谓的"再认"也已经不是经验的单纯反复了。我们的逻辑推论始终是从一般走向特殊，也就是"一般者"由内向外地

---

[1] 逻辑：日语原文"論理"（ろんり），意为思考、论述的形式、论法与程序规则，并不完全对应于logos，似可以理解为"理论"思维的方法论化。——译者

[2] 数理：关于"数"的理论与思维，数学的理论。——译者

以必然的方式发展自身。研究逻辑的学者认为，在推论的根源中存在着体系，理由就在于此。由此，我们的经验可以获得"确证"（Begründung），我们得以获得理解。

能不能像以上所说，主张一切逻辑的理解都是一般性事物的内在发展，或者说是一种创造作用呢？在这里，所谓"一般性的"，并不是普通所谓的"抽象的一般"的意思，而是指一种内在的创造力。为了说明这一点，就要先来思考那个可以被视为最纯粹的关于思维的三个原则[①]。这些原则应该是理解的约束条件，因而我们或许不能够理解它，但是无论如何我们得将"同一律"作为不证自明的真理，并对此有着逻辑学的确信，并且要认识到同一律与其他两个原则之间的逻辑上的必然关系。

这些确信与理解究竟意味着什么呢？从通常的逻辑学来看，同一律意味着"凡物皆与自身同一"。这个命题可以在种种不同的意义上来理解，但是我想先从一种形而上学原则的意义来理解它，也就是说，它表达了"物的实在性的同一"（reale Identität des Dinges）。在这个意义上，物与其自身同一。这意味着物不论如何变化，其本身是同一的。唯有在这样的理解中，上述的命题作为实在性的原则才有意义。若不论在任何意义上都绝对地排斥变化的自我同一，那么作为实在性的原则是不具有任何意义的。"甲是甲"这样的东西，作为逻辑原则或许还可以拥有某些意义，但是作为实在性的原则是完全无意义的。凡是物，只有进入种种不同的关系中并且维持自身，才能拥有其实在性。绝对单一并且不进

---

① 指"矛盾律""排中律"和"同一律"。——译者

入任何关系中的东西，虽然或许可以在抽象的思维中单纯地显示是"它"，但是它还不能够被赋予任何的实在性。这样看来，所谓物的实在的同一，并不是单纯的同一，而终究还必须有内在必然性的意义。真正的实在，必须是拥有内在必然性的东西。从笛卡尔的"实体"（substance）到莱布尼茨的"单子"（monad），也是从这种逻辑的必然路径而来的。

当然或许我们可以说，同一律的真正意义并不是形而上学的，而必须是逻辑的。那么，作为逻辑的思维原则，同一律究竟必须具有什么意义呢？"甲是甲"这样的东西，如果不是单纯的同义反复的话，它没有任何可以被理解的意义。而且作为逻辑的原则也不具有任何力量，齐格瓦特①曾对这个原则做了解释，并且将其视为建立在观念内容的"不变性"（Constanz）之上的"一致性原则"（Princip der Übereinstimmung）。但是，将观念的内容固定化，就是将其抽象化，也可以说是同时将观念的内容予以一般化，或者至少是赋予它一种能够成为种种不同的思维内容的一般性。所谓作为判断之基础的观念内容的一致性，就是以这种一般性为基础而成立的。

我认为，作为逻辑的原则，同一律的真正意义，应该被视为是对观念内容的不变的固定性表达，而以逻辑的方式将观念内容予以固定，如我说过的那样，这意味着将观念的内容予以一般化，我们说"某个观念的内容在逻辑上与其自身是同一的"，指的就是

---

① 齐格瓦特（Chrictoph von Sigwart，1830—1904）：德国哲学家与逻辑学家，著有《逻辑学——论判断、概念与推论》等。——译者

这个观念内容的一般性。而"一般者"就是自动者，它一方面是自我同一，并且另一方面意味着分化发展，所以"甲是甲"这样的逻辑的同一律，作为这样的一般者的内在发展性的表述，就会要求逻辑上的自明性，并且能够成为逻辑理解的原则。诚然，认为这种一般者自身就是发展性的，对此可能会有种种不同的看法。所谓"逻辑性的意义"是超越了我们特殊经验的，在其自身就是同一不变的东西。但是完全拒绝特殊，并且与之对立的一般，反而不过是一种特殊而已。真正的一般者必须是特殊者的内在构成力。所谓"判断"，其实就是这种"一般者"的分化作用。"甲"是"甲"这个判断，一方面是"指向自身的作用"，同时另一方面也是"指向他者的作用"。

一些人将"逻辑性的意义"从判断作用中分离出来，认为它是与事实的判断全然没有关系的"意义的世界"。然而，"意义的世界"只有作为相对于我们的判断作用的应然的世界才有其意义。否则，这种"意义的世界"与我们就没有任何关系了。如上所述，如果我们可以将逻辑上的同一律的意义，理解为一般者的内在发展的要求的话，那么先前所说的"物的自我同一"的形而上学的同一律之意义，也可以说是建立在同样的要求之上的。可以认为，所谓"实在的同一性"是从"逻辑的同一性"发展出来的东西。

假如以上述的方式来解释同一律的意义以及我们对同一律意义的逻辑的理解，那么，对于同一律与其他的两个法则之间的关系，应该怎样来理解呢？我认为通过对理解做明确解释，可以更加明确上述的"理解是一般者的内在发展"这句话的意义。

所谓"矛盾律"究竟是什么呢？亚里士多德的本意是：不能

将同一事物在同一的关系中既肯定又否定。齐格瓦特只将这句话视为同一律的一个补充，认为它与同一律一样，都是对观念内容的不变性的表达。但是，如果是完全同一的东西，那么它作为另外的法则就没有任何意义了。我认为，相对于自我肯定的同一律，作为包含在同一律的另一个侧面中的自他相区别的表达，这个法则是具有特殊意义的。这样的话，肯定甲是甲，并且将甲与非甲区别开来，怎么能视为同一的呢？要区别开甲与非甲，就必须有统一这两者的一般者。唯有在这个一般者的统一中，两者的区别与两者的对立才能够成立。反之，若让甲成为甲，那就如以上所说的，意味着将甲一般化，亦即将种种不同的对立矛盾从内部予以统一，而一方面又予以区别。

严格说来，在逻辑的层面上，物的区别即是统一，物的统一即是区别。逻辑上的"一般者"，就是一方面个物之间相互排斥，一方面又是个物又互相吸引。这种自身中的矛盾，是逻辑的一般者的内在性质，也可以说是逻辑理解的真相。通常逻辑学中的所谓的"排中律"岂不是最能表明这种动态的一般者的内在作用吗？不允许甲或非甲之外的中间者，反而可以说是建立在超越了这种关系，并且又让这种关系得以产生的第三者之上。真正的"动态的一般者"，是不能成为思维的对象的。如果将其作为思维对象并且将其嵌入思维范畴的话，就会陷入矛盾。正由于这种自身的矛盾，所以具有相当的能动性。

以上的论证虽然不充分，但是我相信，所谓的思想三原则以及这些原则相互间的必然关系，都可以依据上述的"动态的一般者的内在发展"来获得理解。

二

以上我们讨论过了逻辑理解的性质，接下来我想要来讨论数学上的理解及与逻辑理解之间的关系。

关于数学与逻辑学的关系，最近罗素与克丘勒①等人，皆认为数学是从严格的纯粹逻辑的假定所推导出来的。相对于这些人，另一方面如彭加勒则是其有力的反对者。根据彭加勒的观点，亚里士多德以来的所谓的逻辑学是纯粹分析性的，并没有给予任何新的知识，也就是说，它无法走出同一律之外，全都是同义反复，但数学则反之，它并不是纯粹分析性的，就如同数学中的归纳法一样，是由特殊到一般，且这不是基于经验，而是必须存在一种精神的创造力。在彭加勒看来，这种力是一种自觉力，是能自觉我们的精神可以无限反复同一动作的那种自觉力（《科学与假设》[*La Science et l'Hypothèse*]，第23页）。他主张数理的基础要在这种直觉当中寻找，从而反对罗素等人的逻辑的数学论，认为罗素的命题逻辑学加入了"及"（et）和"或"（ou）之类的接续词，使得从逻辑解释数理变得方便了，但同时也超出了迄今逻辑学的范围（《科学与方法》[*Science et Méthode*]，第173页）。

关于这个问题，李凯尔特在《逻各斯》期刊第二卷第一册刊登的题为《一者、统一以及"一"》（*Das Eine, die Einheit und die Eins*）的论文中，详细地讨论了这一点，提出要得到数的概念，是

---

① 克丘勒（Louis Kouturat，1872—1914）：法国数学家、哲学家、数学逻辑的创立者之一。——译者

否可以在纯粹逻辑的概念上添加某种非逻辑性的要素。对此，我想依据李凯尔特的说法略作思考。

李凯尔特先把"一者"（das Eine）作为纯粹逻辑的思维对象的例子，"一者"只是单纯的思维对象，在内容上是完全不确定之物，然后，相对于"一者"，他添加了在逻辑的必然性层面上必须思考的对立者亦即"他者"（das Andere），最后是"将这两者综合起来并加以统一者"（die Einheit des Einen und des Anderen oder die Einheit des Mannigfaltigen），唯有这些，才是基于我们的思维本身的性质之上的纯粹逻辑的对象，除此之外的东西都是非逻辑性的。而关于数的概念是不是可以从上述纯粹逻辑的概念中导出，李凯尔特认为那是根本不可能的。纯粹逻辑对象的"一者"与数的"一"（die Eins）是完全不同的概念。唯有依据"一者"与他者失去性质上的对立意义，并且可以自由地交换其位置的时候，1＝1的方程式才能够产生。但是，像这样的位置的自由交换根本不能从纯粹逻辑的概念中推导出来。唯有经由"同质的媒介者"（homogenes Medium）来取代逻辑上"异质的媒介者"（heterogenes Medium）才是可能的。他认为这种"媒介者的同质性"（Homogenität des Mediums），对于数的概念的产生而言，是必要的非逻辑性要素。

我不知道专门的数学家怎样看待李凯尔特的说法，但是暂先根据李凯尔特的说法，"同质性"（Homogenität）是数的概念的基础。也就是说，在数学知识中，正如我以上所说过的那样，同质性是一般者，是理解的基础。我们或许可以把李凯尔特所说的同质性，理解为彭加勒所说的无限反复的可能性的基础。

那么，这种"同质性的数学的一般者"究竟是什么呢？"同质性的数学的一般者"与"异质性的逻辑的一般者"的关系又是什么呢？正如李凯尔特所说，数与纯粹逻辑的思维对象是不同的东西，数的概念是无法从作为纯粹逻辑概念的一者、他者与统一中推导出来的。再者，也如彭加勒所说，数学与自古以来的逻辑学在基础上是不同的，自古以来的逻辑学不能单纯地越出同一律之外，对这一点大概都不会有异议。但是，这里的问题在于，逻辑的推论究竟是不是真如彭加勒所说，不能够超出同一律之外呢？再者，作为纯粹逻辑区别之基础的异质性，与作为数的概念之基础的同质性，是否如李凯尔特所说，两者之间是完全没有任何关系的呢？异质性的某个侧面是否反倒是某种同质性呢？这些人将思维视为全然抽象性的，是不是对思维的完整的理解呢？也就是说，应如何来看待逻辑的思维是争议之点。

李凯尔特认为，"一者"亦即"同一者"（das Eine, Identische）是与自己本身相同的东西，在逻辑上它不能够与他者交换位置，某物是某物而不能是他物，这是纯粹逻辑的区分意义之所在。在内容上完全不确定的、作为单纯逻辑对象的某物，与他物是无法有区别的。两者的区别只有从甲来看乙，或者从乙来看甲，是观看方式的不同而已。李凯尔特似乎只考虑将"甲"作为"甲"，并从"甲"来看"乙"这样的"正题—异题"（Thesis, Heterothesis）的观看方式，但是在这个观看方式的背后，是不是包含着能够将这种关系反转过来的反面的观看方式呢？李凯尔特将两者统一起来的"逻辑的统一"（Einheit）难道不包含这两方面的意义吗？要将此物与彼物相区别，就必须有统一这两者的一般者，而这个一般者将甲区别于乙，同样地，它也将乙区别于甲。当然，李凯尔特也详细地论述了这种"逻辑的媒介者"与"作为数的基础的同质的媒介者"之间不能视为同一的，那么这两者在哪一点上是不同的呢？

就像李凯尔特说过的一样，要让"一"成为"数"，就不能只是单纯地将这个"一"与其他的"一"相等同，而必须是将这两个"一"结合起来，创造出"二"。也就是说，不是只有 1 = 1，也必须有 1 + 1 = 2。所谓"数学的媒介者"亦即彭加勒所说的"直觉"，其特色就在于它能创造出一个"系列"（Reihe）。而创造出这个系列的，可以说就是我们的"想象力"（Einbildungskraft）的活动。所谓"想象力"是将观念加以配列，并且在整体上见出新的统一。将"一"加以连续性的思考，并且在整体上见出新的统一的成系列的思想，必须通过这种创造力才能够产生。我认为，康德之所以把"数"作为由想象力所产生的一种"图式"（Schema），根据就在于此。

作为数的概念之基础的"同质的媒介者"的性质与产生就是这样的，那么，我们能否据此在根本上将它与"异质的逻辑媒介者"区别开来呢？如我先前所说过一样，所谓"逻辑的理解"就是"一般者"发展自我自身，而同一律的理解甚至也可以这样来看。"逻辑的理解"的真正形式，是"一般者"在无限的序列中发展自己，又限定自己。所谓"一般者限定自身"，意味着这个一般者能够对自身再加限定。真正的动态的一般者，是在其自身当中包含着无限的进程。只有"生产性的想象力"（produktive Einbildungskraft）才是思维的真相。在这一点上，比起普通的形式逻辑，数学的逻辑有着更好的体现。

我们的一切意识内容，都是依其自身的性质而与他者相区别，来发展自身的。就像伯格森在《变化的知觉》一文中所说，当我们的直觉拥有无限之力的时候，我们就不需要理解力了。但是，从这样的自发自展的意识体系的矛盾冲突中，就出现了将这些统一起来的所谓"关系的意识"。而将这个意识推进到极端，就会成为全然无内容的对象意识，即所谓"逻辑的意识"。但是，就算是这种逻辑的意识，它与上述的靠自身的内容而发展的直觉意识，也不是绝对地具有不同性质的东西。如果是全然无内容，那它就不能作为意识而产生。逻辑的意识可以成为单纯的对象，也就是说，它能以"某物"（etwas）为内容而发展。

无论是普通的逻辑学还是数学，是不是都是通过这种相同意识的发展而被创造出来的呢？

作为纯粹逻辑对象的某物的意识，是如何发展其自身的呢？单单从"某物是某物"这种自我同一的思考方法中是无法导出他物的。显然，"非同一性"（Nicht-Identität）与"他者性"或"相异性"（Andersheit oder Verschiedenheit）并不是同一的。但是，在肯定的背面必须存在着否定，肯定某物意味着通过他者来否定此物，意味着我们必须允许他物的存在。就如李凯尔特所说的，"一者"及"他者"产生，然后将其结合的统一发展起来。李凯尔特认为，一直到此都属于纯逻辑的，超出这些就是非逻辑的，结合的媒介者则有所不同。但是，在这里，我们必须思考的是，这种逻辑的媒介者或统一究竟是什么呢？

一切判断的根源处都存在着直观的统一，而判断就是通过分析这个统一而产生的。这在所谓纯粹形式的判断中也是同样的。李凯尔特也说："正题与异题，只是通过根源上的综合分析，在概念上分离出来的一种逻辑要素而已。"① 这种无内容的、基于纯粹形式判断的统一，是不是就如李凯尔特所说的异质性呢？不论是异质性，还是一者与他者的位置不能交换，这难道不是已经具有某种属性的内容了吗？对于完全无内容的某物，如上所说，一者与他者是可以反转的，从一者区别他者的观看方式，直接就是从他者区别一者的观看方式。黑格尔曾经讨论过这两者的关系，认为两者同时是"直接的存在物"（unmittelbar Daseyende），也就是"某物"（etwas），并且各自又可以成为他物。在拉丁文中，当两者在同一个句子中出现的时候，都会使用"aliud"（他者）这个词。将这种无内容的纯粹逻辑对象的相互对立予以结合的统一，是不是必须要反过来把它看成是同质性的呢？而这种对立的关系就是 $1+1=2$ 的关系。

在我看来，一者与他者在分析上的基础的统一，与基于 $1+1=2$ 之基础上的同质的媒介者是同一的，然而，这只是从逻辑的观点来分析此种关系。这是从某物来观他物，再从他物来观某物的抽象的观法，而在数理中，则是将这种关系整体予以直观的具体的观察方式。虽然逻辑学所谓的排中律，已经表现出这种交互的对立关系，但是数学上的 $1+1=2$ 则可以视为是这种关系的直观的整体。根据李凯尔特的观点，后者就如康德的想象力的"图

---

① Thesis und Heterothesis sind nur durch Analysis der ursprünglichen Synthesis begrifflich isolierte Momente des Logischen.——原注

式"（Schema）一样，一定要加上非逻辑的要素才行。但是，李凯尔特在所说的纯粹逻辑中，在一者与他者关系的根源处，是不是就已经包含了直观的统一呢？

将思维与想象视为全然独立的活动，这是通常的看法，然而在我看来，"动态的一般者"在自我发展自身的过程中，其整体的意识是想象，其部分的关系意识则是思维。也就是说，我认为两者不过是同一活动的不同侧面而已。因而即使所谓的纯粹形式的思维，在其另一方面也包含着想象活动。李凯尔特所谓的"统一"指的就是这个。在这个统一的真相亦即具体的发展中产生了数的关系。"动态的一般者"的发展过程，先是其整体以含蓄的方式出现，然后发展到分裂对峙的状态，再回归根源上的整体，这就是"动态的一般者"的具体的真相。正如黑格尔所说，是由"在其自身"（an sich）推移到"对其自身"（für sich），再到"在其自身且对其自身"（an und für sich）。

就艺术家的创作作用来看，最初也是起于一种冲动的情感，然后一步步渐次展开其具体的整体。戏剧家奥托·路德维希[①]也说过，他自己在构思任何一部作品的时候，都是先有一种音乐性的情感出现，由这种情感而产生出种种不同的形象，而其发展过程中首先出现的形象未必很重要，而由它向前发展，或者向后延展，最终形成了艺术整体。我认为一切"动态的一般者"的发展，也就是我们的精神的创造力的作用，都呈现了这样的形式。以纯逻辑对象的"某物"为内容的所谓精神形式的创造性发展，也不外

[①] 奥托·路德维希（Otto Ludwig，1813—1865）：德国喜剧作家、小说家。——译者

是它的一个例子。

一者与他者的关系是"对其自身"（für sich）的形式。这样说来，1＋1＝2难道就不能被视为"在其自身且对其自身"（an und für sich）的形式吗？许多人从空间与时间的同质性来讨论数的直观性，其实数的直观性是空间时间同质性的基础，而不是相反。所以，我认为数的直观性仍然拥有更深一层的根据。李凯尔特讨论了"且"（und）与"加"（plus）的不同，但是所谓的"且"（und）具有由某物向他物推移的抽象的单方面关系，而"加"（plus）则是以这种关系为基础的具象性的整体的直观。如果没有这种直观的话，一者与他者将不能反转。后者是前者的"同时的全体"（totum simul）。

接下来，我想从作为纯粹逻辑对象的"某物"，来考察一下数学中的"无限系列"（unendliche Reihe）的想法是如何发展出来的。"无限系列"并非通过所谓的直觉而给予的。所谓时间与空间的无限，也是在直觉的形式当中嵌入理性的无限综合而产生的，因此"无限"的性质显然应该从思维中寻找。那么，在思维中是如何具有了无限的意识呢？"无限"（das Unendliche）并不仅仅是对有限的否定；换言之，它不仅仅是"无限制"（das Endlose）的。那种"无限"是黑格尔所谓的"单纯的或否定的无限"（schlechte oder negative Unendlichkeit），反而也可以说它是有限的。真正的无限是在自身中包藏着变化之动机者，也就是说，它是能在自身之中分化发展的东西，借用黑格尔的话来说，它在自身之中"扬弃"（aufheben）了与他者的区别而独立，它是"自己对自己的存在者"（das Fürsichseiende）。而罗伊斯则认为，黑格尔对无限的定义仍然不够精确,并且认为数学家康托尔[①]与戴德金[②]等人对"无限"的定义最为明晰。[③]根据戴德金的看法,当某个体系可以在自身之中反照自身的时候,这个体系就是无限的。[④]也就是说,"无限"就是罗伊斯所谓的"自我表述的体系"(selfrepresentative system)。

那么,这种"自我表述的体系"究竟是什么呢?就像黑格尔将"我"作为"对自己存在"(Fürsichsein)一例,戴德金也说:"可以成为自己的思想之对象的自己的思想世界是无限的。"我们说"某物可以成为自己的思想的对象"这种思想,也仍然属于自己的思想世界。我们在我们的反省意识当中,可以将自己作为思维的对象,并且又可以将"以自己作为思维对象"这个事情本身作为自己的思维对象。这就好像在两面明镜之间映照的影子一样。也如罗伊斯所说的"在英国里面绘制英国的完整地图"一样,是可以无限进行的。这里存在着"无限"的真相,而时间与空间的"无限"也是从这种思维的无限性而来的。康德认为"宇宙理念"(kosmologische Ideen)的起源是由某种条件而给定的。相对于康德的这种观点,在条件方面,寻求条件最终会要求绝对的条件,遂归为理性的要求。我认为这种要求的基础也在这里。而所谓

[①] 康托尔(G. F. LudwigPhilipp Cantor,1845—1918):德国数学家,集合论的奠基者。——译者

[②] 戴德金(Julius Wilhelm Richard Dedekind,1831—1916):德国数学家,主要贡献在代数与数论。——译者

[③] The World and the Individual. First series, supplementary essay. ——原注

[④] Ein System S heisst unendlich, wenn es einem echten Teile seiner selbst ähnlich ist. ——原注

"思维的无限性"也是通过作为"普遍有效的意识"[①]的思维属性中明确见出的。所谓"思维"并不只是表象意识，而是"普遍有效的意识"或真理的意识。所谓真理的意识，就如同波尔查诺所说，某个命题是真理，这个命题就包含着真理，并且又能够以这样的方式无限地进行。也就是说，作为真理的意识或妥当的意识的思维，在其自身之中，必须包含着上述意义上的无限性。而就像这种作为妥当意识的思维包含着无限性一样，作为一般意识的思维也可以包含无限性。

一般意识就是妥当的意识。将某个意识内容一般化，并不意味着将它变成固定的东西，而是让它成为拥有自我实现力的自发自展的东西。就如同罗伊斯所说，所有的概念都带有"具象化的目的"（embodied purpose）。我们在形式的层面上始终都可以将一般与特殊的关系做无限的思考，理由就在这里。如果我们根据如上的理由，认为在思维本身的根本属性中就具有无限性，那么我们是不是也能够从中导出"数"的无限系列呢？如果我们将思维的统一，像上述那样视为静态的统一，也就是单纯地将"一者"与"他者"的关系予以翻转，并且制造出并列关系，使之呈现静态的统一，那还是不能洞穿思维统一之真相的。思维统一的真相，就像在自觉的统一当中一样，它是在自身之中反映自身的自我表述体系的统一。也就是说，它必须是在自身之中包藏变化的动机，并且在自身当中无限地进行的动态的统一。因而，说我们思考某

[①] 普遍有效的意识：原文"妥当の意識"，亦即符合逻辑与普遍法则的判断意识。——译者

物,亦即将某物化成思维对象,就意味着将这个思考再次地化成思维的对象,并且可以无限地进行下去。

根据戴德金的看法,在这样的思想体系当中,完全去除其对象的特殊性质,只见出其区别性及相互关系,就会产生自然数的系列(参见《数是什么亦即数应该是什么》第六节)。换言之,纯粹逻辑的对象,即无内容之物的意识,亦即抽象思维的自我表述体系,是可以形成数的系列的。

在对数当中的无限系列的形成所做的解释中,认为它是通过像时间那样的直觉而形成的,这样的说法未免本末倒置了。所谓的"想象力的图式"只不过是思维体系发展的进行方向而已。李凯尔特说,不管我们将"他者"(anderes)反复多少次,并且将其贯通成一个系列,那"另一个他者"(noch anderes)也不会出现。但是,这样说,难道不是因为没有考虑到"思维在其自身之中包含着变化"这种"自我表述体系"的缘故吗?罗伊斯说过,在"一个单一的目的"(one single purpose)当中,能够包含无限系列的意义。

由于我对数的性质完全没有专业的知识,对数的性质的讨论是浅薄杂乱的,但是以上讨论的主旨在于,我们所有的思维作用都是"动态的一般者"的自我发展自身的过程,这个发展的进行就是我们的理解过程。像康德所说的那种想象力的图式,我们与其将它视为从外在添加的非逻辑性要素,不如将其视为是思维本身发展的一个侧面。正如柯亨所说,思维的特征并不是结合,而是"生产"(Erzeugen)。这样的话,不论是逻辑的理解或是数理的理解,都可以解释为"无内容的纯逻辑对象"的意识亦即"逻辑的一般者"的发展作用。进而我还想指出，像艺术创作当中的直觉理解，也可以视为如上所说的那种"动态的一般者"的内在发展作用。

这篇论文直接导出了我在下一部著作《自觉中的直观与反省》中的相关思考。

昭和十二年^① 十二月

---

① 昭和十二年：公元 1937 年。——译者

自觉中的直观与反省

各版序言

初版序

本书是我自大正二年（1913）九月到今年（1917）五月这数年间所发表的论文，前半部分曾发表于《艺文》，其后半部分发表于《哲学研究》。起初我打算简单地做一个总结，但是，在透彻思考之后，却在疑问上又产生了疑问，在解决上又需要解决，如此积累了一些稿子，最后竟然形成了一本书。

这些文稿写作的目的在于，我要根据我所谓的"自觉的体系"的框架，来思考一切的实在，并且想借此来说明价值与存在、意义与事实的结合这一重要的哲学问题。当然，我的"自觉"并不是心理学家所说的"自觉"，而是先验自我的自觉，它类似费希特所谓的"本原行动"（Tathandlung）。这个思路是从罗伊斯的《世界与个人》第一卷的附录所得到的。当我在写作收录于《思索与体验》中的《逻辑的理解与数理的理解》那篇论文的时候，就已经有了这样的想法。此后，我想对此做彻底的考察，这就是本书的缘起。如果我的写作目的能够达成的话，那么我认为既可以赋予费希特的"本原行动"以新的意义，也可以将现今的康德学派与伯格森的哲学更深入地联系起来。

本书第1—6节，论述了本论文写作的大体宗旨，先厘清了我所说的"自觉"的意义。我认为，在"意义即实在"的论述中，通过包含着无限发展的"自觉的体系"，可以阐明价值与存在的根本性关系问题。但是，我越是思考这个问题，就越是生发出了种种相关的问题，我打算将这些问题及其疑问诚实地列举起来。当时，我单纯地认为实在的世界是以"应然"的意识为基础而产生的，并且以此为理由，基本上将"意义的世界"与"实在的世界"的区别看作是相对性的。然后，在第6节当中，我尝试解释一般与特殊的区别。但现在看来，这种想法及其表达都很不充分，对这个思想的充分的理解阐释，还需要等到本书的最后部分。

在第7—10节中，我打算建立本书论述的基础。关于同一律的判断这种最为单纯的逻辑性思维体验，我将说明它是一种极为形式性的自觉的体系，并且要论述说明：在最一般性的形式当中，应然与存在、对象与认识活动、形式与内容的对立及相互的关系等，都已经包含在其中；我还要努力在根本上阐明具体经验当中的各种不同范畴的意味及其关系。

在第11节中，则回顾、反省一下，是否可以将所谓的"经验界"与上述形式性的"思维体验"纳入同一的体系，虽然我不得不承认两者之间存在着许多难以跨越的鸿沟。在第12节中，试图阐明从纯形式性的逻辑思维体验，到拥有内容或具有内容的经验体系的内在必然性的推移，以我先前在《逻辑的理解与数理的理解》一文中所做的论述为基础，通过从逻辑到数理的这条路径，对于所谓形式获得内容、抽象物向具体物的演进究竟指的是什么这样的问题，尝试着从根本上予以阐明。还要阐明在最抽象的思维体验中，所谓经验的内在发展，也就是厘清伯格森所谓的"生命的飞跃"究竟是什么意思,这也是本书的根本思想之一。虽然我在这里看到了一点曙光,但是要从思维的世界推移到实在的世界,其实并不容易。在第13节当中,我把与思维对立的经验的"非合理性"与"客观性",归因于经验自身与思维同一的独立的"自觉的体系"。但是,这究竟是什么样的体系,它如何与思维的体系相结合,这些问题尚未明确。要言之,从第11节到第13节,是从"思维体系"的研究推移到所谓"经验体系"的论述。

如上所述,所谓"经验体系"也可以像"思维体系"一样视为一种自觉的体系,要将一切体验视为同一的体系,将意义与实在予以内在地结合,就必须先阐明知觉的经验也是在其自身中发展起来的自觉的体系。从第14节开始,我就开始转向这个话题。从第14节到第16节,我都在论述这个问题的难点。那时我在思考这些问题时,发现对赫尔曼·柯亨关于"知觉的预期"的创见深有同感。柯亨虽然解释了意识状态,却对"意识活动的起源"还缺乏更深入的思索,而我认为这一点作为"意义的世界"与"实在的世界"的分歧点,还需要深入地思考探索。我不能只停留在认识论,还需要形而上学。

从"意义的世界"推移到"实在的世界"的困难之处,在于明确意识活动的起源。从第17节以后,我将讨论主要转向了意识的问题。对于这个问题,正如我在第17节中所说的一样,意识活动的作用就是将无限的埋式在自身中予以自我限定,我将无意识与意识的关系,设想为类似柯亨那样的 dx[①] 与 x 的关系。我认为,

---

[①] dx:数学中的微分,亦即无穷分割。——译者

意识到一条直线，就是无限级数的自我限定。但是，柏拉图的"理式"要如何落实到现实之中呢？要把上述的思考予以充分彻底化，其实并不容易。在此，我深感我们需要深入思考心理学家所谓的"精神现象"。在第18节中，我尝试思考被心理学者视为特殊实在的"意识现象"究竟是什么。我对心理学分析的意义的认同，也是为了这一点。关于这方面的思考，正如我在后文中将要详细讨论的，我并不将精神现象与物体现象视为各自独立的实在，而是将其视为具体经验中的两个相关联的方面。直接的具体经验并不像心理学者所说的"意识"那样的东西，而都是各自建立在先验之上的"连续"，其统一的一面可以看作主观，与之相对的被统一的一面则可以视为客观，而真正的客观性实在是"连续"本身。在第19节和第20节当中，我根据费德勒①的思想，阐明知觉经验在其纯粹的状态中也是一种形式作用，并且只有具备连续性才能成为真正的实在。

从第21节到第23节，我尝试通过"连续性的直线"意识，来说明创造体系中的主观客观的对立及其相互关系。我先评述了心理学家关于意识范围的思考。我们意识到了一条有限的直线，就是意识到了作为思维对象的"无限连续的直线"的一个限定，所以我们的直线意识属于一般者之自行限定的自觉体系，而厘清了这种限定作用的来源，意识的性质也就明确了。但是，人们对于一般性的思维对象而言，这种特殊的限定只是从外部加进来的偶然性的东西，在作为思维对象的直线本身中，我们根本无法找到

---

① 费德勒（Konrad Fiedler, 1841—1895）：德国哲学家，极力主张将美学和艺术学区别开来，被称为"艺术学之父"，著有《艺术活动的根源》等。——译者

任何限定的内在必然性。在这里，我试图反过来让纯粹思维的对象意识包含于作用的体验，以避开这个困难点，并且认为真正的主观反而是客观的构成作用。若从大的统一的立场来看，小的立场上的统一作用就是所谓主观的，从某个立场被统一者，则是客观的对象。而从比这个立场更大的统一的立场，来进行反省地观察，则又成为主观的作用，于是我们既可以将主客合一的动态的统一称为真正的主观，也可以称其为真正的客观。但是，这里的问题在于，从大的立场所反省的小的立场，是不是已经是客观的对象了呢？真正动态的主观是不能反省的，能被反省的东西已经不再是动态的主观。正如我在第 24 节中所说的，这样就使问题达到了更深的层面。我在当时还没有意识到"绝对自由意志"的立场，因而我没有得出任何结论，并且论述也不得不陷入纷乱之中。到了第 25 节当中，我放弃了反省的可能性问题，转而讨论"活动作用"的性质，最终试图通过"极限概念"来解释这些问题。而这个关于"极限概念"的思考，也是本书的重要思想之一。

自第 26 节以后，我试着通过"极限概念"来考察各种经验的先验性。所谓极限，指的是从某一种特定立场出发所无法到达的较高层次的立场，但它却是那个特定的立场得以成立的基础。也就是说，可以视它为抽象物的具体根源。在第 26 节当中，我通过现代数学中的极限意义来阐明上述的思考，并且将种种极限的意义视为"活动作用"的性质。在第 27 节中，我进一步论述了思维对象与直觉对象之间的区别，然后在第 28 节中，阐释根据极限概念，来思考思维与直觉的结合。然而，正如在解析几何学当中，数与直觉的结合，并不是如数学家所说的只是偶然性的，我认为这是基于知识客观性的内在要求。知识是无限的发展进行，所谓知识的客观性要求，本来就是所赋予的"**具体性的整体**"之要求。思维与直觉的结合，本来也是在这种具体当中的结合（在这个意义上，真正的具体者就是后文所说的"绝对自由意志"的统一）。因而，思维只有通过与直觉的结合，才能获得知识的客观性。到了第 29 节，这个意思才得以说清。

从第 30 节到第 32 节，我将上述的思想，套用到作为纯粹数学对象的"数"与几何学的"空间"的关系上来讨论。我想要说明的是，在从前者到后者的推移当中，也有着与上述意义同样的生命的飞跃。我认为，上述数与空间二者的具体根源，与解析几何学的对象相类似。到此，关于纯粹思维体系的讨论告一段落。

在我往下进一步思考"思维体系"与"经验体系"的接触点之前，在第 33 节中，我考察了作为"自觉的体系"的几何学直线的意义。接下来在第 34 节中，我考察了直线的心理性质，并且试图通过直线的意识，见出精神与物体的对立与关系。但是，我当时对这些东西的思考还是很模糊的。

自第 35 节以后，我将所谓"有内容的经验"亦即"知觉经验"，视为与所有思维体系相同的自觉的体系，我通过同一原理，来统一所有的经验，已从根本上阐明精神现象与物体现象的意义与关系，并建立作为本书写作之最初目的的"价值与存在""意义与事实"相结合的基础。但是，要做到这一点，我们就必须打破通常以身体作为意识之基础的想法，这在根本上也隐藏着时间的次序与价值的次序的关系问题。在第 36 节当中，我讨论了感觉是从物体中产生的这一看法，并且认为这是不可能的；在第 37 节中，论述了我的身体与我的意识是如何结合的，我认为它们是以目的论的方式而结合的。在第38节中，我更详细地讨论了这个观点，认为只有在自身之中带有目的者，才是真正的具体的实在。生物比物体是更具体的实在，精神又是比生物更具体的实在，物体现象是精神现象的投影，物体世界则是精神发展的手段。到了第39节，我终于清理了以上这些论点。将我们能知道的东西，和不能知道的东西区分开来，并且主张唯有依赖超越于认识的意志的立场，才能够将经验重复。理想与现实的结合点其实就在于此。到了这一节，我达到了本书的最后立场。

自第40节以下，我在第39节中所到达的基础上，回过头来对迄今为止提出的问题进行考察。在第40节当中，我先讨论了意志的"优位"（Primat）；第41节当中，阐明了我所说的"绝对自由意志"，认为它并不像单纯的决断那样是没有内容的形式性意志，而是具体的人格的活动；之后，在第42节中，我从最后所到达的立场，反过来看思维与经验的关系。在第43节中，我从"同一"的立场来讨论"反省"的可能性，将一切经验统一在一个体系当中，并且讨论了精神与物体等种种实在界的性质及相互关系。这样一来，对于这些讨论了许久的问题，我的解决态度就确定下来了。然后在第44节中，我先讨论了时间的顺序，最后则讨论了作为本书之最初目的的价值与存在、意义与实在的结合问题。同时我也尝试解答一个人是否能够在某个时间、某个场所中思考普遍有效性的真理。

本书的"跋"，是我在今年（1917）四月东京哲学会发表的以《种种的世界》为题的演讲稿，由于它简单地总结了本书最终达成的思想，因而我决定将它附于书末。又，为了要帮助读者理解，我在本书卷头编排了一份目录。但是如上所说，本书一开始就不是依据目录设计所写成的。假如拘泥于目录的话，或许反而会影响阅读理解。

本书是我在思索中恶战苦斗的记录。经过许多迂回波折之后，不得不承认，我最终并没有获得多少新的思想与结论，或许免不了"弹尽粮绝乞降于军门"之讥。但无论如何，总算是对我的思想做了一次诚实的清理。这些东西本来就不是应该拿出来给人们阅读的。不过，倘若有人和我有同样的问题，并且和我一样为解决这些问题而苦恼，那么，纵使本书不能带来多少参照，也多少可以获得一些同情吧。

西田几多郎
大正六年[①] 六月，于洛北田中村

改版序

本书是我由一名高中外语教师，初次登上大学讲坛的时候写作的。自《善的研究》以来，我的思想倾向就已经确定了。当时，我的研究范围延伸到了李凯尔特等人的新康德主义学派，并且相对于这个学派，我要彻底地维护自己的立场。

---

① 大正六年：公元1917年。——译者

相对于价值与存在、意义与事实的严格区分，我试图从直观与反省的内在结合这一"自觉"的立场，来寻求两者的综合统一。当时我所采取的立场接近于费希特的"本原行动"。但是，我的立场与费希特的立场并不相同。我的立场，毋宁说是"具体经验的自发自展"。那时我正在读伯格森，并深深地与之共鸣，被他打动。但是即便如此，我的立场当然也不同于伯格森。

本书的最后立场是"绝对意志"，虽然也可以被视为我现在所说的"绝对矛盾的自我同一"，但是它离"绝对矛盾的自我同一"还差很远。通过马堡学派的极限概念，我尽全力思考思维与经验、对象与作用之间的内在统一，然而我并没有能够真正把握到最后的立场。问题还是没有解决，就那样遗留下来，这也是无可奈何的事情。虽然种种不同的方向角度都暗示着最后的立场，但是，这最后的立场并没有被真正把握，因而没有办法从这里积极地解决问题。这就是为什么我在初版序文中说自己免不了"弹尽粮绝乞降于军门"的原因。

现在看来，本书只不过是我思想发展的一个阶段而已。值此改版之际，重新阅读，但已不能再添加一笔，它离今日的我有点遥远了。但是回顾以往，本书保留着我在三十年前数年间恶战苦斗的记录，不能没有"为君几下苍龙窟"[1]的感觉。

西田几多郎
昭和十六年[2] 二月

---

[1] 语出中国宋代释重显《颂一百则》"二十年来曾苦辛，为君几下苍龙窟"。——译者
[2] 昭和十六年：公元1941年。——译者

绪　论[①]

1—3 "自觉"的意义及种种疑问

1

所谓"直观",就是主客未分、知者与被知者合一的状态,是现实按照它本来的样子不断进行的意识;所谓"反省",就是站在这个进行之外,对它进行反顾的意识。借用伯格森的话来说,就是将"纯粹持续"重新作为"同时存在"的形式来看待,就是将时间作为空间的形式来看待。既然我们无论如何也离不开直观的现实,那么这种"反省"是如何成为可能的呢?"反省"又如何同"直观"相结合呢?后者对于前者又具有怎样的意义呢?

我想,我们在这里必须明确两个内在的关系。在"自觉"当中,自己是以自己的作用为对象,在反省它的同时,这种反省的行为又直接成为自我发展的活动。这样就保持了无限的进行。在自觉中,所谓"反省"不是从外部附加上去的,而是意识本身所具有的必然性质。费希特说过,所谓"自我"就是"我在我中活动"。而所谓"自己反省自己",亦即自己反映自己,并不仅仅是这样的,其中包含着无限的统一发展的意义。正如罗伊斯所说的

[①] 本书选译第1—13、38—41节。——译者

那样从"自己反映自己"的意图中，必定会发展出无限的系列。例如，可以设想一下，在英国，如何画出一张完整的英国地图来。画出了一张地图，就意味着还要画出更为全面完整的地图。这种不可遏止的无限的进行，就像两张明镜之间的物影，被无限地映照下去。自己反省自己，亦即自己反映自己，就是把所谓"经验"用概念的形式反映出来，不是离开自己而反映自己，而是在自己当中反映自己。反省实际上是自己当中的一种事实。自己因此而在自己当中加上了某物，在自己自知的同时，也是一种自我发展的作用。真正的自己并不是静态的同一，而是动态的发展，我们的不可动摇的个人的历史思考，就是基于此而进行的。

对于"自己反省自己"作心理学上的考察，可以看出第一个自己和反省自己的第二个自己，是在不同时间上的精神作用。可以说两个自我是类似的，但并非是同一的。正如威廉·詹姆斯所说的那样，自己同一的感觉，就好比是同一个所有者的家畜身上的烙印那样的东西，然而我所说的"自觉"，与这种心理学的观点不同，而是一种事实，并具有根本的意义。我们回忆起我们的过去，并对此做历史性的思考，它本身作为业已超越了时间的自觉的事实，岂不是可能的吗？有了超越个别意识的统一的意识，个别意识统一才是可能的。将两种精神作用进行比较，能够看出第一个自己，与进行反省的第二个自己之间不同的，如果不是自己本身，那又是什么呢？心理学的层面只是我们对意识进行考察的较低层面。我们不能忘掉的是，在这种考察的背后，已经存在着超个人的自觉。康德所说的纯粹统觉的统一，运用于自然科学是可能的。在"自觉"当中，第一个自己和反省的第二个自己，两者并不是同一的；而被思考的自己，与直接思考的自己本身，是同一的。自觉，就是对自己的超越性的统一的意识，是隐含在两个意识深处的统一的意识表现，是内在的应然的意识。

我所说的"自觉"，就是上述作为一切意识之统一作用的自觉。这样一来，能动的自己，毕竟不能成为我们的意识的对象。我们反省过的自己，已经不是能动的自己本身了，在"自己反省自己"这一意义上，可以说自觉的事实是不可能的。然而，我们对意识进行反省，或者认知它，到底意味着什么呢？

我们反省我们的意识，并认知它，如果像一般所认为的那样，仿佛是在镜子前面放置一物并映照其形，让过去的意识浮现在心的前面，那么这种反省、认知到底是不可能的。然而在这个意义上，我们不仅不能反省我们自己，恐怕连过去的意识也不能加以反省。这是因为，我们在反省那些的时候，那已经是过去的意识了，而不是现在的意识，在严格的反映的意义上说，我们是不能将一刹那间的意识予以反复的。通常所认为的那种反省，基本上可以说是来自"反映论"（Abbildungstheorie）的独断。而所谓认知，正如康德以来的许多学者，特别是目的论批判哲学的哲学家们所说的那样，人们是依靠先验的形式，对意识内容进行统一、进行组织的。知者，就是动者。我们对过去的意识加以回忆，进行反省，在某种意义上，就是对它进行建构，进行组织。因而，无论在什么情况下，所谓反省的活动，也就是建构的活动，亦即思维的活动。正如目的论批判哲学家们所言，所谓认知，就是一种思维活动。这样看来，我们反省我们自己，并认知之，也就是思维之。费希特也把这种活动称为自己对自己的活动。又如费希特所说，我们所谓的自己，在活动之外并不存在。那么，自己对于自己的活动，亦即对思维进行思维的活动，如何成为可能的呢？

人们大都将知者与被知者，作为不同的东西，认为所谓"知"就是前者对于后者的活动，并且因此认为，思维本身对思维进行思维，这样的事情不可能的。然而，正如费希特所说，并不是有"我的存在"，才有"我的思维"，相反，是先有了后者，前者才能成立。主张"在我思维之前，我必须存在"者，是我自身，这个主张实际上就是我的思维。借用李凯尔特的话说："在存在之前，就有意味。"根据李凯尔特的说法，我们意识的对象也不是超越性的存在，而是超越性的应然，是价值。所谓的"认识"，就是对"应然"亦即价值的"承认"（anerkennen），这种超越性的应然，作为我们意识之内的事实而出现的，就是我们的知性作用。因而我们的知性作用并不在判断之外。所谓"认识的主观"就是这种判断意识的最后的主观，它作为一种界限概念，是将一切经验界看作意识内容的最后的立足地，而并非带有某种实在性的东西。

这样看来，我们认识的根据是超越性的应然，因而判断的必然性或逻辑上明晰的感情之类，作为内在的标准，就成为在心内的经验中表现出来的东西。我们的"知"就是基于这种应然的意识。所以，正如通常所认为的那样，有"知者"和"被知者"，前者并不是通过对于后者的活动而成立的。而主观和客观的存在，却是由价值意识而形成的。

如果"知"就像上述那样是可能的话，像以上那样对"知"进行考察，那么自己认知自己，思维本身对思维进行思维，就应该如同说价值意识承认价值意识自身。这样的话，价值意识承认价值意识自身，应然自身承认应然，果真是可能的吗？我认为，应然承认应然自身，是可以不证自明的。应然是由应然自身而成立的，而不是由其他东西成立的。由其他东西而成立者，不能称之为应然。所谓应然，与自己本身的承认是同一的。文德尔班认为规范意识假定了自身的存在。这样的说法似乎是一种循环论证，但正如洛采①所说，不可避免的循环论证是公开进行的；李凯尔特也说，所谓怀疑，就是假定规范的意识已经存在了。而持相反意见的纳尔逊②则说，知识的客观妥当性是不能证明的，这些说法其实都出于同一理由。

这样看来，对于所谓"自觉"，不能再做原来的心理学上的解释，也不能再从主客观对立、前者反映后者这样的反映论的认识论上来考察，而是从批判哲学的立场上看，是应然承认应然自身，以此可以明确其意义与可能。费希特所说的这种"自觉"，是我们所不能直接说明的一种根本事实，这叫作"知性直观"。根据费希特的看法，我们"意识到我们自己"，必须和"思考的自己""被思考的自己"区别开来，但是这样一来，这个"思考的自己"就要以"思考的自己"为对象，如此循环无限，最终还是不能说明"自觉"。然而无论如何，"自觉"这一事实是存在的，因而在"自觉"中，主观与客观必须合一，这就形成了"直观"。在这个意义上，"自觉"也可以称为"直观"，那么也就可以说，"直观"就是

---

① 赫尔曼·洛采（Rudolph Hermann Lotze，1817—1881）：德国哲学家，主要著作有《逻辑学》《形而上学》《小宇宙》等。——译者

② 纳尔逊（Nelson Goodman，1906—1998）：美国哲学家，在认识论、语言哲学、美学等领域颇有建树。——译者

价值意识承认价值意识自身，应然就必须承认应然自身。费希特所说的"直观"是一种能动的活动。

2

通过以上的论述，所谓的"自觉"及其可能性就大体清楚了。费希特说："'自觉'作为不能说明的直接的意识事实，是自己认知自己，它只是在思维中进行，亦即存在于活动中。将自己进行直观，就是活动的进行。"① 费希特在这里所说的思维活动，是一种无主的思维，是一种无动者的活动。在现代目的论批判哲学看来，所谓"价值意识承认价值意识自身"是有失恰当的，若不做这样的说明，那么费希特的看法就与"由事实来论价值"的心理主义相混淆了，难免会受到诟病。然而，如果将"自觉"单单看作这样的应然意识的话，那么自己就完全被看成非实在的了，那就与存在于我们现实中的反省的事实没有什么关系了，在自身中也丝毫不会含有活动的意义。故而文德尔班等人认为费希特将"自己"做这样的理解是正确的。②

然而，我们的所谓"自己"，一方面是如康德所说的那种"纯粹统觉"意义上的客观性知识形成的根据，同时另一方面又是现实活动的根本。就是自己在自身中，在现实中不断地进行活动。这种在现实中的反省，或者思维，都是自己的活动。在这个活动之外，"自己"是不存在的。当我们在思考自己之外的事物的时

---

① Zweite Einleitung in die Wissenschaftslehre 4. ——原注
② Präludien 4te Auflage II. Bd. S. 126. ——原注

候，被思考者与思考者是各自存在的，也就是说，判断活动与其内容是不同的。而只有在"自觉"中，两者一定是同一的。是自己思考自己，是内容思考内容自身。在这个意义上的"自觉"中，才能寻求直观与反省之间的深刻的内在联系，这也是本书的目的。然而，不用说，这样的看法是基于"知性价值"与"知性活动"的错误混同之上的。

真理，无论我们是否思考，它都是真理。价值意识是普遍有效性的意识，与我们现实中的知性作用没有任何关系。倘若从这样的认识出发的话，那么就价值意识而言，承认自己自身的自我意识，与现实活动中的自我意识，两者之间就不会见出任何结合点。前者超越后者，是将一切其他对象一律都作为知性对象，并且是能够予以静态观察的。说到这里，李凯尔特所说的"知性价值"与"知性活动"之间的严格区分，是值得我们好好体会的。李凯尔特在《判断与判断活动》一文中，就"判断"的看法做了三种区分。他认为判断是一种心理活动，它与其他的心理现象一样，是发生于个人意识中的、有着时间长度的一种事件的经历而已，然而在逻辑上，判断是具有某种意味的。判断作为一种心理活动是表示某种意味的，而且这种意味可以分为两种，即客观的与主观的，或者超越的或内在的。李凯尔特将前者与后者加以区别，称之为"判断的内容"（Urteilsgehalt）。所谓"超越的意味"是与他所谓的"超越的逻辑学"相一致的，而与心理学上的判断活动没有什么关系，例如，与 $2 \times 2 = 4$ 这样的谁都随时给出的判断活动没有什么关系。他认为，这种超越的意味是判断活动的意味，作为目的是内在性的，因而是内在的意味，是我们的逻辑上的应然的意识。这样就可以将这种判断分为存在、目的、内容三个方面，而这三个方面应严格区别，不能予以混淆。

李凯尔特的这种区别方法，在学术上无疑是值得尊重的。但是，问题在于，我们的应然意识与现实的意识活动是没有关联的吗？所谓应然的意识对于我们的现实的意识活动不具有支配力吗？它不是从内部驱动我们的活动力吗？否则的话，所谓"应然"对于我们而言就是全然没有意义的了。例如，我们在思考某一个数学问题的时候，所谓数学上的必然性，是我们的观念联合的驱动力，也就是事实上的一种力量。在我们的直接经验上，必须这样来思考的，由此就产生了这样的思考。不能驱动现实的理想不是真正的理想。当然，这样说可能会引起种种批评之声，其中很有可能由于将原因、理由相混同，而产生很大的谬误。但是，导致这种批评发生的根源，难道不是一种独断吗？这是仔细体味就能发现的独断。

许多人认为，所谓真理，并非是其自身有实行之力，或者并非是根据某人的思考而付诸现实活动，也不是类似理想那样的靠自身去实现的东西。真理是由切实的依据而成为现实的。然而，持这种观点的人所说的"个人"指的是什么呢？"切实的依据"又是指什么呢？所谓"个人"，所谓"切实的依据"，难道不是通过时间、空间的形式，将我们的经验界统一起来之后而思考出来的吗？如果是这样的话，不得不说早在我们思考此问题之前，就已经假定了应然的意识，这是根据后者而思考前者的。

一切真理，其本身都有驱动力来驱动我们的意识，而不是靠其他来推动。例如，当我们面对 $2\times 2=4$ 这样的问题时，就是对不可动摇的现实事实的寻求，这种寻求并非来自外力，把它看作是个人的，或是某种场所中的东西，只不过是从外部附加的思想而已。而且不可否认的是，这种思想在根本上是包含着应然的意识的。一切或某一个意识体系，当它在其自身内发展的时候，应然就是现实的事实。否则，就有必要根据空间、时间、因果之类的外部形式，从外部进行统一。通常，根据空间、时间、因果的形式而能够进行统一的，就是实在的。所谓真理的体系，被认为是理想化的东西。如果后者不是实在的，那么基于它而思考的前者就更不是实在的。

当我们把经验嵌入空间、时间、因果的形式进行思考的时候，亦即嵌入存在的范畴进行思考的时候，就已经是基于一种应然的意识亦即价值意识了。自然科学的真理只不过是我们的思维的产物，对于这一点，承认康德认识论的人都应该是承认的。这种理想化的真理，与对此进行的思考活动，在任何情况下都应该加以区别。也就是说，对于"真理作用于现实"这样的问题，还需要更多的探索讨论。例如 $2 \times 2 = 4$ 这样的数学上的必然，不是某人在某一时间、某一场合的思考所得出的。在物理的知识领域，即便一切都是"拉普拉斯的神"（intelligence）能够预言的，那么也应该把它与物理学的真理、物理学的事实区分开来。逻辑上的应然与事实本身，任何情况下都不能混为一谈。事件、空间与因果关系的思考即便是根据应然来进行的，那应然也不能创造事实。要想弄清这些困难问题，就必须深入到这些思想的根源处进行考察。

3

以上将难点说清之后,接下来我想谈谈真理与认识作用之间的关系。

就逻辑性的知识来看,李凯尔特等人将逻辑的意义或价值,与心理性的判断作用予以严格区别。从意义上能被严格区别、作为单纯时间之事件的判断作用,应该如何进行考察呢?像李凯尔特所说的那样,超越性的意义作为判断作用的意义如何成为内在的东西呢?他所说的"应然的意识"是如何形成的呢?例如,在思考"甲是甲"这个同一律的真理时,即便是同一的性质,但是从两个不同的独立心象的连续中,这个判断是如何得以成立的呢?

正如冯特所言,所谓"再确认"并不单是同一意识的反复,而是一种具有新的意义的意识。以此为根据,他认为心理性的因果关系是一种创造性的综合。我们直接的意识是具有意义的。作为意识的事实,可以说意义是具有实在性的东西。当然,这种所谓的"意义意识",也许可以把它作为单一的感觉或感情进行分析,但是经过这样的分析,意义也就没有了。例如,关于某件艺术作品,从其使用的材料进行分析考察,那就是一般。而根据时间、空间、因果上严格予以限定的意识现象,则不可能从中只见出一般性的意义。或者,当我们说一种艺术作品有意义,其实并不是它本身有意义,而是由我们的应然的意识所创造出来的意义。因此,有人说"意义意识"只不过是一种幻觉的说法,这种说法的对错姑且不论,但是若是认为意义意识作为直接的意识事实是实在的,那么它的起源在因果律上是得不到证明的。说意义意识是实在的东西,任何人都不能否定。否定它,就意味着承认意意识的存在了。这种应然的意识，在李凯尔特所说的那种意义上，不能说是实在性的。但是，显然也不是他所说的那种"超越性的意义"，即不是价值本身。价值是在存在的形式中体现的。就自然现象而言，可以说自然现象的目的是从外部给定的。但是在意识现象中，目的直接就是一种能动的作用，可以说是实在性的。

如上所说，意义意识的起源不能从意识形成的因果律上予以证明。如果认为两者之间具有不能逾越的界线，那么就像我们通常所认为的那样，说某人在某个时间、某个场所的意识是具有某种意义的，也就是我们在思考某种意义，这如何是可能的呢？认为意义意识是实在性的，实际上包含着这样的意思，就是认为可以把它嵌入存在的范畴来思考。意义与存在的事实，两者之间如何才能结合呢？正如我曾说过的那样，不论是时间、场所，还是个人，还是思考，这些都是根据一种应然，来将我们的经验统一起来。这样想来，我们思考某种意义，思考意义与存在的结合，就是把一种意识置于各方面的关系中来考察的。对于我们来说，直接的具体意识，在某种意味上是在它与其他东西的关系中发生的，亦即是拥有种种意义的，是在种种意义上与其他的东西保持联系，从而在种种方面予以统一。

例如，我现在的意识具有真、善、美的意义，这可以从应然中体现，与此同时，它作为具有时间性的、个人性的意义，需要从这个方面来统一，来体现。但是，从以上所说的意义与存在之间的结合上来看，这些对于种种不同意义的看法，如何在一种意识中结合在一起呢？如何像我所设想的那样，将某种存在与某种意义结合起来呢？我们可以随意从种种方面来考察某种意识，那么又根据什么说它是一种意识呢？对存在进行思考，固然就属于意义意识，但是如果认为连存在本身都是有意识的意义，那么一切就都成为意义了，所谓存在、所谓实在也就谈不上了。我们对于某物思考其意义，某物会思考其意义吗？意义会就意义而思考意义吗？即便意义作为直接的意识事实是实在性的，那么只根据意义就能成为实在的吗？意义依靠自身之力就能出现在个人的意识之中吗？意义意识不能从存在得到说明，存在也不能从意义中得到说明，还是说"存在"的意义使得其他的意义存在？让我们对存在进行思考的究竟是什么呢？是存在的意义让其自身存在吗？就其他的意义而言，我们只要思考意义、思考意义意识就足够了吗？就"存在"的意义而言，必须思考存在之物，思考此物存在之意，思考这样的意义意识。既然"某物是存在的"作为意义的意识是真理，那么此物就一定存在，然而这个某物是不能从意义中导出的。

以上种种的疑问如果不加以澄清，就不能指望意义与存在之间的结合。

4—6 意义与存在

4

在思考"意义"与"存在"之关系的时候，想先就普遍所认为的将两者结合起来的符号象征等进行考察。

在我们的言语中，在所指的意义与被指的东西之间，不存在什么关系，言语不过就是意义的符号而已。这就如同十字架体现基督教的意义。在这种符号性的关系中，将两者结合起来的东西是外在的。相反地，百合花是清香无垢的象征，其所指的意义与花本身之间，是有某种内在联系的。也就是说，在这种情况下，在百合花的花姿与清净无垢的感觉之间，在我们的直接经验上是有着某种必然关系的。在我们的直接经验上，两者形成了浑然的一体。艺术作品中的意义与其作品本身之间的关系都属于这样的关系。在这种象征的场合，百合花清净无垢之感是可以产生的，能够具有的，但是再进一步分析下来，一种花香花色与人的感觉之间未必具有不可分割的关系。也就是说，并非在对象本身之间有关系，与颜色相关联的感觉，也可以与声音产生关联。那种感情只是伴随着我们的主观作用的感情，可以视为从外部结合起来的。

我们心理上的判断作用，在表示逻辑意义或者真理的时候，也属于此种情形。我们思考某种真理的时候，单纯作为心理作用来看的话，不过是若干的观念在时间上的连续而已。它所表示的意义，是依靠这些观念与中心意识之间的关系亦即"统觉作用"，从外部附加上来的。

根据以上的思考来说，一切存在与意义之间的结合，都可以通过我们的主观作用，亦即我们的活动观见。可以认为最初存在与意义的结合是偶然的，有赖于我们的随意的结合。接下来，这种结合就可以视为必然的。而且这种必然性，是将"我"看作拥有必然性者，依赖于物的必然性与我的必然性之间具有必然关系这样的认识。但是，在这种场合，所谓"必然的关系"意味着什么呢？通常所说的"必然的关系"有两种：一种是意义上的必然的关系，例如逻辑上的必然关系；另一种是因果律上的必然，例如某种原因必然导致某种结果。上述的"物的必然性"与"我的必然性"之间的必然的结合，正如一般的心理学家所思考的那样，是将表现意义的"我"也看作一种存在，并肯定"我"与其他存在之间的因果上的必然。

在这种想法中，把其意义重新作为心理学上的自我作用进行考察，就意味着已经假定了意义与存在的结合。另外，将这两种存在结合起来的是什么东西呢？物与物之间的因果性的必然关系的必然性究竟来自何处呢？我们说物与物之间具有因果性必然关系，是因为在现在的经验中存在着两物的不可分离的结合。在经多次反复这种结合仍然不变的情况下，我们就相信这两种东西之间具有因果性的必然联系。这样看来，就可以说结合意义与存在的东西是同时存在的这种时间的形式，判断作用与意义的结合，也是在观念联想①中同时伴随着代表意义的意识。我所说的这种东西，与詹姆斯所说的"烙印"那样的东西是相伴随的。

如果说这种意义与存在的结合，通过时间的形式成为可能的话，那么所谓"时间"是怎样的东西呢？不言而喻，所谓"时间"者，就是使我们的经验得以统一的形式。通过这种形式经验得以统一，这是依赖于我们的超越性统觉的统一作用。也就是说，上述的"时间"是基于我们的应然的意识而形成的。这样看来，被视为存在的那种意义，与存在的结合，就可以称为"意义的意识"。通常所认为的意义与存在的结合，本质上无非是将意义转变为存在的形式，存在与存在的时间的结合而已。这样的思考方法，

---

① 观念联想（association of ideas）：源于联想主义心理学，其创始人是哈特莱（1705—1757），即将一切心理活动都看作各种感觉或观念的集合。联想指各种观念之间的联系或联结，联想的形成遵守相似律和对比律的原则。——译者

毕竟不能明确意义与存在之结合的真正意义。

5

在这里，我想谈谈通常所谓的"存在"有什么意义。说某物是存在的，这意味着什么呢？某物存在，作为严格的经验的事实，只是同一经验多次反复之后的确认。更严密地说来，在时间上反复的经验果真能称之为"同一的经验"吗？这是一个疑问。实际上，这只是相类似的经验的反复而已。所谓意识之外的物的存在，是根据我们的思维活动推断出来的，正如唯心论者所主张的那样，在我们的主观的自我之外，并没有确定无疑的直接的存在。然而反过来说，所谓自我的存在，也只是同一的经验、严格意义上的类似的经验的反复而已。我们对于我们自己的心理性的存在，给出的理由也不能超越于物的存在。如果存在是严格意味上的自我同一，那就意味着存在在其自身中是不变的。如果我们要在直接经验中寻求符合这种性质的东西，那必须得说它不是我们通常所思考的如"物"或"我"一样的东西，而是如逻辑上的应然一样的东西。在我们自身中，逻辑上的应然的意识必须是确定不变的。假如说在时间上不同的意识不是同一的意识，那么这样的说法就不是出于确定不变的逻辑上的应然意识。

但是李凯尔特等人反对这样的说法，认为在自身当中确定不变的东西不是应然的意识，应然本身就是价值本身。作为心理现象，在时间上出现的应然的意识，严格说来也不是确定不变的东西。我们把自身中确定不变的东西视为存在，那么最确定无疑的存在就是纯粹的价值即如同"理"本身那样的东西，正如柏拉图所思考的那样，那不属于"现象界"，而是"理想界"。然而，我们通常却不把"价值"或"应然"这样的东西视为存在，正如李凯尔特所说的那样，是把它作为"认识对象的世界"，而与"存在的世界"予以严格的区分。我们说"某物是存在的"，与其说它是确定不变的，不如说它具有上述的意义。

这样看来，我们就不能从同一经验的多次反复，亦即具有同一性质（严格说来是具有类似性质）的经验的多次反复中，直接思考"存在"的问题。甚至可以说，那只是我们把视为同类经验的东西用一个普遍名词予以统一起来而已。文德尔班将"同一"与"同等"予以严格区别，认为两者属于根本不同的概念，"同等"属于反省的范畴，"同一"属于实在的范畴。①

那么，经验性质的"同一"亦即"同等"，与物的"同一"，应该怎样予以区别呢？"同等"的范畴与"同一"的范畴有什么不同呢？对此，文德尔班有一篇题为《关于范畴体系》（Vom System der Kategorien）的小论文，他在那篇论文中认为，在意识现象中，可以将意识内容与将意识内容予以统一的作用区分开来。同一的内容可以在不同的关系中出现，而同一的关系又可以在不同的内容之间成立。也就是说，对于被给定的内容，我们可以自由地予以结合。因此，通过统合作用而自由结合的意识内容之关系，与不属于意识内容的关系之间，是可以区别的。在这里存在着主观意识与客观存在之间的对立。所谓"存在"指的就是这样的意识内容的独立。意识内容的结合已经包含在了独立的意识内容中，

---

① Widelband, Über Gleichheit und Identität. ——原注

意识的综合作用不过是将它反复罢了。在这种情况下，其关系是客观的；相反地，综合作用中的能够自由结合的意识内容之关系，则是主观的。正如文德尔班所言，作为我们意识的根本属性的综合作用的范畴，是把独立于综合作用的意识内容予以统一的范畴，当它这样出现的时候，就成为"实在性的范畴"；当我们把意识的综合作用中能自由结合的意识内容予以统一，并作为范畴出现时，它就成为"反省性的范畴"。这样看来，所谓物的存在，根本上说岂不就是独立的意识内容自身的统一吗？这也无非是说，独立的意识内容与自由结合的意识内容的区别，归根到底是被给定的直觉性的内容与能够随时反省的意识内容之间的区别。

关于性质的同一与物的同一，如果像以上所说的要对两者进行区别，那么，使用文德尔班所说的方法，能够在独立的意识内容与自由结合的意识内容之间，画出一条清晰的分界线吗？能够对直觉的统一与思维的统一进行绝对的区别吗？做这种区别者，是充分考虑到了主观的自我的自由的综合作用，但是我们的意识内容并不是由这种外在作用统一起来的，而是完全由自身的内容统一起来的。例如，在我们比较事物的性质，判断它们之间的异同的时候，这种判断是由意识内容本身的性质而形成的，并不是由外力形成的。在对两种事物的性质进行比较并判定异同之前，必须有性质同一的直观，在其自身中有同一的意识，因此判断的综合是成立的。在这一点上，与那种在独立的意识内容之结合上对事物的同一性的思考，是没有任何差别的。只因为我们认为能够自由地对被给定的经验进行分析，而忘记了内容本身的独立的综合作用。

如果我们要去寻求那种不能自由驱动的意识内容的连接，那么像数理那样具有内在必然关系的东西，岂不是最具有这种性质的东西吗？但是我们不把存在的范畴套在数理那样的事物中，而只是套在时间空间上的意识内容的结合中，那又会如何呢？即便意识内容的结合不能任由我们的主观来驱动，那么在这种结合作为意识内容本身的内在必然的结合，亦即意义的结合的时候，我们也不把它视为基于物的客观的结合，因而也不会在这里套入存在的范畴。相反地，当这种结合不能在内容本身中寻求，而是外在结合的时候，我们就会认为那是独立于我们的主观的、基于物的结合。所谓时间、空间，就是这样的外在结合的形式。这样想来，文德尔班所说的区别，归根到底不就是意识内容的内在结合与外在结合吗？

6

如上所说，所谓"物的存在"这样的判断，如果我们认为是相对于意识内容的内在结合而言的外在结合，亦即时间、空间形式的结合，那么，这种意识内容的所谓外在结合是怎样的呢？它是否始终能与内在结合相区别？两者的关系如何？亦即它与时间空间的结合是什么关系？它与"应然"的意识具有怎样的关系？只有将这些问题说清楚，才能说明意义与存在的关系。

我们费了几天时间，解了一道数学题，或者完成了一幅绘画作品，从内部来看的话，可以认为这是依靠一种意义的结合而形成的一种意识的展开。但从外部来看，亦即离开意义，而单纯作为所谓心理作用来看，那不过是片段的意识在时间上的结合而已。

不过，如上所言，像这种外在的结合，作为一种意识统一，也可以认为它是在内在的意义上形成的。时间、空间的长短与大小，是根据感觉方式而有所不同的。时间上的先后，空间上的上下左右，体现在一幅画的景物构图中，也可以看作是基于内在意义的构思。所谓内在的结合，如果指的是由一种意义而将其他意识内容统一起来的话，那么，时间空间上的结合也与之并无差异。唯一的不同，是意义本身的不同。也就是说，所谓空间时间的结合，就是在最一般的性质上所见出的意识内容的统一，就是将自己的一个个片段零散的经验，赋予其连续性，并且尽可能视为同质化的东西。内在的结合与外在的结合，两者的区别，归根结底似乎是在异质还是同质、特殊还是一般的这个意义上的程度上的区别。

诚然，把我们的经验视为同质性的东西，与将它视为在时间空间上结合的东西，并不能简单地认为是一回事。我们根据一般性质，主观性地将经验予以统一而形成的一般的概念，与那种关联于经验本身的时间空间，两者之间具有怎样的内在关系，恐怕是很难把握的。如果不能将经验看作一般性的，那么时间空间上的结合也就不能进行。即便如此，在后面所见与前面所见之间，还须有某种东西加进来，所谓"一般"，与所谓"同质"，当然不能混为一谈。

但是，从另一个方面来看，一般性的见解与同质性的见解，亦即把经验予以一般化而形成一般概念的见解，与通过时间空间而将经验结合起来的见解之间，应该具有必然的内在联系。我们的直接经验，正如伯格森所说的"纯粹持续"那样，是各部分具有特殊的位置与意义，而又能够内在结合的一种经验。对于这种经验的连结而言，其间并没有容许一般概念结合的余地。这就如同在艺术作品的各个部分之间寻求一般性概念的结合，同样是无意义的。唯有如以上所说的，通过将一个个异质的经验投射在同质的媒介物上面，而把各部分视为分割、独立的东西，然后再将其类似性予以概括，这样一般性概念就形成了。但是这样说，即便通过一般化的见解与同质化的媒介物而将经验予以统一，即便也能够确认它们之间具有必然的联系，也还是不能说两者的内在关系是明确的。

在这里，我说通过同质性的媒介物将经验予以统一，那么这是怎样的统一，又如何成为可能呢？自康德以来，空间、时间作为直观的形式，它们与思维具有完全不同的根源。诚然，康德认为纯粹统觉的统一是同一作用的根本，但他将思维与直观是予以区分的，认为直观的形式是另有依据的。李凯尔特在题为《一者、统一以及"一"》的论文中认为，对于数的概念的获得而言，纯逻辑的概念必须带有非逻辑的因素，作为纯逻辑性对象的"一者"与作为数的"一"，属于完全不同的概念，他说不是在性质上区别"一者"与他者的异质性媒介物，是通过同质性的媒介物，才能获得数的概念。不过，正如我曾在《逻辑的理解与数理的理解》一文中所论述的那样，所谓成为数的概念之根基，早就成为时间与空间之根基的"同质性的统一"，在许多的康德学派的学者那里，似乎完全没有包含在思维之中。

我们所谓的"判断作用"，就是黑格尔所说的，是一般性的某物发展自己自身的那种作用。即便像"甲是甲"这样的判断，也不是单纯的同一个词语的反复。特殊的东西包含在一般的东西当中,所表现的也就是一般的东西发展自己自身内在的必然作用。把甲区别于乙,其中包含着把乙区别于甲。在两者的区别中必须存在将两者予以统一的某种东西。正如我们通过这个"一般者"从甲中区别乙,也从乙中区别甲。在思维的深处,必须有统一的直观。所谓"同质性的媒介物"的想法,其根据也肯定就在这里。

毋庸讳言,将线的连续或数的序列,置于一般与特殊的关系中来思考,可能会存在不少的异议。为了论证空间是直观的而不是概念的,康德认为:在空间中,一个空间与整个空间的关系是部分与全体的关系,而不是一般与特殊的关系,前者是后者被限定的东西。康德指出几何学的原理不是从一般概念导出来的,另外,尽管普遍认为空间是无限大的,但是也不可以设想概念当中包含着无限的观念。不过,严格地说,理解一条几何学上的直线,也绝不像通常所认为的那样仅凭单纯的直觉即可,我们凭直觉所见的直线,只不过是其象征罢了。

彭加勒对"直觉的空间"与"几何学的空间"进行区别,说后者是"同质的"(homogèneet isotrope),以此来解释空间的同质性。从感觉(A)到感觉(B),通过外界变化(α)而移动,然而这个(α)发生变化,通过有意运动[①](β),而得以由(B)向(A)复归。然后想象又因为外界变化(α'),同样地由(A)向(B)运动,并且之后这个(α')变化又通过有意运动(β'),而得以由(B)向(A)返归。而这个(β')的运动与前面那个(β)的运动如

[①] 有意运动:指人为了达到某种目的而主动去支配自己的肌肉运动,又称随意运动,它是意志的基本组成部分。——译者

果相应的话，那么所谓空间的同质性就形成了。[①] 彭加勒所说的这种基于几何学的空间同质性，是建立在将某种外界变化复归于原本位置的有意运动的相应性之基础上的。深究起来，难道他所指的不正是我们自己反躬自身，来认识自己的那种"自觉作用"吗？

在严格的意义上说，并不存在同一的运动，说通过同一的运动返回原来的位置，只是基于自我同一的要求。所谓基于几何学空间的同质性，如果就是彭加勒所说的那种同质性的话，那么就应该说，它本质上还是基于我们的自觉作用。正如我在《逻辑的理解与数理的理解》中所论述的那样，所谓数的秩序，所谓无限之类的东西，是通过在体系中映照体系，亦即自己反映自己而形成的。所谓几何学的直线的秩序，所谓无限之类的东西，也必须在这个基础上来思考。

根据以上的考察，在把一个思维对象与另一个思维对象相区别的异质的媒介物当中，必须有同质的媒介物。数量上的关系是在这个基础上产生的。正如马堡学派所说的那样，所谓"种别"与"量别"是杂多的统一的思维，亦即判断的不可分割的两个方面。在抽象上或许能够将这两方面分开考察，然而在具体思维上这两方面却不能分割。纳托尔普认为，两个方面的关系就像"内向的方向"与"外向的方向"之间的关系。康德将"外延量"（extensive Grösse）与"内包量"（intensive Grösse）相区别，它认为在外延量中，部分先于整体，而在内包量中，整体先于部分。亦即前者是先分离而后进行内在的统一，而后者则是先有内在的

[①] *La Science et l'Hypothèse*, p. 82. ——原注

统一而后分离。这两者的区别是侧重于哪一方面的差异，而且无论意义大小都必须具备这两个方面。①

一切数量上的关系，根本上都包含性质的关系。亦即包含一般与特殊的关系。只是这种性质的关系是所谓"无内容"的情况，亦即是通常意义上极其一般的场合，更恰切地说，具有单纯思维对象性质的场合，是从这种关系的具体的统一的立场反省之后，表现出来的纯数量的关系。所谓基于数量关系的同质性，指的就是这种性质。在上述的康德《纯粹理性批判》的开头，论述了空间、时间的非概念性，按照他的看法，感觉是知觉的空间之性质上的延长，但若是通过这样的感觉来思考空间的一般概念，就不能从这种一般概念导出几何学的原理来。不过，"直觉的空间"与"几何学的空间"是必须明确区分的。如果将几何空间的一般性质作为上述的那种纯逻辑的东西来思考的话，就不能认为各种几何学的原理可以根据这种一般的性质而成立。

说起一般与特殊的关系，通常都认为它们是纯粹性质上的关系，认为所谓特殊，就是在一般的东西中加上某种性质。例如，某种特殊的颜色，就是一般的颜色加入了某种特别的性质而形成的。亚里士多德以后的因袭的三段论式，就是建立在这个基础之上的。但是正如洛采所说，一切三段论式，根本上都必须有着体系的存在（鲍桑葵②等人也接受洛采的看法，认为推论的根本条件在于体系）。也就是说，构成推论的基础的一般的东西必须是体

---

① Natorp, *Die logischen Grundlagen der exakten Wissenschaften*, S. 52. ——原注
② 鲍桑葵（Bernard Bosanquet，1848—1923）：英国哲学家、美学家，著有《美学史》《美学三讲》《当代英国哲学》等。——译者

系，一般与特殊的真正的关系，必须在体系中的内在发展中去寻找。真正特殊的东西，是从一般的东西的内在发展而来的。

从纯粹性质的角度来思考的一般与特殊的关系，也不会超出这个定义。例如，将某种特殊的颜色包摄在"一般色"中来看，所谓"一般色"这种经验内容，岂不就是胡塞尔所说的在直观中被给定的本质（Wesen）那样的东西的内在发展吗？种种颜色本身的体系就是依此而成立的。或许有人认为这种看法是把概念予以实体化了，但是，既然我们在直观上把"一般色"与其他颜色相区别，那就必须承认它的独立的经验内容。如果说"一般色"是抽象概念的话，那么，蓝色、红色等等，难道不可以根据同样的理由而视为抽象的概念吗？这样的话，就没有任何边界了。

一切事物的性质，都来自将一种体系性的经验做静态的思考。将经验进行性质上的统一，就是将经验在一个中心上结合，亦即纳托尔普所说的那种内向性的方向上的连接。一切经验的体系也都可以根据这样的思考而得以进行性质上的思考。即便在数那样的体系当中，也能够进行这样的思考。通常意义上所谓的"一般化"，就是把那些被视为各自独立的、静止的经验的体系结合在一起，把原来不能进行数量上分割的经验的体系，进行数量上的分割，尔后再将它们统一在一起。这样的思考方法，岂不就是从思维的两个方面分别所见的抽象性观察的结果中所形成的中间物吗？真正的经验体系，应该是从被视为无内容的思维对象的体系，亦即数的体系和以此为基础的空间时间的体系，到随着内容的逐渐丰富而形成的，乃至直接通过内容本身进行思考的纯粹内在统一的经验，它们似乎也可以视为同一形式的体系性程度上的差异。

第一章 经验思维的性质

7—10 纯粹思维的体系

7

正如上一节所论述的那样,所谓物的存在,是指通过时间、空间的形式,把我们的经验在外部予以结合所看见的东西。这种观点,与我们的经验直接从内部结合的那种内在统一的观点之不同,只是程度上的不同。不是通常所认为的那种绝对的差异。"存在"与"应然"是经验不可分割的两个方面,为了从根本上明确这一点,就需要对单纯的判断作用做一考察。

"甲是甲"这样的同一律的判断意味着什么呢?我们确定某一个思维对象,说这个思维对象本身是同一的,指的就是该思维对象的不变性。这种所谓的判断,既不单是想起"甲",也不意味着已经明确了"甲"的意识内容,又不意味着"有甲在,就是存在",而是表达一种逻辑上的应然。这种应然是我们判断作用的根本。那么,这种逻辑上的应然究竟是什么呢?

说"甲是甲",并不是时间上的相同意识的反复,而是如冯特所说的"创造的综合"那样的崭新的意识被创造出来,是单纯时间上的连续所不能表达的高层次意识的发现,是在时间连续的意识上不能表现得更深刻的意识。然而,这种应然的意识虽说不能表现为时间的意识,但它表现在意识上的时候,又采取时间连续的形式。在唯一的意识中,是不能表现判断的意义的,判断是在两种意识的关系中成立的。那么,如何才能把本来不能在时间上表现的意识,体现在时间的过程中呢?像狄尔泰①所说的那样,我们的心象不是固定的事实,它是本身带有冲动性的事件,是成立、发展、消失的东西。判断就是在这样的意识流动上所能经验的一种体验（Erlebnis）。我们是在意识的内在的必然发展作用上从内部直接进行这种经验的。而这种意识内在的发展,亦即意识的意义、目的得以实现,如果就是"活动"的真正意义,那么判断就是通过"活动"被意识到的。

这样看来,我们在进行"甲是甲"这样的判断的时候,脑海中率先浮现出来的"甲"不是单纯的"甲",而是伴随着"是甲"的那个"甲"。也就是说,不只是"甲"本身,而是判断的"甲"。在判断中表现出来的同一者（das Identische）既不是主语的"甲",也不是宾语的"甲",这些都是同一者显现自己的手段。更确切地说,应该是建构同一者本身的要素。所谓判断,正如黑格尔所说的那样,是"一般者"（das Allgemeine）对自身的分化发展。黑格尔对判断下的定义,说它是"特殊相"中的概念,并用连词来表达,他说:"判断是处于自己的特殊中的概念,作为各个概念环节做出区别的联系;而各个概念环节被设定为自己存在着的环节,同时也被设定为与自身相同——而不彼此同一的环节。"②单说相互的

---

① 狄尔泰（Wilhelm Dilthey，1833—1911）：德国哲学家、历史学家、心理学家、社会学家，主要著作有《精神科学导论》《黑格尔青年时代的历史》等。——译者

② 此处作者直接引用的是黑格尔的原文："Das Urteil ist der Begriff in seiner Besonderheit, als unterscheidende Beziehung seiner Momente. Die Kopula: ist, kommt von der Natur des Begriffis, in seiner Entäusserung identisch mit sich zu sein."——译者

关系，它是在外部形成的，但在判断中，关系的形成则是内在的，是内在的必然关系，是鲜活之物的自行发展。

当我们意识到逻辑上的应然的时候，亦即就判断的意识进行思考的时候，情形就是如此。但从另一方面来看，正如李凯尔特所主张的那样，所谓纯逻辑性的价值即超越的意义，与意识的内在发展这样的意识作用并没有什么关系，这种意义在被意识的情况下将采取怎样的形式，对于意义本身而言也没有任何关系。为了明确这种区别，李凯尔特在《认识论的两种途径》中，主张不使用"应然"一词，而使用"价值"一词。

这里的问题是，李凯尔特所谓的"纯逻辑的价值亦即超越的意义"，与"意识本身的内在发展亦即判断作用"之间是什么关系呢？所谓"纯逻辑的价值"是完全超越了判断作用的吗？李凯尔特认为是先有前者才有后者，这是具有一定道理的。但是从另一方面看，离开后者，前者能成立吗？诚然，某个人，在某个场所，思考某种意义，作为一种心理活动，与意义本身确实没有什么关系。但是，这种情形并不能成为真正的判断意识。所谓"真正的判断意识"，是我们直接的内在体验的意识，是它本身的内在发展的经验。像这种判断的"现象学"（Phänomenologie），与意义本身之间具有不可分离的关系。与其说判断的意识就是意义本身，不如说它就是判断活动。它不是将意义予以特殊化的某种东西，它之于意义本身就是一种必然的特殊化作用。离开了这个活动，离开了这个作用，意义也就无法思考了。

我们通常将判断的意识，视为在时间上形成的心理活动，所以认为意义本身是超越的，但是"判断的意识"与"意义本身"

这两个思维对象的统一，应该准确地称为同一个东西的分化发展。判断的体验不应属于时间的范畴，毋宁说它是更为根本性的意识的事实。超越的意义就是作为心理活动而作用于时间上的事件，李凯尔特通过这样的意义目的，来思考合目的性的内在发展作用。所谓意识的内在发展，并不是"判断的意识"与"意义本身"这两者的混合形态，而是比时间上的关系更为直接的根本性的东西。像时间上的关系反而是由它而成立的。意识的内在发展的经验，亦即逻辑的判断作用的意识，是超时间的体验，所谓判断的意识，不应属于心理活动，毋宁说它是与意义本身具有不可分离的关联，并与意义本身形成的具体的逻辑性的意识。黑格尔认为判断属于"特殊相"中的概念（der Begriff in seiner Besonderheit）说的大概就是这个意识。

所谓"甲是甲"，正如上述那样，并不是要明确"甲"的意识内容，将"甲是甲"换成"乙是乙"，意思也是一样的。所谓"甲是甲"，可以看作表达物的实在性同一，即物是其自身的同一。在纯逻辑上，必须把我们的意识内容表示出来，并解释其固定的意义。

所谓将意识内容予以固定，指的是什么呢？例如，把"黑"这个意识内容予以抽象和固定，也就是将它一般化，所谓一般化，就是把种种特殊的"黑"从"一般的黑"中分化出来。是否有意识又另当别论，但没有包摄作用或分化作用的体验，作为意识内容的"黑"就不能固定。接下来，在把某种唯一的意识内容予以固定的时候，例如，在"这个是这个"之类的场合，说"这个是这个"是说我们经过反复思考，也是"这个就是这个"。"这个"

词所指示的，就是对象本身是客观性的唯一不变的东西。所谓"这个是这个"，是我们思维上的要求，也就是说它是"应然"。"这个"所指的就是唯一，是不能改变的事实，它作为我们的意识内容，成为思维对象，那就如同上述的"一般的黑"作为我们反复确认的内在思维内容的"应然"，从而具有了一般性的意义。作为意识的内容，两者之间也许必须予以区别，但是作为判断活动的内在的"应然"，在拥有普遍有效性的根据这一点上，是同一的。

以上所说，对"甲是甲"这个同一律的意义，不能脱离意识的内在发展即思维体验（Denkerlebnis）来理解，如果没有康德所说的"统觉的综合性统一"（synthetische Einheit der Apperception），或者马堡学派所说的"多样性的统一"（Einheit des Mannigfaltigen），那就无法理解逻辑性的意义。意义与体验是合一的。只是，将"思维体验"嵌入时间的范畴中去思考，意义才完全超越了心理作用，思维体验随之成为李凯尔特所说的"第二义"的东西了。当然，当我们在思考某种意义的时候，只要不能反省它，那么所谓"超越性的综合"这样的思维体验就不会是自觉的。思考数理的数学家们，对于使数理成立的认识之性质未必有自觉。所以，数学与物理学都不依赖于康德的认识论而径自发展。然而，因为这个缘故，也不能认为两方面的意识在本质上是独立的东西，而是一个体验的不可分割的两个方面。

李凯尔特认为，"白色"这个知觉，与对于"白色"进行知觉的活动是有别的，"白色"这种知觉是在我们的知觉体验上形成的，离开了这种体验，"白色"这个感觉就不成立了。所谓纯逻辑学派的学者们认为，对于真理而言，不管人是否思考它，它都是不变的真理，真理自身就是真理。诚然，真理与在时间上进行的思维活动没有任何关系，然而，康德所谓的"纯粹统觉性的综合"，离开了直接的思维体验就不可能进行。要使真理对我们有意义，那就必须是被我们思维的东西。真正超越了思维的真理，是与我们无关的东西。

8

以上论述了关于思维体验、逻辑的意义或价值的关系，接下来应该进一步来讨论客观的思维对象或者存在，与思维体验之间的关系是怎样的，我认为在我所说的"甲是甲"这种极其简单的思维体验中，可以见出这些概念的根本的关系。

通常，所谓思维对象，是超越于我们的主观的思维活动之外，并且是自身同一不变的东西。普遍认为，符合了这些，知识的客观性亦即真理就成立了。但是，在这种想法的背后，岂不是隐含着主观与客观的分离独立这样一种独断吗？我们要思考独立于自己的主观的所谓客观对象，那么主观就必须是超越个人的主观，康德所说的知识的客观性须在纯粹统觉中寻求，根据也在于此。在《纯粹理性批判》的第一版中，康德指出，对象所要求的统一，不外是把杂多的表象统一起来的意识上的形式性的统一而已，当我们在将直觉的杂多予以统一的时候，就称之为认识对象。①

主观与客观的分离是我们头脑中根深蒂固的独断。在这个问题上，我同意纳托尔普的看法，认为所谓主观与客观的对立，就像

---

① Wir erkennen den Gegenstand, wenn wir in dem Mannigfaltigen der Anschauung synthetische Einheit bewirkt haben.——原注

积极与消极、左与右一样,是相对性的,只是一种经验的观察方法之不同。对象是通过将经验对象化而产生的,所谓对象化亦即客观化(Objektivierung),就是经验的统一(Vereinheitlichung)。例如,我们看到某种颜色,发现它是红色或蓝色的时候,通常认为红色、蓝色是事物自体具有的同一性的客观存在。但是,假如进一步从更高层次统一的立场亦即客观的知识性立场来看的话,那么它也无非就是一种主观性的东西。也就是说,它还没有达到严密的统一。现在,根据"以太①的振动"原理来看的话,首先还需要达到最高的统一,但那还不是最终的统一,因为这样的话客观化可以无限地进行。这样来思考所谓"客观性",就可以看出所谓"主观性"是呈现与之相反的方向的。② 相对于被客观化的东西,将应该被客观化的东西,亦即具体的原经验的方面呈现出来,才成为主观的。如果说绝对客观的东西是不存在的,那么绝对主观的东西也不存在。将客观化程度的高低进行比较,本身就一定是主观的。主观与客观的对立是相对的,根据对某一经验的观察方法的不同,而被视为主观的,或是客观的。

如果可以按以上所说的来看待思维对象,来看待主观与客观之间的对立,那么,所谓"有物""物存在",也不是通常所认为的脱离我们直接经验的超越性的存在。存在界只是思维对象界的一部分。所谓"存在界",是应该永远都被视作由时间空间的形式

---

① 以太(ether):古希腊哲学家亚里士多德所设想的一种物质,其内涵随物理学发展而演变。在相对论诞生前,"以太"被认为是光与电磁波的介质。——译者

② das zentral zu vereinigende, selbst also vergleichungsweise peripherische Mannigfaltige, Unbestimmte, aber zu Bestimmende.——原注

统一起来的世界。当然，如我所说过的那样，像数理那样的东西，是不能直接与单纯的思维对象以及自然科学的存在予以同等看待的。后者的客观性是基于前者的客观性基础之上的，存在的客观性是建立在"应然"的客观性基础之上的。当我们必须始终以同样的方式思考某一个数学真理时，我们就能认定这个真理的存在。在这个意义上，所谓"有"与自然科学的"物存在"当然并不是一回事。可以把自身中独立不变的东西称为"有"，基于这个根本性的意义，数理性的真理以及相关的东西也可以称之为"有"。李凯尔特认为"应然"是在存在之前的，在这个意义上可以说"应然"是一种"有"。当"应然"能够被反省的时候，就进入了广义上的存在的范畴。自然科学中的存在的独立不变性，就是以此为基础的。

以上对客观对象或者存在做了一些思考，现在继续讨论在"甲是甲"这个极其单纯的判断的体验中，如何包含种种的根本性的概念，如何能够说明它们之间的必然的关系。

"甲是甲"这样的思维体验，正如上一节所说的那样，是直接经验的内容亦即所谓意识的内容对自己自身的发展。离开了这个体验，就不能理解逻辑的意义、价值之类的东西。之所以说这些东西超越了我们的经验，是因为我们在思考的时候将思维体验嵌入了时间的形式。在我看来，像"甲是甲"这样的"应然"的意识，是我们最为直接的具体经验。为什么说它"直接"呢？就因为在这里没有思考者，也没有被思考的事物，而两者却由"甲是甲"来思考。若说为何是具体的，因为其中包含着种种根本性的概念的关系。也许正是因为这样，费希特才在《全部知识学的基础》一书中开头提出了"本原行为"（Tathandlung）这个概念，作为一切意识之基础。

从"甲是甲"这种具体的体验中，离开"甲"这个意识内容来看，"甲"这个意识是自身独立的，与"甲是甲"这种"应然"的意识看似无关。也就是说，"甲"被视为独立的。这就是越来越明显地在"甲"当中赋予什么内容。例如，赋予它红色或蓝色之类的内容，其内容与事物自体必须是同一的，而这又与意识是明显区别的，可以认为红色或蓝色是与这种思维体验无关的独立的思维对象或存在。不过，将这种意识内容视为独立不变的东西，从某种意义上说就是直接把它作为客观的"应然"的基础来看待的。所谓"红色或蓝色自体是独立不变的"，其中就包含了"应然"的意识，就是在一定意义上必须将这些意识内容视为自身同一。

意义或者对象，与思维体验是不可分离的。例如"红是红"这个判断，并不是从外部在"红"的意识内容中加上"事物在其自身中是同一的"这样一种"应然"的意识而成立的。而是通过"红"这个意识内容本身之力而成立的。只是，通常因为我们是相对于一般的关系而思考特殊的内容，认为通过前者后者得以结合，所以认为特殊的内容是在自己本身中不可能使某种关系形成，是不能形成任何关系的孤立片断。所谓知识的质料与形式之间的区别，就是基于这种想法而形成的。在直接的具体的经验中，情形则相反，意识与意识之间的关系通过意识内容本身之力而成立，所以纳托尔普将"性质"定义为根本性的统一。[①] 被视为一

[①] Sie vertritt die synthetische Einheit als Einheit nicht im Sinne peripherischer Umfassung, sondern zentraler Vereinigung, vielmehr ursprünglichen Einsseins. ——原注

切同一律的判断（Identitätsurteil）之基础者，是性质的定性（das Qualitative），即便不被视为普通的关系，把它作为一个事物来思考的时候，也能够确认为它是"性质性"的。"关系"与"性质"之间的区别，只是取决于对意识内容的看法上的不同。

这样看来，把某种意识内容视为独立不变的东西，与"应然"的意识，本来就是同一经验的两个方面，只是同一事物的不同方面而已。作为我们直接的具体经验，它只是某种意识内容的自然而然的发展。这种意识发展的根基，是在静止的状态下被意识到的超越时间的存在；反之，在发展的状态中被意识到的时候，它是"应然"的意识。例如，在"甲是甲"当中，"甲"的意义就是把对象置于相对静止的状态下见出的客观性存在，而在发展的状态下予以观察的话，它就是主观思维体验亦即心理活动的作用。然而，正如离开了主观的统一作用就没有客观对象一样，对象的客观不变性就直接成为超越性的统觉作用。而作为具体的完整经验，亦即真正的实在，"甲是甲"就只是一种自然而然的"本原行为"。

通常，主观意识与客观对象或者存在，是严格区分的。后者由于前者的出现而成为知识，但是正如上述的那样，这种区别不过是包含在"本原行为"这种体验中的一种状态而已。主观与客观是相对的，我们的思维活动并不是根据两者相互沽动而形成的。它们之间的区别、它们相互的活动之类，是基于包含在唯一体验中的种种状态而发生的。物与心的区别及其相互关系，也只不过是这种体验沽动的发展而已。

这种根本的观念归于唯一的活动状态，在"甲是甲"这样的所谓无内容的思维活动中，是最能够予以阐明的。在这种体验中，思维对象与思维体验是同一的，同时，它整体上直接就是费希特所说的"本原行为"。"应然"或"意义"先于李凯尔特所说的那种"有"。只把"有"置于时间空间存在的意义上是不能解释的，只有在"事物本身是同一的"这种极其根本的意义上来理解，才有所谓的"应然"或者"意义"。"有"或"应然"是一个事物的两个方面。而这种"有"与"应然"的合而为一，就是费希特所说的"本原行为"。亦即最深刻意义上的我们的"自觉"。

费希特在《全部知识学的基础》中的开篇伊始，认为在若有A，则有A（Wenn A sey, so sey A）的情况下，要在"自觉的事实"当中寻求如果（wenn）和所以（so）之间的必然关系的基础。更深入地思考下去，所谓"自觉的事实"反倒是"甲是甲"这样的逻辑上的应然的意识。正如费希特所说"我是我"的时候，就是在说"我在"这个事实。"我是我"这个判断亦即应然的意识，产生了"我在"这个事实，所以活动与结果是合一的，可以把这个称之为"本原行为"；同样地，"甲是甲"这种应然，一方面包含"甲在"的意思，而"甲在"又包含着"甲是甲"这一应然。可以把这种具体的整体称为"本原行为"。通常，形式与内容是严格区别的，但在"甲是甲"这样的形式中，产生了"甲"这个内容，"甲"这个内容又产生"甲是甲"这样的形式，这就是"本原行为"根本性质之所在。

正如纳托尔普所言，这种"本原行为"就是我们最直接的具体经验，这个经验的统一面就成为对象，进而把它视为"存在"。与之相反的方面亦即原来的体验的方面，就可视为心理活动作用。这两个方面的真正的关系，只有在上述的"本原行为"中才能得到直觉的理解。对此，假如有人怀疑，那么怀疑点就在这里。

9

上一节谈到，对我们而言，最为直接的真正的实在，是"甲是甲"这样的意识内容自身的内在发展。这其中包含着种种的范畴及其相互关系。如果只是把它视为脱离存在的应然、脱离内容的形式，那就只是看到了实在的一个方面，而没有看到其他方面，其结果就落入了抽象的思维方式。

通常，我们对某种意识内容"想起"的时候，也就是处在意识内容的无反省的状态，或处在孤立状态的时候，借用伯格森的话说，就是"纯粹持续"通过同质性的媒介物被分割成不同形式的时候，客观上我们可以把它视为存在。所谓自然科学的世界，就是将这种存在通过时间空间的形式结合起来的。而在主观上，我们可以把它称为"现识"（präsentatives Bewusstsein）。但是，作为存在的意识内容与作为"现识"的意识内容，其实并不是不同之物，而是同一的意识一次性地在呈现出个别的独立样态，乃至一次性地呈现内在发展的状态。所谓主观与客观的区别，也不过是这种意识中的必然的两个方面。

某种意识内容作为意识内容，要具有其自身的性质，这个意识内容就必须在自身中保持同一性。亦即甲必须是甲。也有人将意识内容与意识对象完全区别开来，但那只是观看同一事物时的立场的不同，不论在任何意义上，对完全不能成为思维对象的意识内容进行思考，都是无意义的。而且，意识到意识内容与其自身是同一的，并不依赖于他力，不依赖于从外部加进来的什么东西，而是要依靠意识本身之力，是意识自然而然的发展。所谓同一（Identität），就是黑格尔所说的"自我内在反省"（Reflexion "in" sich）。我们说将某种意识内容在其自身中同一，指的是这种意识回归于它自身。借用伯格森的话说，是从"同时存在"的形式向"纯粹持续"的形式的推移，是从抽象的存在发展到具体的存在。单纯的存在通过应然意识的伴随而能返回自身。正如我曾说过的那样，我们把单纯的意识内容视为主观的现象，是因为只是从这种具体方面来看的。所谓"主观的"，就是在这个意义上的意识返回意识自身。

我们从主观上把"甲是甲"视为一种判断的意识，而在客观上，它则意味着超越性的独立自存。从这个立场来看，上述作为"现识"对象的，只是"想起"的意识内容，反而可以视为主观的。"甲"这一意识内容，应该视为"甲"这一本体现象或者"甲"的意义表征。

要问，为什么以往被视为客观的东西，从新的立场就要视为主观的东西呢？以往视为种种独立的东西，现在从新的立场来看已经不是真正的独立，只能在某种关系中保持其客观性。而真正客观的东西，就成了作为关系之统一者的超越性实在或者意义之类的东西。于是，"甲是甲"既可以视为客观性的，也可以视为主观性的。作为具体的经验，它只是"甲是甲"这一意识内容自身的发展，亦即一种行为活动①（Handlung），而主观与客观的区别只是在观察方法的差异。其作为统一的基础的方面可视为客观的，

---

① 行为活动：原文"働き"。——译者

统一的行为活动方面可视为主观的。将这种成为判断意识之基础的客观世界做抽象的把握，就是自然科学的世界；将这种主观活动作用予以抽象的把握，就是心理现象的世界。正如纳托尔普所说的，所谓心理活动作用，是指将经验统一为一个中心的客观的方面，并将其反过来思考的东西；又如康德所说的，自然科学的世界是通过超越性的统觉的综合而成立的。这样说来，所谓"超越性的统觉的综合"，就是反过来将自然科学的世界与原经验相结合的东西，所谓"主观的精神作用"是超越的东西，然而可以看作是只有脱离实现自己自身的过程，而予以考察的东西。

说"甲是甲"这一判断是我们对"甲"的反省，其实单从"甲"本身来看，作为"甲"的意识是在根本上还原自己自身。换言之，是更深层的统一性的"甲"显现自己自身。因而，对"甲"进行反省就是对根本上统一的"甲"进行直观。对于孤立的东西就是"反省"，对于统一的东西就是"直观"。在这种场合，所谓我的"行为活动"就是更大的统一的行为活动，所谓"反省"就是更大的统一者的直观，意味着更进一步的生命的发展。客观上更大的实在的发展，就是主观上更深刻的反省。反省是实在发展的过程。

当我们反省"甲"这一意识内容的时候，通常就是对它进行意识活动。这种情况下的意识，是从更大的统一的立场来看的，亦即更大的统一活动在发生着。当然，从更大的统一的立场来看，现在的活动着的统一，就是统一自身既能反省，又能意识。所谓意识，在这个意义上就像伯格森所说的那样，是在纵向的"纯粹持续"与并立的横向的断面相互接触之处出现的。在这种反省的背后，一种更深层的意识在"纯粹持续"的形态中活动着；也就是说，一种更深层的意识在不断地创造着自己。

对"甲"这一意识内容进行反省，如上所说就是"甲"还原自己自身的根本。而这种"甲"还原自己自身，从一个方面来看，就是"甲"实现自己自身。"甲"实现自己自身并非依赖他力，而是"甲"自身发展自身。不妨说真正的"甲"就是其自身的发展。

静态的自己同一的"甲"，与动态的"甲是甲"这样的"应然"意识，作为一个思维体验，怎样才能结合起来呢？主观性的"甲是甲"直接就意味着客观性的"甲"的自己同一。所谓"客观性的甲的自己同一"，直接就是主观性的"甲是甲"，这如何才是可能的呢？这两个方面的统一，不是同一事物的两面那样的关系，而是具有更深意义的统一，亦即在自身中产生的统一。主观上的"甲是甲"直接就是客观上的"甲"的自己同一；也就是说，"甲存在"这个事实在我们的意识的事实中是可以确证的。在意识中，所谓"知"之，就是其存在。所谓"活动"就是其事实。而这种意识的活动自身，就是事实，就是存在，它通过自觉而成为可能。不能自觉到的"活动"就不能成为意识的事实，所以，"应然"与"事实"的真正的内在统一，只有在我们最直接的自觉的事实中才能找到。

在自觉中，"我知道我"就是"我在"，"我在"就是"我知道我"。"我知道我"就是"我维持我"，亦即"我存在"。因为我不知道的"我"就不是"我"。同样地，做"甲是甲"这样的反省的时候，就是"甲"维持"甲"，也就是"甲存在"。只是因为受因袭思想的束缚，即有特殊的"我"，才会思考"甲是甲"这种事情，所以在所有意识成立的根底上我们并不怎么认可这种自觉的形式。

诚然，与所谓"自觉"的情况不同，在一般的意识中，也许可以认为"再认"是没有必要的。在心理学家所说的"再认"的意义上，有一种意识叫作"无再认的意识"，在那里所谓"再认"可以说与意识形成没有任何关系。但是心理学家所谓的"再认"的意识，是再认的结果，而不是再认作用本身。真正的再认作用是意识自身的维持发展的作用。这种再认作用亦即真正的自觉，是一切意识的根本形式。例如，我们在思考数学题的时候，数理本身处在自觉状态，我们后来回想它，就是回想那种行为活动。而回想，也就是这种行为活动再次开始。

所谓真正的"自觉"，并不是被动的感觉或者感情那样的意识，而是意识本身的活动体验。在自觉中，反省的是自己本身。同时，它不单是"还原"那样的自己同一的活动，反省了的事实在某种意义上直接意味着自己的发展。在自觉中，像"反省"这样的行为活动，一方面是自觉的事实，另一方面是创造性发展的活动。事实产生发展，发展成为事实，存在成为应然，应然成为存在。自己通过反省来发展自己，来维持自己。像伯格森所说的，"过去就是对自己自身的保持"（En réalité le passé se conserve de lui-même automatiquement），"活动"保存"活动"从而进一步发展，"应然"维持"应然"从而更进一步发展。在这里，有着自觉的统一、自觉的存在。自觉是通过其自身的无限的内在发展，是真正的创造的进化，我们的人格历史也是由此而形成的。

上述的自觉的统一性的发展，不限于个人的自觉，不是个人的特殊意识。依自身而立，依自身而发展，是一切具体意识的真相。只是在自觉这种无内容的意识当中，这种形式是最为明确地被意识到的。例如，艺术家的那种直观，绝不是无反省的单纯的直观，作为苦心孤诣的反省的结果，就是发展的直观。我们只有深深地反省才能获得进步。严格地说，单纯反复的东西并不存在，意识的动态的统一，必然意味着统一本身在进行发展性的活动。

10

如上所述，一切具体的意识，都可以根据观察方法而被视为客观性存在，也可以视为主观性的应然的发展活动。区别只是一种实在的不同的两个方面而已。而具体意识中的两个方面的统一，主观直接就是客观，存在直接就是应然，事实直接就是行为活动，是在这种自觉的形式中被给予的。自觉就是具体的意识的真相。

一切实在都是通过对自己自身的认识，而成为独立的真正实在。真正的自己的原因（causa sui）一定是自己认识自身。黑格尔也说过："认知你自身。"这话不单具有实践性的意义，而且具有哲学上的意义。① 在自然界中，知与被知分别属于不同的实在，借用黑格尔的话说，应该就是理式（idea）在自己身外。这个主观客观之分，使知与被知都被对象化了。也就是说，在那种情况下的主观是心理上的主观，而不是真正的主观。真正的主观应该是康德所说的"一般意识"那样的超越的主观。那种被区分的主观与客观都不是独立的实在。即便是心理学家所说的那种无反省的意

---

① *Die Philosophie des Geistes*, § 377. ——原注

识,像感觉、知觉之类,作为独立的意识存在的时候,也一定是认识到自己自身的东西。当把它对象化的时候,它被视为没有自觉的意识。

所谓"自觉"并不是通常所认为的那种对前面的意识与后面的意识的如实反映,而是指意识内容的内在发展。自觉就是反省直接成为发展的过程,知者直接成为事实。即便在上述的"现识"的场合,作为具体的意识,其中也一定含有认识者本身。一切意识内容,都因为将认识者自身包含在其中而成为具体的。而所谓"将认识者包含在其中",就是意识内容在其自身中的发展。由"现识"的更加深化,就成为应然的意识;由应然意识更加深化,就成为自觉的意识。具体的意识本来就有自觉的形式,而前两个东西不过就是具体意识的不完全之形。

因此,独立自存的具体的意识亦即"直接经验",总是在上述的自觉的形式中形成的,是在自觉的形式中进行的。从所谓知觉的世界到科学的世界,其具体的形态都是在自觉的形式中形成的。脱离主观的客观界并不存在,脱离精神界的物质界也不存在。我们的世界一定以"自觉"为中心而成立,是在"自觉"的形式中发展的。例如"甲是甲"这种应然的意识,只是"甲"这种无反省的意识还原于自己的根本;换言之,是"甲"对自己进行发展的状态,亦即"甲"的意识的具体状态。单纯的"甲"的意识,与"甲是甲"这样的应然的意识,是两种不同的东西。如果不在单纯的"甲"的意识中加入某种东西,就不能形成"甲是甲"这样的应然的意识。当然,抽象性的单纯的"甲"的意识与应然的意识是不同的东西,从前者不能直接导出后者。不过,这样的看法只是抽象思考的结果。实际上，所谓直觉的意识内容与其被思维的内容，是具有直接的内在关系的。正如"模写说"所说的，后者不可能模写前者。即便如此，这两种意识也一定保持着一种统一，是具体性的一个实在的两个方面。一种意识，在静止的状态下观察时，是客观的；在发展的状态下观察时，就是主观的。而真正的实在就是将这两个方面统一起来的"自觉"的发展。

我们以"甲是甲"为例来看逻辑意识的发展。关于"甲"的自身同一，从一方面来看，是说"甲是甲"，而"甲是甲"这句话实际上是把"甲"与"非甲"相区别的，其中包含了把"非甲"从"甲"中区分开来的动机，可以视为"非甲"的设定。这样看来，这两者在根本处还存在着统一性的同一者，意味着可以将两者看作同一者的分化。而且这种分化发展不必借助外力，而是在同一者自己当中反映自己。所谓"同一"，如黑格尔所言，是在一方面包含着区别，而只有在能被反省的自己与反省的自己之间取得同一，亦即只有在"自觉"状态中，对"同一"的直接区分才是可能的。逻辑的自己同一之真相，就在于"自觉"的意识当中。

这样看来，"甲"这个意识内容在处于孤立的静止状态的时候，它就被视为客观性的，反之，在"甲"与"非甲"相对立的时候，亦即在与他者处在一种关系中的时候，准确地说就是"甲"在包容性的"甲"上面被观见的时候，即在发展的流动状态的时候，则被视为主观性的。当然，包容性的"甲"进而会在包容性的"甲"的发展流动中被观见。在这种场合，前者又成为客观性的。反过来思考的话，意识的流动追求着统一，这种流动就是一个寻求统一的过程。于是前面被称为客观性的，到了后面却也能成为主观性的。

在我们的一切意识的原本的状态里，整体首先是含蕴性地发生，并发展完成自己自身。也就是说，意识是潜在的整体对自己的发展过程。诚然，潜在的"一者"与显现的"一者"可以直接视为同一的，但我们的直接经验就是这种意识流动的不断进行，这种统一的状态总是被视为客观性的。正如纳托尔普所言，统一的方向是客观的，而相反的方向则是主观的。

潜在的"一者"与同一的"一者"的关系在所谓"三段论式"中表现得最为显著。所谓"三段论式"是一般者自行分解，复又还原于统一的那种形式。就是黑格尔所谓的"判断中的概念的恢复"（Wiederherstellung des Begriffs im Urteile, Einheit des Begriffs und des Urteils）。又如黑格尔所说，三段论式不仅是我们的主观的思维方式，也是一切实在的形式（Der Schluss ist das Vernünftige und Alles Vernünftige）。在这种推论方式中，成为其根基的一般者被视为客观性的，其发展的过程即所谓三段论式，被认为是主观的。只有这两方面各自独立的时候，客观的对象与主观的活动才是相对立的，主观的活动进而被对象化，形成了心理性的主观。知识、感情、意志之类的心理学上所谓的精神作用，是离开了客观内容而思考的那种发展的状态。反之，所谓体验（Erlebnis）就是整体对自己自身的发展的经验，亦即主客合一的经验。

因此，我们的直接经验就是无限的整体的自然而然的发展，当我们将其中某个中心予以固定，以此来统一经验的时候，所谓客观界就形成了。所谓"主观作用"，就是从整体中将一个体系进行分立的行为活动。反过来看，就是将被分立的体系与整体进行结合的行为活动。例如，"线"就是在自身中包含着分离与连结的无限的发展。我认为，在"线"中包含着我们的自觉，"线"又由我们的自觉体系而成立。在无限的"线"中思考有限的"线"，就是在无限的发展中固定一个体系，亦即经验的客观化。而在这种无限当中限定出有限，就是主观的活动作用。所谓"主观的活动作用"，就是一般者限定自己自身的过程。

虽说是在无限中限定出有限，但这种活动作用也不是来自外部，而是经验对自己自身的限定。而被限定的东西则是客观性的，限定自己自身的活动亦即分离作用则是主观的。正如狄德金等人所说的那样，所谓"无限"就是在体系当中反映体系，所谓"数"，作为这样的无限的系列，有限数是客观对象，在体系中反映体系的活动就是主观作用，在有限中见出无限的对"现实性的无限"（das aktuelle Unendliche）的这种理解，就是体验。

以上所论，尚嫌粗略，不管怎样，我想说的是，即便在单纯的逻辑的同一律中，也包含着主观与客观的对立、存在与应然的对立以及它们的相互关系。这种对立及相互关系，在任何经验体系中都存在着。像"甲是甲"这样的同一律，是单纯的形式性的，但内容与形式的不同岂不就是因为同一个经验的观察方法所造成的吗？通常，"甲是甲"被视为纯粹的逻辑形式，对于这种形式的意义，离开了直接的意识发展的体验是无法理解的。

在上述的"自觉的体验"中，被限定的东西，亦即成为思维对象的东西，就被视为内容，被视为质料。因此，与之相反的东西，即在发展状态中的东西，难道就不可以被视为形式，被视为关系性的意识吗？意识的形式与内容或者质料，并不是由意识自身的性质来区别的。无论怎样的意识，只要作为形式能够观见，那么作为内容或者质料也能够被观见。通常单纯被视为感觉内容的红色、蓝色之类，作为"这是红色"的判断依据，可以被视为关系的意识。当然，像这种意识体系，比起逻辑的意识体系来，还是特殊性的，"红颜色的"这个感觉比起特殊的东西来，更是一般性的。一般与特殊的区别无非是相对性的区别。对此，或许有人认为，感觉上的"红色"与概念上的"红色"不属于同一种东西，但在具体的"红色"的经验中，一定会有"红"的概念。"这是红色"的判断就由此而成立了。"红色"的体验是在对自己自身进行限定时的特殊的"红"。

11—13 从纯粹思维的体系到经验体系的推移

11

我在以上的第5—6节所论述的问题，是第7—10节的论述基础。现在再回头略作考察。

本书第5—6节中所论述的是，所谓存在，就是把直接经验通过时间空间的形式从外部结合，所以，这种外部的结合，与经由意义本身得以结合的内在的结合，是不能截然予以区分的。从纯逻辑的意识的统一，到时间空间的统一，再到艺术意识的统一，在统一的内容上可以见出一般与特殊的程度的差异。

在第7—10节中，为了清晰地阐述这一思考，我指出，在逻辑的同一律中也包含着具体的"存在"与"应然"的对立亦即它们之间的相互关系。逻辑的同一律那样的东西也是不能脱离体验的。

在同一律的体验中，意义的另一面已经包含了"存在"的意义。

现在，根据上述第7—10节的论述，对第5—6节所提出的问题，应该怎样进行再思考呢？

正如我在第6节所说的那样，我们的经验的统一可以做如下的区别。先是将"艺术性的直观"作为纯粹的内在意义上的统一，与将单纯的时间空间的统一和自然科学的法则的统一作为经验的外部的统一。所谓时间空间上的统一，属于事实性的知识，自然科学的知识是统一了事实性知识之后形成的，此外，还可以将逻辑性的意识体系作为一种内在意义的统一。例如，关于数学的知识，这种知识一般认为属于先天性的知识或者形式性的知识，而不被视为用来统一经验的东西。在这一点上，可以认为与前两种统一属于不同的类型。

将这些统一加以系统性的区分的话，正如通常所理解的那样，可以先分为两种，一种是纯粹的基于先验的应然的统一，一种是通过某种先验的形式统一的经验内容。倘若把先验的应然分为逻辑性的、伦理性的、审美性的，那么，在由这些形式得以统一的经验的体系上面，就形成了三种类型。像数学的知识是以逻辑的应然为基础的，时间空间的统一以及自然科学法则的统一，就是通过它来统一了的经验的材料。而艺术的统一是基于审美的应然统一了的经验，但是"艺术性的直观"的统一与自然科学法则的统一，在根据某种先验性的应然来统一经验这一点上是属于同一类型的东西。"艺术性的直观"的统一只是基于主观的意义，自然科学的统一则基于客观性的事实，从这一点上来看，"艺术性的直观"的统一，与数学知识的统一是一样的，都可以视为内在的统一。

"数"这种东西不是客观性的存在,而是我们思维的创作。所谓"艺术性的直观"的统一,是由审美的应然来统一经验,从经验中获得其材料,但并不是服从客观的经验本身。为了明确这些种种不同的统一的性质及其关系,先就要搞清楚,与应然相对的东西究竟是什么?

　　与应然相对的东西,可以说是我们所谓的"直接经验"或"纯粹经验",以及通过时间空间而构成的事实的世界。通常认为主要是后者。后者就是上述的那种根据时间空间的形式对经验进行的建构。而所谓时间空间的形式,如果像马堡学派所认为的那样是从逻辑导出的东西,那么,作为建构原理的时间空间,与所谓"应然"就不是相对立的东西了。在就后者而言的经验中,假定存在着相对于"应然"的东西,那就必须从根据时间空间形式建构的内容本身去寻找。那样的话,经验内容与应然相对就是所谓的"非合理的"(irrational)。这种情形意味着什么呢?

　　首先就经验的内容的变化来看,如三角形,我们可以分为正三角、二等边三角、不等边三角;而如颜色,能够划分出几种呢?这都不是能够先验地确定的。也就是说,三角形的划分是必然的,相反颜色的划分则是偶然的。其次,关于内容与内容的结合,若是基于应然的话,内容与内容之间就有必然的关系;而基于经验的话,一个内容与其他内容的结合则是偶然的,例如,在某一物中,令人觉得不可思议的是,它的色彩、形状、香味等,是如何结合为一的?即便经验的知识是基于应然的形式而构成的,也不能通过形式创造内容。怎样的意识内容与怎样的意识内容相结合,必须取决于彭加勒所说的"感官的证明"。在这些点上,我们必须承认与应然相对立的经验内容的非合理性。

由上可见，从内在的统一到外在的统一的等级，可以区分为三种：一是如数学的知识那样完全基于应然，其内容也是由应然所创造的；二是如"艺术性的直观"那样，其结合是通过应然的自由，而其内容则依赖于经验；三是自然科学的知识，其结合以及内容都是基于经验的。

这样说来，我们就在基于应然的东西，与基于经验的内容两者之间，感到了不可逾越的鸿沟，而必须思考意识的种种不同的统一方式。从第7—10节，所论述的是最单纯的逻辑的意识，包括应然与存在、形式与内容等的根本关系。从这里，我们应该如何看待这些区分呢？

12

以上，通过第7—10节，我论述了在逻辑的同一律这一纯粹的应然意识当中，如何包含存在与应然、对象与认识活动、形式与内容等的对立及其相互关系，由此来从根本上阐明这些对立及关系。我承认我的阐述还不够充分，接下来再以上述的论述为基础，做进一步的阐述。

先说知识的内容与形式的关系，亦即统一与被统一的关系。某种材料被嵌入形式中而构成知识，或者依据应然来统一经验内容，这究竟意味着什么呢？我们所认为的最为形式性的东西，作为纯粹的应然而毋庸置疑的，就是逻辑的应然。像数学的知识当然也是形式性的，但拿它与逻辑性的知识相比较，应该说它是处于材料或内容这样的位置的。逻辑并非直接就是数理，在数理的构成中，必须在逻辑中加入某种东西。逻辑比起数理来，更是一般性的、形式性的。数理的法则因为符合逻辑的法则才得以成立。于是，我们先会在逻辑与数理之间见出内容与形式的对立。

那么，为了使数理得以成立，而必须在逻辑上加入的那种东西，究竟是什么东西呢？康德在与理解力完全不同的纯粹直觉的形式中去寻求它。彭加勒则把那种东西归于一种精神创造力，即可以无限重复的同一活动。晚近的李凯尔特在《一者、统一以及"一"》中，进一步阐发了康德的思想，相对于逻辑之基础的"异质的媒介物"，而提出了作为数理之基础的"同质的媒介物"。我承认这些人的看法具有充分的根据，但是这种从逻辑中把数理区分出来的某物，对于逻辑来说，岂不是完全从外部赋予的吗？它对于逻辑而言具有必然的关系吗？李凯尔特所谓的"异质的媒介物"与"同质的媒介物"究竟是什么关系呢？

我并非完全赞同纳托尔普的观点，但我同意他所说的，所谓"质"与"量"是相关的，是同一个思维作用的两个方面。我曾在《逻辑的理解与数理的理解》一文中说过，像"甲是甲"这种性质上的自己同一，其内部包含着将"甲"从"非甲"中区分出来的意思。而且，当这个"甲"处在无内容的状态时，从"非甲"中区分"甲"直接就等于从"甲"中区分出"非甲"。在这里，"$1=1$"这样的数学的思考就形成了，依靠这种"正题"与"反题"的交换而形成的逻辑性对象的相互对立统一，就是李凯尔特所说的"同质性"，由此而形成了"$1+1=2$"的关系。而且，将这种相互对立统一起来的行为活动，被认为就是其自身的数学意义上的"一"。这样，区分的同时又予以统一的那种行为活动，就可以视为"在自己中反映自己的"自觉的作用，由此而得以建构数的无限系列。

假如可以这样来理解数理与逻辑之间的关系，那么我们对于形式与内容之间的关系应该如何看待呢？我们为了建构数理而逻辑性思考的某种东西，不是针对逻辑而从外部被给定的那种东西。判断的内容是"无"，而能够把它反转过来思考的时候，李凯尔特所谓"同质性的媒介物"就形成了，所以，可以认为数是在无内容的情况下的思维对象的体系。我们的直接经验是意识内容自身的发展，把这个发展内容视为无关乎内容的纯形式的东西，那就是逻辑的体系、数理的体系。

"甲是甲"就是某种意识内容在其自身中的统一，这样去看时，它是逻辑性的。但是这种自己同一的"甲"在更大的统一之上是可以反省的。超越"甲"的立场，从更大的统一的立场将"甲"进行对象化的观察，就是形成"甲"与"非甲"的对立，然后再反转过来看它，在这里就形成了李凯尔特所谓的"同质性的媒介物"这样的数学上的立场。与逻辑的立场相比，数理的立场更为具体。为了建构数理，在逻辑上被赋予的某物，亦即康德所谓的"纯粹直观"，或者李凯尔特所说的"同质性的媒介物"，是逻辑性的意识发展自己自身的创造性活动。正如我曾强调的，具体之物是抽象之物的基础，抽象之物是在具体之物基础上的发展，是返归其根本。这样说来，逻辑是数理的一个方面，逻辑的背后有数理。

对于数理的逻辑，我们认为它是主观的形式，李凯尔特在上述那篇论文的结尾处，认为逻辑的东西只是妥当的东西，数理的东西是存在的东西。① 从上述的更大的统一的立场来看，这种统一是过程性的东西，内容并不是从外部被赋予的，而是由其自身所蕴含的创造性的统一所赋予的。

我在第 10 节的结尾处说过，在逻辑的意识中的，是逻辑的意识，在数理的意识中的，是数理的意识。一切都根据静止状态与发展状态，形成了形式与内容的二分的见解。波尔查诺反对将知识二分为形式与材料，认为所谓形式性的东西，不过是在其自身可以理解的东西。② 反过来说，对于建构逻辑与数理的成分（Bestandteile）进行考察的话，就会发现两者之间并不是互无关系，一个体系中更大的统一中可见到小的统一，可以把这种小的统一视为主观的形式。

以上说明了在构成数理的逻辑中必须加入的某种东西，以及它与逻辑之间的关系。如果这种说法是成立的话，那么逻辑与时间、空间的关系又是怎样的呢？不言而喻，时间空间并不是通过知觉而被赋予的，它们只是我们的思维而已，为的是将经验的材料统一起来。正如康德所言，数理并不依赖于时间空间的形式而成立，相反却是要依赖于李凯尔特所说的"同质的媒介物"，时间空间的形式才得以成立。像数学家所想象的那种在各个方向上

---

① das Logische ist, was seines formalin Charakters nur gilt und ist, Das Mathematische, besonders die Zahl, und vielleicht noch einiges Andere, ist das was ist...——原注

② Dürfte ich mir eine etwas gewagte Vermuthung erlauben, so würde ich sagen, man habe Arten von Sätzen und Vorstellungen formal genannt, wenn man zu ihrer Bestimmung nichts anderes, als der Angabe gewisser in diesen Sätzen oder Vorstellungen vorkommender Bestandteile bedürfte, während die übrigen Teile, die man sodann den Stoff oder die Materie nannte, willkürlich bleiben sollten. Wissenschaftslehre. Bd. I, S. 51. ——原注

都同等的时间空间，实际上是不存在的。将"甲"从"非甲"中区别出来，并将肯定性的正题反转过来，从而将两者统一的那种"同质的媒介物"，与所谓"时间的同质性"是属于相同的性质。而物理学家所说的空间时间，并不是单纯思维的产物，而是带有某种实在性的，时间空间与经验的内容结合起来，从而构成了一种体系。纳托尔普认为，数的概念虽然是思维的产物，但是时间空间却不是思维的产物，而是包含非思维的因素，亦即康德所说的直觉。而且，时间空间的秩序一方面与数的秩序相符合，另一方面也与存在有关系，在这一点上，它与数的秩序相区别。"数学的判断"（das mathematische Urteil）并不直接就是"存在的判断"（Existenzurteil）。这样说来，为了将时间空间的秩序与单纯的数的秩序相区别，而必须加进来的新的因素是什么呢？单纯的数的秩序与经验的内容相结合，为什么就能带来一种实在性呢？

数的体系是思维的产物，与之完全不同的是，时间空间的形式必须与经验的内容相结合才获得一种实在性。也就是说，数的体系通过被经验的东西，亦即通过由经验来限定，才能获得一种实在性。在这种看法中，包含着经验相对于思维而言的客观的独立性。以此为基础，时间空间被赋予一种实在性。在这里必须考虑的问题是，所谓经验，在何种意义上，相对于思维是客观独立的呢？说"经验是客观的"，这句话意味着什么呢？纳托尔普认为，所谓"存在"属于纯粹的思维的概念，来自任何情况下都需要被限定的思维对象所具有的性质。

诚然，在时间空间上被限定的存在，在形式上是符合思维的要求的。但是它被限定的内容不是出于其内，而是来自其外。我们必须对这种从外部来的东西进行考察。

13

现在,我们开始考察相对于思维而言的经验的非合理性、客观性。

在所谓经验中,有两种经验:一种是上述的不含有任何思维内容的"直接经验";另一种是康德学派所说的通过思维范畴来构成经验内容的那种经验。根据康德的看法,我们的经验的知识是由两种因素来构成的:一是"以此来思考对象的那种概念";一是"以此来赋予对象的那种直觉"。没有相应的直觉的那种概念,不能算是知识。也就是说,只有被直觉所限制,才能成为客观的知识。那么,对概念进行限制的直觉的限制力,来自何处呢?它又具有怎样的性质呢?

从严格的批判哲学的立场上说,客观实在性的基础,必须从"超越性的统觉的综合"中去寻找。康德在《纯粹理性批判》的第一版中,认为我们知识的客观性是基于先验的法则。① 正如上文所引用的纳托尔普所说的那样,在马堡学派那里,所谓"存在"是完全建立在思维的要求之上的。但是,在此我们应该思考的是,即便说经验性的知识是由思维建构活动而形成的,但它的内容却并不是从这种思维活动中产生的,既然这样,内容的

---

① So wird die Beziehung auf einen transscendentalen Gegenstand, d.i. die objektive Realität unserer empirischen Erkenntnis auf dem transscendentalen Gesetze beruhen, dass alle Erscheinungen...unter Regeln a priori der synthetischen Einheit derselben stehen müssen. Von der Synthesis der Recogmition im Begriffe. ——原注

限制条件就容易被忽视了。诚然,我们对知识的内容的思考是基于思维之要求的,但即便如此,内容本身也不会从思维中产生出来。经验的知识通过思维建构活动而形成,在内容上并不拥有任何权利,这是因为其内容本身是没有任何统一的单纯的杂多(Mannigfaltiges),只是供思维来随意取用的类似建筑材料那样的东西。但是,即便作为知识之材料的内容是完全没有秩序的,但作为知识建构的一种要素,材料本身的性质也是不能无视的;即便这种材料被制作得合乎形式,但既然内容的基础是独立于形式的,那么这种制作也不能毫无限制条件;即便可以自由地从任何方面观察,以任何方式取用,但既然是从种种不同方面观察,以种种方式呈现,以种种方式取用,表现出种种不同的性状,那么这些就都必须根据内容本身的性质来考虑。康德之所以确立直觉的限制条件,根据也在于此。

那么,这种限制力的性质是怎样的呢?例如,我们来看看"此物是黑色的"这一事实判断吧。可以认为"此物"是主语,由空间时间的形式上的限定而成立,"此物是黑色的"这种判断在理解的范畴中而成立。单纯"黑色"这个意识内容,和"此物"这个内容与"黑色"这个内容的结合,必须有待于彭加勒所说的"感官的证明"。但是反过来看,"黑色"这个内容是什么样的内容呢?"此物是黑色的"这一判断是如何成立的呢?

判断,并不是形式逻辑学所说的那种两个表象的结合之产物,判断在根本上总是存在着综合。判断就是通过分析这个综合而形成的。像"此物是黑色的"这个判断是先有了这个综合的整体,然后再分析,从而产生判断。作为谓语成分的"黑色"并不是在主语之外被固定的概念，而是直接经验的建构力。它一定是黑格尔所说的那种"跳动的生命的脉动点"（Punctum saliens aller Lebendigkeit）那样的东西。所谓"判断"，并不是康德学派所说的那种形式与内容完全分别、将内容嵌入形式中而形成的东西。"此物是黑色的"这一判断，是依赖"黑色"这一内容本身之力而成立的，亦即胡塞尔所说的"本质"之力。在这里有着事实判断的客观性依据。事实判断之所以能够对其自身要求客观性，就是基于我们直接的"本原行为"（Tathandlung），也就是说，逻辑形式的知识基于本原行为，事实判断也同样地基于本原行为。知识的内容能够对知识的形式提出自身的权利的要求，原因也在于此。

我们被给定的真正的直接经验，是意识内容本身的发展，亦即本原行为。而且这种内在的发展一旦被当作判断对象，那就像黑格尔所说的，一切事物都是判断。所谓逻辑的形式，不单是主观的理解力，也是具体的经验本身的形式。将我们的具体的经验内容视为"零"的是逻辑性的意识，其发展的体系成为逻辑及数理的体系。正如以逻辑意识的体验为基础，形成逻辑、数理的体系一样，以色彩与声音为基础不也同样可以形成色彩与声音的体系吗？对于物理学家而言，世界是力学的体系，在画家与音乐家那里，世界是色彩与声音的体系。

所谓感官，通常被视为完全被动的东西，感官之能感物，难道不也像思维那样，是自发性的吗？在抽象概念的形式中来看感官的性质，那它是没有什么活力的；而在直接经验的层面上看，感官在本质上是充满生机活力的，它是一种先验的内在发展，也就是我们所说的感觉的发展。

认为感觉是从外部被给定的东西，或者认为感觉是肉体感官发达的产物，都是认为外物在感官上活动而使感觉产生，这些想法只不过是由因袭的前提而进行的间接思考的东西。在直接经验上，"具体的一般者"自然而然地被认为发展，这种感觉之基础的先验，恰如作为逻辑性知识之基础的先验。逻辑与数理的体系是由那种与内容无关涉的、最为一般的纯粹思维的先验所建构的，同样地，从某种感觉性的先验也可以建构感觉性的知识体系。我们说事物的性质是由感官来确定的，是因为其背后是以这一体系为基础的。心理学家所说的通过内省组织起来的那种感觉的体系，可以认为就是这样的体系。

离开了意识内容本身的发展来思考意识活动，是因为受限于"能力心理学"。如上所说，一切主观的活动作用，都是一般者限定自身的过程。所谓思维活动就是逻辑上的先验进行自我限定的过程。同样地，所谓感觉活动，也可以说是感觉的先验进行自我限定的过程。我们的感官只不过是对这一过程进行物质性地表征而已。一切意识现象，即便在感觉性的东西中，也不单是各种因素的数量上的总和，而都是冯特所说的"创造性的综合"。像康德那样把感觉视为杂多的因素，那只是思维的产物，而不是感觉的真相。

康德学派认为，我们的经验的知识，是通过先天的形式，以内容建构的方式而形成的。这种看法的前提基础，是认为形式性的知识由自身而成立，而经验的知识是要嵌入形式性的知识中才能成立。例如，像逻辑、数理那样的东西，是由自身而成立的，而像自然科学那样的知识，则是依靠这些法则而成立的。毫无疑问，经验的知识必须嵌入逻辑形式中，但是不能因此而认为形式与内容就是各自独立的，经验的知识也未必要通过形式上的统一才得以成立。其实，形式这种东西，只是具体经验的抽象的一面。准确地说，所谓形式性的判断也绝不是无内容的，逻辑的知识通过思维的对象性这一属性而成立，数理性的知识通过数理对象的属性而成立。

我们的判断通过形式而成立。反过来思考，可以认为判断是经验内容的发展，判断是根据内容而成立的。我们通常认为在某种内容中赋予形式才能使判断成立，说"三角形是四角形"，这在形式上似乎是对的，"甲是甲"这种形式的逻辑判断也是对的。但是，说"三角形有四个直角"，这种判断就不能说是对的了。正如波尔查诺所说，单纯形式上的真理是无意义的。判断只有通过内容才能成立，内容是判断的根本，单纯孤立意义上的主语谓语之类，并非判断的内容。判断的真正内容是此两者的结合。更确切地说，一定是两者分离之前的那种统一。判断就是通过这种内容才得以成立的。形式与内容并非无关之物，如黑格尔所言，实际上原本只有形式与内容的绝对关系的相互转化（das Umschlagen derselben in einander）。我们在理解某种意识内容的时候，它已经不是单纯的内容了，而是一种"应然"。也就是说，已经拥有了构成判断的判断力。所谓"理解"，不是从外部施加的活动，而是内容本身的发展。

从以上的论述来看，直觉的限制力之于思维的统一，亦即相对于思维的合理性而言的经验内容的非合理性的依据，并不存在于无形式的经验内容中。意识与内容的对立，在于构成知识的先验与先验之间的对峙，是基于经验的体系与体系之间的对峙。基于经验内容的事实性的判断，与基于形式的所谓先天性的知识，被认为是有着独立的根据的，原因在于所谓经验内容，其自身是成体系的。正因为其自身是成体系的，而且与所谓形式性的知识体系属于一种体系，所以对于后者具有限制力。这样想来，为了明确相对于思维而言的经验的非合理性，就必须对"思维对象的体系"与"经验内容的体系"之间的异同及其关系予以考察。

············

第二章　经验体系的联结

38　精神与物质

以上，我在"自觉的体系"的统一中寻求身心的结合，并且把两者的关系作为手段与目的的关系，在目的论的意义上做了阐述。物质的目的是有机的生命，有机的生命的目的是精神，目的是物的本质。眼睛是为了见光而存在的，而且是具有实在性的东西。对此，我想再做一点更精细的论述。

在其自身中独立的真正实在，必须是自觉。自觉的东西是真正具体的东西。洛采的看法也是这样，他认为真正在自己当中形成相互作用的绝对者，一定是自觉，自觉是实在的根本要求。也就是说，物体要求精神。通常所谓的"有甲就有乙"或"有A就有B"之类的自然律，只不过是表示可能性的假设命题。根据这种法则而形成的一个体系，就是物体界。

诚然，物体界也可以视为一种独立的实在。它有着自身发展的动机与方向，也具有产生变化的一种自觉的体系。形成这个体系之中心的，在客观上看就是"物力"，在主观上说就是思维的统一。物质界作为拥有自身方向的一个体系，它也有自己的目的，它的实在性就依赖于这种目的论的统一。只是这个目的对于物质本身而言是偶然的，现在朝着某种方向运动变化的物体界，又转过来朝相反的方向运动，对于物质本身而言并不存在什么矛盾。在这一点上看，物体界作为实在还是具有不确定性的，也是不完全的。物体界只有与具体经验结合才能获得其实在性。

物理的世界只是抽象的，不能标示其具体的实在性，虽然这样说就直接陷入了二律背反，但这一点却是显而易见的。我们说空间时间是无限的、没有终极的，这就意味着实在之物本身是不完全的。虽说如此，把它视为有限的话，也会陷于自相矛盾。为了摆脱这种二律背反，我们说无限的真正的意义，是在自己当中映照自己，亦即它是"自觉的"，物质界作为真正的实在而得以成立，就必须是自觉的，亦即精神的。根据空间时间的因果形式而形成的物质界，其自身并不是独立的真正实在，而不过是具体实在的抽象的一面罢了。

在这个意义上，空间时间的因果是现象性的，只是"被表示的现象"（das Vorgestellte）。而真正的实在却是"表示现象的东西"（das Vorstellende）。作为真正实在的空间，一定是主观的表象者对它自身的表象，所以洛采认为，空间性（Räumlichkeit）作为外在之物，本质上是现象性的，而认为内在的事实才是实在的。空间是在主观上具有其实在性的。空间不是物的摹写形式，而是实在的一部分，它与物一同构成了流动变化。例如，语言与思想，一般认为前者是后者的符号，但是在费德勒看来，两者都是一种内在生活的一部分，语言是思想的最后的阶段。空间与物的关系亦复如此。

物质界与物力，当自身没有方向限定的时候，就不能认为它们是真正的实在。真正的实在必须是被限定的。仅仅是可能性的东西，还不是真正的实在。我们通常将物体界看成是毫无疑义的真正实在，其中也包含了物体界自身拥有一定方向的假定。正因为如此，物质界的实在性是由其目的性所决定的。目的论的统一使我们将物质界视为一种实在。诚然，物质界自身是一个完全的体系，被结合的两种力朝着合成力的方向发展，同样地，也有人认为一切事件都像拉普拉斯①所设想的那样，都可以用数学上的必然性来说明。但是这种必然性，都不过是被给定的或被配置的必然。而配置者本身对于物质界而言是偶然性的，与物质的内在性质毫无关系。在有机体中则与之相反，其秩序性原理（Ordnungsprinzip）本身就是实在，而机械性的因果链条只不过是其手段罢了。

如果说实在自己限定自身，那么有机体比起物质界来更属于完全意义上的实在。那些相信物质界之实在性的人，也许认为有机体的秩序之类的东西是偶然性的。然而，所谓"物质界"实际上是对实在的一种解释。相信物质是实在，不只是认为它自身是没有矛盾的体系，也是基于现实的经验。而这种现实的经验能如此赋予物质界以实在性，是我们通常将现实的经验严加限定的缘故。我们关于实在的看法是居于现实之核心位置的，现实不单是一个点，也是重力的中心点。过去属于我们的记忆，未来不过是我们的想象。我与实在之间，唯有在现在才能相接相触，也只有在现在，我才能以无我的状态完全与自身独立的实在相融汇。但

---

① 拉普拉斯（Pierre Simon Laplace，1749—1827）：法国数学家、天文学家，用数学方法研究太阳系，著有《天体力学》等。——译者

是，反过来说，实在与我的接触也是在现在。当我处在无我状态与实在本身合一之时，也就是实在处于绝对活动的状态之时。这就是现在，现在是实在的重心点。正如费希特所说，在我们的自觉中，知者与被知者是合一的。自觉就是知性的直观。而且是自己认知自己，是自己在活动。如果说真正的自觉是绝对活动，那么这种自觉的点也就是现在。之所以说现在是现实的核心，原因就是如此。

在物质界，现在发生的事件只是被视为一般法则的一个特殊例子，在那里并没有一个意义上的"现在"。现在是限定的极致，一定是独一无二的点。物质界中的现在的限定，依赖于被给定的配置，这种配置对物质本身而言是偶然性的。把某种配置看作是唯一的，那是因为将现实的经验作为核心的缘故。在生物学的现象中则相反，现在本身中的唯一的点就是现在。当然，从一个方面来看，不管在怎样的体系当中，都具备了限定的方面。正如我曾经说过的，即便在纯粹思维的体系中，也能够设想限定的方向。

正如我曾经说过的，所谓物质界，正如一幅立体的平面图，投影图与原立体有关系，才有意义。同样地，物质界与原本的实在有关系，才有意义。原立体的各顶点与平面图上的对应点相结合，显示了物体界的合目的性的关系，亦即精神与身体的结合线。原立体不是静止的，它按一定的方向运动，由此确定了物质界的变化方向。而物质界不可动摇的东西，就是现在。若将上述的比方再做详细说明的话，那么可以说立体的各个侧面都相当于一个个心理性的个人，各侧面的每一条边都区别着种种的精神活动。而原立体与投影面相结合的线，一方面显示心理活动，一方面显示生理活动，亦即表现精神与物理现象的平行。如果离开原来的立体，而孤立地看这个平面图上的线与面的投影，那么所看到的也只是平面上的线与形的关系。也就是像唯物论者那样，可以根据机械论的关系来说明一切现象。实际上，投影图只有在与原立体的关系中才有其存在的理由，投影图不过是表示原立体的一种手段罢了。

如上所说，如果说物质界是立体的投影面那样的东西，那么像生物界现象那样的合目的性的现象，就是在投影面加上了它与原立体的接合线。自然界的目的论，就是在具体的原经验之间的关系中见出的。成为目的论之基础的，是我们的意志活动，把意志的影子映照在物质界，所表现出来的就是生命。因果关系就是"因为有甲，所以一定有乙"。与此相反，目的性的关系却是"因为有甲，所以要有乙"。这样的话，将前者的关系予以推翻的那种力，就必须是在前者之外。如果说物力是平面性的话，那么生命一定是立体的。"活力论①者"（Vitalist）认为从物力中并不会出现生命，其实所谓物力，所谓生命，都不是一种特别的实在，而只是关于实在的不同看法而已。只是目的论与机械论相比，更接近于具体的实在性。

在生物的生命中，所谓"现在"，位于"自觉的体系"中将自身发展予以限定的最先端，亦即"持续飞跃"的最先端的位置。生命中所不能反转的顺序，作为隐含在自身当中的东西，使生命

---

① 活力论（Vitalism）：又叫活力说、活气论，是一种哲学假说，认为生命中有着非生命所没有的一种力。——译者

得以拥有独一无二的现在。生物的生命，作为一种不能反复的完整的统一，与其所结合的那个物力的体系并无不同。生命之为生命，就存在于它与无限的实在之流动相接触之处，表现为它与无限的自觉相接触时所呈现出的面影。在目的论的因果关系中的终极原因（la cause finale）表现为一个物体面与"自觉的体系"之间的接触点。亦即从后者的立场所见的前者。一切进入我们对象界的东西都是能够活动的，通过与那些不能反省的直接的流动性的实在相接触，其自身成为流动的，成为无限的大生命、大实在的一部分。以上所说的空间作为内部世界的事实是实在的，也是据此而言。

诚然，上述的目的论比起机械论更具有具体的实在性，然而这并不直接等于说生物的生命比起物理之力更具有实在性。应该说，所谓生物的生命比起物力来，是脆弱的东西。物力是不灭的，生物的生命必然有死亡。洛采在《形而上学纲要》（*Grundzüge der Metaphysik*）一书中论述生命与自然的关系，他认为，若有某一种冲动完全是为了在自己自身中达成目的，这种情形姑且不论，否则的话，就一定是把给定的东西作为手段来使用。在这种情况下，冲动为了达成自身的目的，必须遵循手段自身的法则，因此其力量可以说是无限的。他认为，一个体系针对来自外界的影响，进行合目的性的反动的时候，它就是活生生的状态，而超越了这个程度，就不能形成那种反动了，也就是死亡的了。

不过，生物的生命这种东西是一部分经验的目的论，它不过是实在的一部分的目的论而已。物力所不能破坏的东西，更确切地说是将物力作为一个方面包含于自身中而达成目的的东西，它必定是自然整体的生命，必定是宇宙进化的目的之力。在我们个人的经验范围内，我们自己是实在的中心，我们的身体以作为其投影的"我的生命"为中心而进行活动。我们的"我"，是洛采所说的从永远的泉眼中流淌出来的间歇性的旋律（eine Melodie mit Pausen）。因此，相对于那个伟大人格的统一力的自然力而言，个人的生命就如同一棵苇草那样脆弱。

应该说，比起物质界来，生命的世界更为接近具体的实在；比起生命的世界来，所谓意识的世界更接近实在本身。本来，这些世界并不是各自独立的实在，而是从种种不同的立场所见到的同一个实在，但是，权且把这些世界作为各自独立的世界来考察，就可以说，这些世界在"现在"这一点上，是能够相互接触的。"现在"是种种对象界的接触点。

我们往往把"现在"视为无限的时间之流上的一个点，线则是点的连续，同样地，似乎也可以认为"时光"是现在的连续，但是正如"连续"不能视为分离的各个点的连接，"时光"也不是孤立的现在的联结。真正的现在，必定是"时光"这种"连续"的切断（Schnitt）；也就是说，在"现在"这个点上，必须具备整体上的意义。况且，"现在"也不是可能性的直线上的任意的一个点，而必须在质上是被限定的，必定是质的连续的切断。在这里，"现在"具有独一无二的意味。

正如以上所言，如果把"自觉的体系"分为"量"与"质"两个方面的话，那么"现在"就一定是被这两个方面限定的东西，而且必须是被自觉体系的整体上被限定的东西。也可以说，"现在"是实在的整体所能反射的焦点。我们在"现在"与宇宙之核相接触，"现在"犹如实在之重心。重力分布于物体的各个部分，一切的力，都在重心上发生作用。物体的重心是从物质的配置这样的单纯数量上的关系而确定的，而实在的"现在"是通过种种经验的体系亦即种种的世界的质的关系而确定的。如果把种种的世界视为建立在各自先验之上的东西，那么"现在"就是这些先验的统一的中心，也可以说是"自觉的体系"的几何学的关系的重心，亦即伯格森所说的"持续飞跃"的最前端。

这样看来，"现在"就是作为自觉之发展的直接经验整体的重心。在那里有着不可动摇的"现在"的绝对性。物体的重心这样的相对的东西，与绝对不可动摇的"现在"的区别正在于此，理想性的与实在性的区别同样也基于此。"现在"之于我们，是绝对被给定的东西、被限定的东西，我们之所以不能反省它，就因为它是处在绝对无限的统一线上的。而这种经验的无限统一，就是应然，亦即存在，就是纯粹活动，亦即创造性的进化。之所以这样说，是因为所谓无限，就是在自己当中映照自己。在这里，我忘我，是主客合一，万物与我为一体。而知识的内容与形式的结合，也只能在这里寻求。我们新的知识内容常常从"持续飞跃"的先端进来，不仅是经验的知识内容，而且从逻辑到数理，从算术到解析的推移，也都会通过这个先端上的点。

就自然科学的知识而言，就是要尽可能抛弃臆说，尽可能接近事实，以现实为中心进行考察。就像赫兹在《力学原理》的序言中所说的那样，从远距离力学（Fernkräfte）到能量的力学，再到赫兹本人的力学，都是不预设任何世界观的，而只是考察现实本身，他认为像现代的相对性原理①，恐怕是最合乎这一点的。所谓"以现实为中心进行考察"，在原理上虽是最为一般性的，与此同时却能够用来考察最为具体的实在。或有人说，所谓"无限的统一"是不可考的，但对"无限的统一"进行思考，就是在其自身中成为能动的。

实在的重心亦即"自觉的体系"的中心，是怎样的东西呢？作为"自觉的体系"的一个例子，看看三段论式推理就会知道，作为一般者自己自身的限定过程，是可以设想一个方向的。诚然，真理本身没有任何时间上的先后。但是在那里，胡塞尔现象学所说的"时间"是不可否认的，时间反而是基于现象学的。这样，限定的方向总是在延伸进行中的。正如柯亨在《根源的思维》（Denken des Ursprungs）中所言，始终都存在着还原的基础，实在就是这种自觉的体系的无限的连续。从一个体系转移到另一个体系，依据的是内在的转化。在这种内在转化的瞬间，就形成了主客统一的活动，当它成为一种流动时就是真正的现在，在这里就有着全部实在的绝对的统一。

就精神与身体的结合而言，正如上文所说的，只就单纯的物质界而言，它不可能具有与精神结合的契机，两者完全没有交涉。物体与精神的结合必须是有机的，亦即必须是合目的性的。将物体视为合目的性的，就要确定一个方向，就必须有一个中心，这个中心就是自觉的体系的转化点。在这个点上，可以设想精神与

---

① 相对性原理：在相互运动的坐标性中，物理基本定理的形式不变的原理，包括伽利略的相对性原理、爱因斯坦的狭义相对论与广义相对论。——译者

物体的结合，亦即"精神之座"（Sitz der Seele）那样的东西。我们的动作是合目的性的，我们的身体是一个机能的统一，受到外界刺激而做出反应的中心，亦即知觉神经与运动神经的接合点，就是"精神之座"，伯格森所说的身与心的结合，就是位于"持续飞跃"之先端的。精神与身体的关系并不是一般所认为的那种平行性的关系，在柯亨所说的"根源"的意义上，精神就是身体的根源，是比肉体更高一层的一种具体的立场，可以说身体的实在性就在于精神。如果把以上所说的关系视为目的与手段的关系，那么身体就是精神的手段，精神与身体的关系就是目的与手段的关系。

数理是逻辑的具体的根源，连续数是分离数的具体的根源，生命是物质的具体的根源。在这样的意义上，可以说精神是身体的具体的根源。后者为了前者而存在，是前者的手段。

单纯作为认识对象而进行抽象思考的话，可以说逻辑是从数理中独立出来的，分离数是从连续数中独立出来的，物质是从生命中独立出来的。

但具体而言，对象与作用是不可分离的，离开了作用，就无法设想对象；离开了对象，也无法理解作用。逻辑由数理而获得实在性，分离数由连续数而获得实在性，物质由生命的统一而获得实在性。

抽象的东西、假定的东西、依他性的东西，其自身是不完全的，在自身中是有着矛盾的。要使自身具有完全性，就必须向高层次的立场移动。

上文也曾说过，在大前提上表达的东西，是盖然性的。在小前提上表达的东西是事实性的，是现实的。在结论中，可以见出把两者结合起来的"自觉的体系"的整体,亦即"本原行为"的具体的整体。

大语[①]表示物体界,小语表现心理性的主观。精神与身体在三段论式的判断结论中得以结合。若像自然科学家所思考的那样,将一般的东西作为实在,那么像个人的精神现象,就不过是其中的个例而已。但是三段论式的客观性不单是那种大前提的抽象的一般性,成为客观知识之基础的真正的一般者,必须是具体的一般者,也就是说,它自身必须是具有创造性的,知识的客观性也由此而成立。

三段论式的本质不只在于它有一个假定的大前提,而在于它作为自己限定自己自身的具体的一般者,具有一种创造性作用。而这种创造性作用的本质不在于它背后的原因,而在于其预先的目的。单纯的一般者不是实在的目的,而只是发展的手段。分离数是连续数的发展的手段,物质界是精神界的发展的手段,在这种意义上,可以说我们的精神与身体在三段论式的形式中,通过目的与手段的关系而得以结合。

如果在"精神之座"中寻求两者的接触点,那么,"小语"就相当于这个接触点。小语位于持续飞跃的先端,成为实在的重心,可以认为它就相当于我们所处的现实。所谓物体界,并不是在其自身中的独立实在,它只不过是具体的真正实在的一个方面而已。从实在的整体发展而言,它只是一种发展的手段。

在这里,我赞同洛采对知识之意义的论述。他认为,我们的

---

① 大语:原文"大语",一般的,谓语的。与"小语"相对而言。——译者

感官并不是为了反映外界而存在的，美丽的光色、动听的声音，都是为了感官自身而存在，这才是目的本身。物体的运动不过就是让我们的精神达成目的的手段而已。

39　意志的优位

如上所说，一切直接而具体的实在都是自觉的，把它作为思维的经验，即把它作为逻辑的实在来看的话，正如黑格尔所言，一切都是"推论式"的。我所说的"思维的经验"，不是通常认为的那种单纯的主观作用，而是费希特所说的，是用语言来表现的具有内外两方面独立性的实在。精神与物体并不是完全不同的两种实在，而是具有自觉性的具体实在的两个方面。按照"推论式"的说法，其大前提是表现物体界，小前提是表现意识界。

所谓物体界是将我们的直接经验亦即实在，在任何情况下都予以一般化的可能的世界；相反地，所谓"意识界"，就是将其特殊化亦即予以限定的现实的世界。我们先在自己的意识范围内把时时刻刻移动变化的经验予以一般化，然后将其在社会的经验上予以陶冶，最后依据理性予以醇化，并且完全去除人格的要素，这样所谓物理的世界就得以成立了。所谓"物理的世界"是实在的一个方面，而不是实在本身。具体的真正的实在总是现实。现实在任何情况下都是整个实在的中心。将物理的知识赋予客观性的就是这个现实，精神界与物体界的接触点，或者精神界与物体界的分歧点实际上也在于此。

对我们的自觉的经验进行反省，就可以明白，我反省我的地方,即我活动的地方,就是我的现在。通常,不论活动与否自身,总有着不变的自己,现在的我的活动即由此而可能发生。也就是说,不变的东西就是实在。然而,"我"之所以是我,正在与我反省我自己,反省的自己与被反省的自己是同一的。"我"并不存在于这种"本原行为"(Tathandlung)之外。这里就是全部的我。过去的我不是真正的我,未来的我也不是真正的我,真正的我只有现在的我。"我"以现在的我为中心,回忆过去的我,想象未来的我,但回忆的我与想象的我,都不是真正的我,而只是构成作为现在的我的表象的一部分。我们的行动不能与过去的我相接,过去的我不能还原。所谓"过去就是过去了"(Le passé est passé),真正的自己只是当下的能动的自我。能够思考的我是被限定的我,在这里不会有任何东西出来,不会有什么创造性的活动。决定论[①]者的观点,就是把"我"作为对象加以思考而产生的。

将"现在"看作实在的重心,是因为我们的经验的活动是最即时性的,而这种行为活动本身就是实在。如果将它看作是被给定的无限的经验体系的话,那么我们的经验的活动就是立场的推移。倘若把根据一种立场而统一起来的经验的体系看作一个圆圈,那么就可以把无限的经验体系的结合,看作在无数圆的某一点上穿过的线,这条切线,亦即贯穿无数圆的中心的直线,就是经验运动的方向。这就是伯格森所说的"时光之流"(le temps quir'écoule)那样的真正的时间的方向。

---

① 决定论:认为万物都是受某种必然法则支配的哲学观点。与决定论相对,是非决定论、自由意志论、偶然论。——译者

经验的推移可以分为两种：一种是基于同一立场的经验的发展，亦即基于某种先验的发展；另一种就是立场的推移，是从一个先验向背后更大的先验的推移。可以把前者看作一条直线的延长，后者则像马堡学派所思考的那样，是根据极限概念从一条曲线向其他曲线的推移，亦即创造活动的发展方向。但是，在前者的意义上，无限的延长等同于数的无限增加，是在同一种体验上完成。整体经验的绝对的统一点就在于体系与体系的无限系列的统一点。而我们假如把实在视为被统一的经验的话，那么这个统一的极限就是绝对的真正的实在。所谓"实在性的"就是"理想性的"极限。数理是逻辑的极限，连续数是分离数的极限，而上述的无限的统一，亦即绝对的统一，就是在自身中独立、在自身中活动，也就是所谓"自觉的"。在自身活动者，才可以说是真正的无限。可停止的就是有限，能动的就是无限。

所谓"我们的现在"，就是无限实在的统一点，我们在这个"现在"中与无限的实在相联络，从这个点开始进行无限的移动。所谓"现在"，就是经验的体系将自身统一，同时超越自己向其他体系移动的那个"点"，正因为这样的原因，现在就是创造性进化之行为的先端，同时又是对过去予以反省的点。我们依据意志向未来行进，同时依靠反省而回顾过去。"现在"实际上就是两个方向的结合点。然而，反过来看，正如以前说过的那样，我们反省过去，却完全不能回到过去，在这里就出现了深刻的矛盾冲突。那么，这个矛盾应如何解决呢？

梅特林克[①]在题为《过去》的小论文中说:"过去,并不是过去了,过去在任何时候都是现存的,过去就是不可动摇的东西,过去属于我们的现在,它与现在一样流动。只有道德性的死亡,才可能是过去凝结固定。"[②]我们可以将梅特林克的话看作目的论来理解。在机械论的因果关系中,由现在和未来而使过去的意味改变。在目的论的因果论中,过去是现在及未来的手段,根据将来进行的方法而改变过去的意味。从奥古斯丁皈依之前与皈依之后就可以看到过去的意味是如何变化的。奥斯卡·王尔德认为:"在古代希腊,神可以改变过去。基督无论对怎样的罪人,都能容易地使其过去得以改变。例如,不肖之子跪在父亲面前哭泣的时候,他就把他的过去转变为最美的神圣的东西了。"不仅在这样的道德生活的层面上可以如此思考,在一切目的论因果中,都可以做这样的思考。

倘若有"绝对时间"这样的东西的话,那么"过去"是我们一刹那也回不去的。"绝对时间"只是知识思维上的需要,而不是实在的东西。机械论与"绝对时间"之间并不存在必然的结合。物理学家所说的"时间"只不过是一种坐标而已。从实体的方法来看,在机械论中,却能够使得同一现象得以反复。我们之所以认为同一现象无法反复,是因为确信整个体系是给定的东西。正如我们根据时钟的时针来确认时间一样,将时间做全间化思考的时候,在整个体系被固定的同时,其顺序也变得不可动摇了。机

---

① 梅特林克(Maurice Maeterlinck, 1862—1949):比利时象征主义诗人、剧作家, 1911年获得诺贝尔文学奖。——译者

② 参见 Maurice Maeterlinck, *Le Temple Enseveli*, p.208。——原注

械观与"绝对时间"结合的依据就在于此。伯格森所说的不可反省的"时间",认为它是不可反复的,同时,又认为并非不可反复。将我们的经验予以对象化,并想象其整体统一的时候,就有了不可动摇的"时间"。这种统一当然是达不到的,即便能够完全意识到,然而,凡是说意识到了,那就已经是新的经验了,这样就需要无限的新的经验。但是,我们说整体经验的最终统一是达不到的,并不意味着经验中没有统一。没有统一预想的经验是不能成立的。柯亨所说的"被给定者",也就是被要求者。所谓整体经验的统一就是要求的统一、作用的统一。这个不可能求诸知识,而只能求诸意志。

所谓"自觉",指的并不仅仅是以自己为对象的意识,而是含有"情"与"意"的意识。在自觉中,"知"就是"行","行"就是"知"。一旦将"意志"作为认识对象,那么意志就已经不复为意志了。在"自觉"中只能做这样的理解。"自觉"中的"知"与"意"的区别是抽象的区别,这两者在具体上直接就是一回事。听起来也许不合道理,我们知道不能反省自己,就是自知的由来。不仅仅在自觉的场合,在意识到一条连续直线那样的场合中,作用的意识也是含在其中的。当我们意识到一条连续直线存在的时候,我们就在其中意识到了不能予以表象化的东西,亦即思维对象被直觉地意识到了。

当我们从表象的意识到达严格意义上的"连续"这样的思维对象的意识时,其中必然就有作用的意识加入进来,就有李普斯所谓的"飞跃"(Einschnappen)这样的东西加入进来。这里必须有一种"生命的飞跃"①。在连续的意识中要有作用的意识的介入，亦即意志的介入。在数学家的所谓的极限概念中含有意志的意识，我们所说的意志，就是极限的意识，是从一个先验向另一个先验移动的时候的意识。当我们的意识与"生命的飞跃"相接触的地方，就有意志。我们说当意志成为意识对象的时候，它就早已不是意志了，当我们意识到"连续"的时候，也会意识到"作用"。

所谓意识，当我们把它作为意识对象，但是这个对象不属于实在界，而是单纯的意义的世界。而且意识，也不仅仅是认识，意志与情感都是意识的一种。当我们将某物作为意志对象的时候，本身就是一种意识。像布伦塔诺等人那样把意识置于我与对象之间的关系中来思考，意志、情感等就与知识成为完全不同的对象性的关系。在知识中，我与对象是对立的；而在情感与意志中，我与对象是合一的。亦即我与对象是一致的。在我们的内省的经验中，可以意识到"我知""我想"与"我感到"之间的区别。当我们知道"我想"的时候，这个意志就成为知识的对象，然而当我们知道我过去的意志的时候，却是作为意志而被知道的，我们知道那曾是一种我的欲望。

依靠反省，这种意识的性质意义不会改变。那么，当过去的意志被反省的时候，其性质意义会改变吗？之所以产生这样的疑问，是因为把它的性质视同意识对象了，而不只是单纯局限于知识对象。我们的意识未必只是认识，认识对象固然是意识对象，但意识对象未必是认识对象。艺术家所谓的"气骨"是一种明确

---

① 生命的飞跃：原文"elan vital"，法国哲学家伯格森生命哲学的重要概念。——译者

的意识，但艺术家意识到"气骨"，并不是把它作为认识对象来意识的。只是作为一种"力"来意识的。如果把它作为认识对象来意识，那就不是"气骨"了。"气骨"这样的意识也许不能作为一种概念，也无法用语言清晰界定，但是却不能因此而把它看成一种不明确的意识。意志与情感，必须是像知识那样的明确的意识，艺术家所感觉到的，与哲学家所思考的相比，其明晰与精细的程度并不逊色。

我们对过去的意志与情感进行回忆的时候，它就成为知识的对象而不复为意志与情感了。这样说有什么理由呢？如上所述，意志与情感自身是一种明晰的意识，对它进行回想的时候，倘若明确地与知识相区分的话，那就要考虑，我们根据什么说它是知识的对象而不复为意志与情感。如果将知、情、意三者的区别比拟为空间上的三个次元的话，那么我们就是依据先验的空间形式，对不同方向进行意识与理解；同样地，对过去的知情意进行区别，岂不是与现在的知情意一样，依照着作为知情意之基础的先验的知情意的方式而进行区别的吗？我们回想过去的意志与情感，难道与现在的意志与情感不是同一方式吗？意与意相接，情与情相感，因而意志与情感不像通常所认为的那样是作为知识对象而被意识到的。当我们回想过去曾有的欲求，欲求就失去了意志的性质，是因为有了"过去"这一附加；当我们意识到现在的欲求时，也因为"现在"附加进来而使现在的意志失去了意志的性质。意志，当它能被意识到的时候，就不是意志了，但无论它在何等意义上都不被意识到的话，那么意志也就不存在了。这种矛盾悖论无论在过去的场合，还是现在的场合，都是同样的。意志能够直接被意识到，否则意志这种意识就不存在了。倘若意志能够直接意识到，那么过去的意志与现在的意志就是同样的。换言之，意志并没有时间的差别。应该说，意志与思维一样，都是超越时间的意识。不只是超越时间的，而且较之思维的统一，意志的统一是更深一层意义上的统一。思维的根源处有意志的存在。

将经验体系组织起来的真正的"一般者"不是一般性的概念，而是一个动机；不是思维，而是意志。真正依靠自身而成立的经验体系，呈现的是意志的形式。这样看来，意志的直感却正是知识统一的基础。在时间的统一之前，必然有意志的直感。回忆过去的思想、回想过去的思维时，作为心理现象的思维作用，属于作为过往事件的知识的对象。在过去使思维作用得以发挥的那种"意味"，并不属于自然界；而在过去使思维作用得以发挥的意味，在现在也使思维成为思维。当我们现在回忆过去的思维时，是在这样的"意味"的立场上回顾的。在二次元的世界上，对三次元世界的意味是无法理解的。即便把二次元世界的画面投射到三次元的世界上，也终究不能理解。即便把二次元世界上的画面投射到三次元世界上来理解，我们也丝毫不能摆脱二次元世界的视域。在我们对过去的思维进行回忆的时候，就必须暂且立于超越时间的立场。不管过去还是现在，思维的内容没有变化，只有意识作用发生了变化。所意识到的东西，就思维内容本身来说没有什么改变。说"太阳并不灿烂了"，并不是因为回想，而在于直觉与表象在作用上的差异所造成的。意识到的东西与存在的东西是同样的，意识的内容及性质没有任何关系。正如一个事物无论出现几次本身都没有变化，同一个意志无论活动多久，都是同一的。

之所以说一切精神现象都只是一次性的，是因为将意识到的东西视为本质，并因为把它看作一定时间上发生的事情。但严格说来，心理现象之间并没有什么关系上的、时间上的统一。这种东西其实不应称之为心理现象，而只是纯粹的事实，因而也可以理解为物理现象。心理学家以意识到的东西为条件来界定心理现象，是因为依靠个人的主观将现象做了时间上的统一。如果有单纯的意识这样的东西的话，那么就应该说它既不是物理的，也不是心理的。

如上所说，像意志、感情这样的意识，与知觉、思维等所谓的知识作用有着根本的区别。即便在我们回忆它的时候，也只能以意会之、以情感之。而在意志中，我与对象合一。如果说意志是意识的根本统一，那么在知识中，我与我就不能合一。我们说我们一刹那也不能回归到过去，是因为意志超越了时间，但却能够返回创造了时间的绝对自由的我。在意志中，对象界不单是对象，而是手段。对象本身成为一个活动，我返回我自身，立于支配对象界的位置。当我们说"我有意志"的时候，我就超越了时间的关系。目的论的因果关系中的意志，是其摆脱时间关系的原因。而时间的关系却因意志而成立。康德将"定言的命令"置于自然的因果之外，费希特在知识的世界的根源中思考实践的自我，都是意味深长的。

如果使用时间性的词语来说，在意志中，通过过去、现在、未来，一切的对象界都可以视为现在。和梅特林克一样，可以说我们的过去完全属于我们的现在，不断地与之推移变化。在伯格森的"纯粹持续"中，我们一刹那也不能返回过去，而在"创造的进化"的状态中，过去整体上可以作为现在而活动。我们也是能够达到"创造的进化"的纯粹状态，就越能达到自我的根源，就越能将过去予以现在化。伯格森在《物质与记忆》中，将记忆的整体比作圆锥形，圆锥形的底面是过去，顶点是现在，圆锥从底面不断地朝顶点前进。我们尽可能返回圆锥的宽广的底面，越是从那里向顶点集中，就越是将过去在整体上予以现在化。

以前人们习惯于将现在比作物体的重心。所谓物体的重心，就是一切的力的点。构成物体的一切物质的重力成为现在的点。在我们的知识中，不能依靠反省而返回过去，而在意志中却可以将全部的过去转换为现在。在意志中，一切的经验内容都被动态地统一了。确切地说，一切流动的时间，过去、现在、未来都消失了，亦即超越地看时间。正如洛采所说的，时间并不是动态的实在的形式，而只不过是现象的形式。我们想起过去的时候，过去作为记忆表象属于我的现在，而将过去转换为现在的，就是意志。在"回想作用"这样的意志形式中，过去就成为现在。现在被回想的不是过去的我，是因为对于"认识的自我"而言，那是一个整体的自我。

当我们说我不能返回过去的我的时候，所谓"过去的我"是指什么呢？如果指的是过去的直接经验的内容，那么不仅在现在，而且在过去，同样都不能进行反省；相反地，如果是在过去我知道现在的我，那就是自己知道自身，那么现在也同样可能。被反省的自己，亦即成为认识对象的经验内容，必须是普遍性的，亦即必须是超越作用的。真正不能反省的只有意志本身。这种意志超越了时间的顺序。之所以认为我们不能返回过去，是因为将

"时间"看成一条直线,而自己只是在线上行进的一个点。在一维上移动的点,是完全不可能倒行的。而当我们意识到这一点的时候,我们已经处在二维的世界了。作为知识对象不可倒转,但作为认识主观却能将过去转换为现在。因而,说"我们一刹那也不能回到过去",其真正含义是不能转到能动的主观的背后。在自觉的体系中,自己不能将整个的自己作为对象。被回想的过去的我并不是真正的过去的我,要言之,我是不可测的。无论怎样的利器,都不可能穿透我的深处。

我们说"因为是过去,所以不能返回",是因为把时间当作空间性的东西了。这种思考本身证明我们已经不能返回过去。我们的记忆本身,是将过去予以现在化的一种作用,是将过去的经验内容予以对象化的一种作用,总之是超越时间的意识作用。所以,对过去的回忆,也直接就是对未来的想象。伯格森认为,我们一瞬间也不能返回到过去,但我们越是能够超越时间,返回圆锥体广阔的底面,就越是能够有伟大的创造。所谓创造,就是深深地返回自己的根源处。依靠记忆,我们从个人的根源处进行活动;依靠思维,我们能够在客观界的根源处进行活动;依靠意志,我们能够超越种种的客观界,而成为"创造的进化"亦即纯粹持续本身。从记忆到思维,从思维到意志,逐渐从小的立场进入大的立场,从浅处达到深层,在那里有着自由的世界、创造的世界。

在记忆的立场即表象的立场上,有自由的世界、形象创造的世界、空想的世界;在思维的立场上,有科学家假说的世界;在意志的立场上,有我们的自由地创造实在的世界,亦即自由意志的世界。任何一种立场中,都是"有+非有"($ὄν + μὴ ὄν$)。说

"我们一瞬间也不能返回到过去",指的是在被限定的对象界,即"有"(öv)的层面。当我们立于"有+非有"(öv + μὴ öv)的高层面的立场时,我们就可以返回过去,而这种立场就是意志的立场。梅特林克说我们依靠道德的意志不可能动摇过去,但康德所说的"定言的命令"那样的道德的意志,其立场就是超越一切世界的。我们在那个立场上如何获得世界,都是我们的自由。

如上所述,意志可以超越时间,将过去转换为现在。但是,我们还需要对意志活动本身的秩序加以考察。意志的活动是一个一个的事实,而其间又存在一定的秩序。伯格森说的性质各有不同,而又不能反复出现的所谓"实时"(la durée réelle),指的就是这个。但在他看来,意志并不是从过去直线走来,又向未来直线走去的。意志的进行是以某个点为中心,呈圆形向四周波动扩展的运动。意志无论何时都是从同一中心出发,意志的中心即真正的自我,何时都是现在的。对意志活动的轨迹进行反省,把它直线地连接起来看,这样意志似乎就有了不可动摇的秩序。但是,这种附加上了秩序的意志是化石化的意志,而不是活生生的意志。真正的活生生的意志完全是自由的。自由地对种种经验立场进行取舍,从一个先验向另一个先验自由地移行,这是真正的意志的活动。将过去翻转为现在,是意志的作用。意志不是被附加了秩序的东西,而是给予秩序者。意志是费希特所谓的"动态的"(schlechthin tätig)东西。当它以某一个先验为立场,从那里行进,遂成为知识的立场。而超越这种先验的,则是意志的立场,可以说意志是"绝对的反省"。

意志又是无限可能性的结合点。柯亨所说的"被给定者,是被要求者",说的是相对于"有"的"无"不是单纯的"无",而是"非有"(μὴ ὂv),也就是我曾说过的,"有＋非有"(ὂv ＋ μὴ ὂv)就是意志。意志是知识的极限。从一个"有"(ὂv)的立场向那个"非有"(μὴ ὂv)的立场的行进,就是知识,亦即消极的无限之立场。这种无限的可能性即先验的结合就是意志,亦即积极的无限之立场。借用黑格尔的话说,在理念自身发展的时候,抽象的立场在具体的立场中被"扬弃"(aufheben)者,就是意志。意志无论何时都是具体的。因此,相对于知识而言,意志是创造性的,是创造性的进化。从逻辑到数理,从分离数到连续数的飞跃,都依赖于意志。伯格森所说的"在纯粹持续中,一瞬间也不能返回到过去"这句话,就是对意志的足迹进行的反省。假如他的"创造性进化"是这样的,那就是死物,而不是活生生的"纯粹持续"。真正的"纯粹持续",一方面是无限的发展,一方面必须是"永远的现在"。而伯格森显然是忽视了后者。生命的持续是伸缩自如,在任何点上都向着尖端处,恰如物体根据其位置而改变重心一样。

意志,如上所说是超越物理时间的。那么,在怎样的意义上,"意志的秩序"这样的东西是不可想象的呢?所谓"意志在任何情况下都是绝对自由的"也就成了疑问吧。如果离开了时间的顺序,"经验的内在秩序"可以想象的话,那么它也许就成了"论据与归纳"(Grund und Folge)这一逻辑的秩序了,或者是胡塞尔所谓的"现象学的时间"(Phänomenologische)了。意志作用在这种秩序中,应该视为"被规制"(bedingen)的东西吗?或者在证明某个几何学真理的时候,其间有不可动摇的论据与归结的秩序吗?然而在几何学那样的纯数理的关系中，可以认为论据是制约归纳的，同时也可以认为归纳是制约论据的。在自然科学的因果关系中也是如此。正如原因与结果虽一前一后，然而在根本上是统一的，是内在的静态的统一。

不仅证明过程中的论据与归纳的关系是如此，即便从几何学定理的某个问题上来思考，意志与真理本身也没有任何关系。真理的发现往往是从偶然的端绪开始的。从以上分析可以看出，思维的内容与意志的作用之间，可以说没有任何交涉。胡塞尔所说的"本质的体系"也是如此。也许科学家们会假定在意志的背后有生理学的乃至化学的、物理学的因果关系，但是这样的假定其实不过是前后颠倒。意志是神秘的，终究是不可解的。麦克斯·施蒂纳①在著名的《自我及所有》（*Der Einzige und sein Eigenthum*）的末尾处，说神是"命名的无名者"（Namen nennen Dich nicht），而"我"也是这样的，任何概念都无法表达"我"，任何一种属性都不能将"我"界定清楚。"我"是来自创造的无，又回归创造的无。我认为这些话很深刻地道出了意志的真相。

"思维的对象"和"意志作用"，如上所说，两者之间并没有任何关系。甚至可以说"思维作用"与"思维的对象"也没有关系。思维的对象将进入思维作用中，成为思维的内容，但思维对象能否被思维，也与对象本身无关。严格地说，所谓思维作用，只不过是说思维对象被意识到了而已。所谓"被意识到了"，可

---

① 麦克斯·施蒂纳（Max Stirner，1806—1856）：德国哲学家，青年黑格尔派的代表人物。——译者

以分为被动的与能动的两种情形。在能动的场合，既是思维作用，而且从一方面来看，这种思维作用也是一种意志作用。准确地说，像数学真理那样的思维对象被意识到了，才是思维作用。而这种意识的形成，亦即它从何处开始活动，则属于意志作用。那么，思维的对象被意识到了，并成为思维的内容的时候，思维对象中有什么东西加进来呢？如果说，所谓"被意识到了"，就是认为在思维内容中加入或者未加入某种东西，并以此来区别是否被意识到，这是没有意义的。这里就产出了一个难以解答的疑问，即便我说的"思维作用"是思维对象的能动的状态，亦即是它的发展状态，那么，物要活动，就必须进入与其他东西的关系中。所谓思维作用，就是思维对象进入了种种体系之间的相互关系中。当然，理想的东西无论与他物怎样密切关联，它依靠其自身就能成为实在。柏拉图的"理式"是如何落到现实世界中来的，到底是不能解释的。恰如某个有理数，如何无限分解也达不到极限点，是一个道理。

　　我们从理想出发，毕竟不能达到现实；从思维对象的关系出发，到底不能达到思维作用；从思维的世界出发，则现实是无法达到的无限的距离。然而反过来看，离开现实就没有理想，离开作用就没有对象。现实就是无限的对象的统一，是无限的思维体系的极限。消极意义上无法达到的对象的极限点，在积极意义上就是现在，就是现在的意识。现在即意识，意识即现在。诚然，一般所认为的"现在""意识"之类，是可以思考的现在，可以思考的意识。真正的现在，必须是柯亨所说的"能生点"（erzeugender Punkt）。它不是由曲线赋予的点，而曲线是由点所赋予的。意识不是按自然的因果而产生，而是经由意识自然被赋予的。知道意识之范围的意识，并不在意识的范围中，识别刺激物的意识，一定会超越此物。

通常认为，从现实的经验中抽象出来的，被视为是实体化的，但反过来看，具体的现在只有从实在的结合中才能得到说明。自然科学的思考方法就是这样的。然而，现实是不能到达的汪洋深海，是雅各·波墨所说的"无底"（Ungrund）。能达到其底者，就不是现实。作为实在的现实，其本质就是无法穿透的无限的内容。从另一个方面看，无论在何种意义上都不可知的实在，就是"无"；而从另一个方面看，能被透彻认知的就不是实在。要言之，所谓实在就是我们的思维所不可及的极限。康德所谓的"物自体"就是这个意义上的极限。

像这样的思维不能达到的深邃、思维体系统一的极限，亦即积极的自动不息的现在，就是意志。从创造的"无"而来，又进入创造的"无"的意志，就是实在。从思维的体系来看，意志就是不可蠡测的无限。若想对它做出合理化的说明，就只能说它对于思维而言的偶然性。然而，不可反省的意志超越了反省，却使得反省得以成立。更恰切地说，反省本身就是一种意志。在这个意义上，古希腊的狄奥尼索斯①曾说的"神是一切，又不是一切"这句话，可以直接借用来描述意志。倘若要追问意志的秩序，那么可以这样回答：意志一方面蕴藏着无限的秩序，一方面又没有任何秩序。因为意志不是被秩序所赋予的，而是构成秩序的东西。

---

① 狄奥尼索斯：古希腊神话中的酒神，奥林匹斯十二主神之一。——译者

意志不能受因果关系所支配，因为构成因果关系的就是它。在这里，埃里金纳的"命定论"（depraedestinatione）中，把神作为绝对意志，认为对所谓内在的必然也是拒绝的。这种看法含有深刻的思想。

能够意识的东西，不在意识内容中添加任何东西。意志对于知识内容而言只是偶然性的，这是因为意志超越了一切，而又使一切得以成立。意志能够使得一切内容都成为实在。恰如"有"这个谓语，对于主语可以不添加任何内容一样。

伯格森说：实在就是创造的进化，在"纯粹持续"中我们一瞬间也不能返回到过去。把这个作为不能反转的秩序来思考，那它就已经属于我们的对象界了，亦即属于伯格森所谓的"流动的时间"（Le temps écoulé）了。即便把它看作具有某种性质，在一定意义上具有秩序，但是既然已经属于对象界了，那就不是创造性的实在本身了。关于这一点，就像李凯尔特等人所说的那样，见出个性的历史学的观点，已经是立足于一般概念之上了，与自然科学的观点一样，只能说它是建构性的。真正创造性的实在本身，正如埃里金纳所说的那样，是没有任何必然性的神的意志那样的东西。

在自觉的体系中，当我们认为"应然"作为存在是一种无限的发展的时候，也就是说，把它作为人格性的历史来思考的时候，它就已经属于对象界了。我们必须想到在背后有着超越这种历史性的发展且成为其基础的绝对意志。超越历史性发展者是哲学的领域，绝对意志则是宗教的领域。所谓"被思考的自觉的体系"是意识内的事情，其背后有神秘的世界。在伯格森的"创造的进化"中，一个画家描绘人物时，依靠调色板上的颜色，其模特儿与画家的禀赋如何产生一幅肖像作品，是可以预知的。但画出来究竟是怎样的，画家自身也不知道。在我们的生命进程中的每一瞬间，我们都是艺术家。正如画家的才能是由作品本身所显示的，我们的生活状态也在时时刻刻显示变化的自我。从一方面看，这是由其禀性所决定的，从另一方面看，是我不断地在创造自我。这不仅不合机械论，而且也排斥目的论。伯格森说真正的自我，存在于忘我的创造性的一个个瞬间，在一定意义上，所谓"时间"是不存在的。"纯粹持续"的"持续"这个词，其实成了多余的蛇足。我前行还是后退，左行还是右转，只能说我不知道我将如何。艾比克泰德说："你的意志就是我的意志，你想去的地方，我来做向导。"基督教徒所谓的"唯有遵从良心"，都表现出来了深切的宗教情怀。

要而言之，从知识的角度说，绝对的统一就是无统一。一般而言的无限，就是没有"边界"（endlos）。唯有超越知识的绝对意志的立场，才能体会到这种矛盾的统一。正如埃里金纳所言，"神的超越性"（natura superessentialis）在否定一切范畴的时候，是能够被意识到的。胡贝尔[①]曾说埃里金纳苦恼于神的无限性与自觉的结合。[②] 但真正无限的东西一定是自觉的东西，自觉是无限的积极的体验。

[①] 胡贝尔（Gerhard Huber，1896—?）：德国人，天主教神父。1927年以来，主要在日本北海道进行布教活动，也从事基督教历史的研究。——译者

[②] Gerhard Huber, *Scotus Eriugena*, S. 190. ——原注

结　论

40—41　绝对自由的意志

40

经过许多迂回曲折之后，我终于在前一节①的最后，到达了某种超越知识的东西。在这里，我与康德的门徒一样，都不得不承认"知识的局限"。即使如伯格森的"纯粹持续"，在将其称为"持续"的时候，也已落入了相对的世界当中，说"不可反复性"的时候，实际上已经包含了反复的可能性。真正具有创造性的绝对实在，必须是如狄奥尼索斯或者如埃里金纳所设想的一样，它必须既是一切，又不是一切。虽然伯格森也认为紧张的背面有松弛，但是真正的持续必须如埃里金纳所说，是"动与静的合一，亦即必须是静止的运动、运动的静止"（Ipse est motus et status, motus stabilis et status mobilis）。即使称其为"绝对的意志"，也已经失去了妥当性，它真正是禅宗所谓的"说似一物即不中"②。

在现代哲学中，也有可以被称为"认识之前（das Vorbe-

---

① 前一节：即指《自觉中的直观与反省》第39节。——译者
② 说似一物即不中：中国唐朝佛僧南岳怀让（677—744）的禅语。意思是对于一件事物，一旦使用具象的表达，就怎样也说不到点子上。见《景德传灯录》卷五或《五灯会元》卷三。——译者

griffliche）的实在"这种说法，有人认为这类似伯格森的"纯粹持续"，是不断的进行，也有人将其视为类似尚未被形成的质料，还有人将其视为类似柏拉图的"理式的世界"那样的东西。但是，这些想法全都落入了相对的世界的窠臼中，全都属于知识对象的世界，不能称为真正直接的"知识之前"的绝对。就这一点来说，我认为这些看法都远不如狄奥尼索斯与埃里金纳等欧洲中世纪神秘哲学的说法来得彻底。将神视为"有"是不恰当的，视为"无"也是不恰当的；说它是"动"不恰当，说它是"静"也不恰当。真所谓"道得也三十棒，道不得也三十棒"[①]。埃里金纳所谓的"创造而不能被创造的神"（Natura creans et non creata），与"既不是创造也不是被创造的神"（Natura nec creata nec creans）是同一的。我不得不承认这思考表述的深刻意义。

如果"物自体"是像这样不可思议的东西的话，或许有人认为那个是全然无用的假定。但是，让命题"甲是甲"得以成立的东西，既不在主词的"甲"当中，也不在宾词的"甲"当中，而且还不与这两者分离，同时，它在整体上还必须是我们在思考"甲就是甲"这个命题之前就给定的东西。所谓"连续"，并不能够单纯地给予无限地分割，而是必须试着从给定的整体出发来考察。但是，真正具体的连续并不是单纯的整体，其中还必须包含着分离。对于这样的整体，我们或许不能将其限定为认识的对象，但是我们必须承认它是认识的基础。虽然在分析的层面上，我们

---

① 道得也三十棒，道不得也三十棒：中国禅语，语出《五灯会元》卷七。答出来被打三十棒，答不出来也被打三十棒，是唐代德山宣鉴禅师带学生的方法。——译者

也许不能发现任何的统一，但是，种种不同要素之间的关系是通过它而成立的。新实在论者认为，进入关系中的东西与关系本身是不同的，但是，在任何意义上都不处在关系之中的事物，不具有任何与他者之关系的事物，是无法保持其自身存在的，关系与关系的构成要素是无法相互分离的。若说它整体是"一"，并不恰当；说它是"多"，也不恰当；说它"变动"，并不恰当；说它"不变"，也不恰当。就像眼睛不能看到眼睛，照相机不能够摄影照相机自身一样，要在所谓的认识的照相机镜头当中来捕捉这个整体，是不可能的。然而，我们可以在"意志自由"这个形式当中，直接地接触到这个整体。

康德所谓的"汝不可不如此"，这样的"道德意识"是比"认识意识"更深的直接事实。更准确地说，这不只是更深或直接，我认为"道德意识"还能够反过来包容"认识意识"。我们认知的世界是广阔的，更恰当地说，我们能够认知的世界是广阔的，但是比它更广阔的是我们的意欲世界，即使如梦般的空想，也属于我们意志对象的世界。在知识的世界中被认为是虚幻的东西，在意志的世界中却是实在。所以，即使像"汝应当为，故汝能为"这样的话，在此处也丝毫不足为怪。虽然，对大多数的唯理主义者来说，意志自由或许是一种单纯的错觉，但是我反而认为"知"是"意志"的一部分，就如现在的目的论的批判论者所说的一样，在认识的深处存在着意志。与知识世界相比，意志的世界是无限广阔的，并且是知识世界的根源，知识的世界与必然的世界是通过意志而产生的。埃里金纳等人主张："在神之中，既无任何必然，亦无任何命定。'命定'（Praedestinatio）只不过是神的意志的决定而已。"这些话包含着深刻的意义。唯理主义者将自由意志视为空想，是因为他们将意志对象化了，也就是将意志投射到自然的世界当中来看待了。但无论如何，在将自由意志投射入自然因果的世界时，它就已然不是意志了，即便是在意志之背后承认某种因果，这也是对意志的否定。这样的话，不只外在的必然性，连内在的必然性，也就是斯宾诺莎所谓的"必然的自由"，也不能与意志结合了。

不论是主张意志来自创造性的"无"又回归于创造的"无"，或者主张世界是依据神的意志而产生，这些对我们的因果律的思考而言，都会引起深深的矛盾。但是，对我们来说，没有比"无中生有"更为直接且不可怀疑的事实了。在我们的这个现实中，存在着绵延不绝的"无中生有"。就算主张这是潜在物的显现，也只是通过"空"的概念来满足我们的逻辑要求而已，其实什么东西也不能说明。这种"无中生有"的创造活动的点，绝对且直接地拒绝任何思虑，在那里有着绝对自由的意志，我们在那里可以接触到无限的实在。也就是说，可以与神的意志相接。

先前我们说过，"现在"是无限世界的接触点，现在即意志，可以认为无限的世界是通过意志而得以结合的。认为空虚的意志无法产生任何东西，是因为我们将"意志"这种抽象概念予以实体化思考的缘故。从那种没有内容的抽象概念中当然产生不出任何东西。欧洲中世纪的"一般概念论者"（Universalist）在将"有"视为世界之基础的时候，倘若也将"有"作为抽象的一般性概念的话，那么从这种抽象的概念是产生不出任何东西的。然而，与之相反，正如康德在《先验的演绎》中所说的那样，如果我们尝试思考"先验的自我的统一"的话,那么我们至少不得不认为,世界是依据这种形式而成立的。因此,当我们将这种思想再推进一步,尝试去思考超越的意义即价值的时候,那么我们可以说世界是依据"意义"以及"价值"而产生的。在笛卡尔的神的本体论论证中:"对我们来说,既然存在着'完满'的观念,那么完满性的东西就必须存在。"如果我们将笛卡尔的"存在"的一词,解释为自然科学意义上的"存在"的话,那么,笛卡尔这样的说法就混同了概念与实在。但是,在"意义"之前并无"存在","存在"必须以"应然"为基础,我们既然思考"完满",就必须承认绝对的规范意识的存在,这是理所当然的。

物理学者所说的性质、力与能量,不过是一些抽象的概念而已,我们通常或许会将这些概念实体化,并据此来思考现象变化的发生,但是这反而是本末倒置的谬误。在直接经验的层面上,是无中生有的。其变化并非是朝向相互分离之物的移动,而是连续性的推移,是所谓"具体的一般者"的自我实现。在这种情况下,我们也只能称之为无中生有。说它是潜在之物的显现,其实也并不能给出任何的说明,直接说,唯有内在必然的推移而已。我们把片断的感觉统一起来,有了"红色的东西"或"蓝色的东西"之感,也就是思考一个连续,然后将这个连续视为"客观的实在",经由这样的方式,满足了我们思维的要求。我们认为这样可以到达客观的实在,但是,它反而是回到自我的当下状态,也就是回到直接而又更具体的思维的创造。如果说思维创造了自然的实在,那么进一步说,创造思维本身的就是意志。意志是最直接与最具体的绝对的创造。费希特也主张"非我"是由"我"而产生的，如果我们将这个"我"视为"相对的我"的话，那么我们就只能认为费希特混淆了"逻辑的必然"与"因果的必然"。但是费希特所谓的"绝对我"即"绝对意志"，如上所说，对我们而言它必须是最直接的创造活动，必须是"有＋非有"（ὄv ＋ μὴ ὄv）。意志的先验性不仅包含着知识的先验性，它比知识的先验性更深且更广，虽然意志的先验性之于知识的先验性，或许被认为是非合理性的，但即使是在我们通常认为的合理性的东西当中，数理对逻辑来说是非逻辑性的，几何学对数理来说则是人为的，而且，正如在具体的立场当中，必须承认在这种先验的深处有一种内在的必然一样，意志就是将一切先验性结合起来的内在的必然。

狄奥尼索斯或埃里金纳都曾经说过："神是一切，同时也不是一切。"又说："神超越了一切范畴。"那么这种类似"应无所住而生其心"[①]的突如其来的直接经验，究竟是什么样的经验呢？当然，它在总体上是断绝思虑分别的东西，但我认为将其视为"绝对自由意志"，是最接近其真实面貌的。也就是说，真正具体的直接经验，是如同"绝对自由意志"那样的东西。真正的实在是无限的"发展"（egressus），同时也是无限的"复归"（regressus）。一方面，它是以"应然即事实"这样的方式而无限地进行着；另一方面，它是能够自由地返回其根源的"永远的现在"。一方面，是一种"量"，另一方面，它也是"质"。就如我们先前所说过的，量

---

① 应无所住而生其心：语出《金刚经》，意为对世俗事物无所留恋，才能产生佛心。——译者

是数的基础，质则可以说是几何学的基础。一方面，反省本身是进行，思维本身则是事实，而与此同时，进行总是朝向目的进行的，神是开始，也是终结。

上述的"绝对自由意志"，逻辑地来看或许是矛盾的，但是就如埃里金纳所说的，神是动的静、静的动一样，将逻辑上矛盾的双方予以统一的东西，其实是我们自由意志的体验。至于统一如此矛盾的双方究竟是如何进行的，是无法用逻辑的方法来说明的。然而逻辑的思维反而需要预设这种"自由意志"才能够成立。要考察"逻辑学三定律"①，也必须承认这种体验。所谓的经验主义论者妄言自由意志是一种错觉，其实这些人所说的"实在"，只不过是思维的对象而已，倘若将这个观点予以彻底化，那么，就会如洛采所认为的一样，实在就将成为交互作用的统一。如果再进一步地将这个观点彻底化，我认为反倒一定会到达"绝对自由意志"。

至此，我将一切的"实在"视为"自觉的体系"，但是在自觉体系的背后必须有"绝对自由的意志"。为了获得实在之具体的整体，我认为在"知识的自我"的背后，必须再加上"实践的自我"这一背景。较之作为"知识的自我"之对象的所谓实在界，作为"实践的自我"之对象的希望的世界则是更为广阔的。知识的自我的世界只不过是可能的世界的一部分而已。从知识的自我的世界来看，实践的自我的世界会被认为是非合理性的，但是在实践的自我的世界当中，却存在着它的统一。我们所谓的"良心"就是这个统一。"汝应当如此"这样的定言性的命令，在逻辑上或许是

---

① 逻辑学三定律：指同一律、排中律、矛盾律。——译者

不可理解的，但是我们的逻辑的要求，不过只是良心的一部分而已。"知识的自我"建立在"实践的自我"之上，我们的世界是以应然为开始的。就如同"神说要有光，就有了光"①一样，世界开始于神的意志。

埃里金纳对于新柏拉图学派的观点，在世界创造的根源当中见出道德的自由，他不将物质界作为神的最后流出，而是作为被惩罚的世界。相较于纯然知性的新柏拉图学派，我认为他的看法蕴含着更深刻的思想。神"无"而创造了世界，这或许是不合理的，但是神超越了因果。就知识的层面来说，神既不是"无"，也不是"有"。倘若在认识之前，能够认识到某种因果的话，那么这一定是道德的因果。就如奥古斯丁所说的"神基于爱而创造了世界"，道德的因果比自然的因果更为根本。倘若"实在"如洛采所说是"活动本身"的话，那么其相互间的内在的关系，可以说必须是意志与意志间的关系。亦即必须是道德的关系。自然的因果律不过是外部观察它的时候所看到的表面关系而已。

如上所述，由于意志是知识的基础，知识依据意志而产生，所以对知识来说，作为最初的对象而被给定的东西，或所谓"直接给定"的，必须是"意志的形态"，必须是"动的实在"。就是基于这一点，伯格森把"直接经验"作为"纯粹持续"，李凯尔特等将"无限的异质性"作为"给定"者，并且认为历史研究要比自然科学更能够接近于此。当然，真正的实在或神，既不能说是"动"也不能说是"静"的，但是对此所做的反顾则是无限的进

---

① 神说要有光，就有了光：见《旧约·创世记》。——译者

行，历史则是最初的对象。

说到认识的对象，通常会认为是与我对立的东西，但是赋予我们的认识以客观性者，反而必须是横亘于认识活动背后的具体基础，也就是欧洲中世纪哲学所说的"主体"（das Subjektum）。我们对客观实在的认知，就是返回自我之根源，就是对背后的自我的省察。在这个意义上，我们的认识的最后的对象必须是绝对自由的意志。虽然绝对自由意志完全超越了认识活动本身，并且作为认识对象是不可理解的，但是，作为对象，绝对自由的意志的最初的形态必须是绝对的活动。与此相反，或许有人会主张，先于判断活动的意识之前，存在着超越的意义或价值，但是，如果像李凯尔特那样的思路，超越的意义究竟在什么样的意义上才能成为内在的呢？柏拉图的"理式"究竟要如何才能够落实到现实之中呢？在对我们的体验进行反省和分析时，或许可以将"作用"与"意义"区分开来，并且可以认为作用超越了意义，但是在此之前，我们必须体验到具体的整体，李凯尔特也是承认这种体验的。相对于以自然科学的方式所考察的心理作用而言，必须认为意义的世界才是根本性的。就如胡塞尔所说，事实的世界也是从本质中产生的世界。但是，在"意义的世界"之前，我们还须承认"体验的世界"。在柏拉图的"理式"之前，我们必须承认普罗提诺所说的"一"，而且这个"一"，并不是普罗提诺所说的是"流出"（Emanation）的根源，而应是类似埃里金纳所说的"创造的意志"。

当"绝对自由的意志"反观它自身的时候，在那里就发现了无限的世界的创造发展。这样的话，作为认识对象而被给定的最直接与最初的对象就必须是"历史"。如波墨所说，当无对象性的意志反顾其自身的时候，这个世界就产生了。那么，所谓"反省"究竟意味着什么呢？反省究竟如何成为可能呢？"绝对自由的意志"包含着前进与后退的可能，在"创造而不能被创造"的同时，也是"既不是创造也不是被创造"。所谓"反省"，就意味着从小的立场往大的立场的推移，是自己返回自己的根源。反之，所谓"行为"则是从某个立场的前进，它是自己在发展自己自身。但是，如果我们反过来思考，那么可以说"反省"本身也是一种"行为"，"后退"则是一种"前进"，所以说返回自我的根源就是发展自我。这样想来，那么认识也成为一种意志，一切都成为意志的发展。单纯的所谓在"反省"，只不过是从被包容的小的立场，来观察包容性的大的立场而已。如果从"绝对的统一"即"绝对的意志"的立场来看，一切都成为一个意志。当然，严格地说，不能将绝对的统一或绝对的意志投射到对象的世界来思考，因而真正的统一既不能说是"统一"，也不能说是"无统一"。因而，在真正的绝对统一当中，一切既是知识也是意志。奥古斯丁曾说："对于神，不是从有物来知物，因为神是知物的，所以才有物的存在。"可以说这是对这种体验的表达。

当物理学家们站在超个人意识的立场，来建构物理学的世界观时，这是知识的发展，同时也是大的自我的构成活动。当我们想象某物、实行某事的时候，假如予以内在的观察，我们的意识就能达到某种状态，是想认知自我的某种状态。如果从纯粹反省的立场来看，那就像心理学者所说的，意志也不过是一种观念的连结而已。从唯理主义的心理学来看，一切也都可以视为知识。

那么，究竟什么样的意识内容可以视为"知识"，可以视为"意志"，这取决于我们立场的选取方式，而选取什么样的立场则是绝对意志的自由。真正直接的实在是创造的意志，因是创造之故，所以是绝对自由。如伯格森所说，不可重复的创造是从内部被限定者，它不是创造，而是发展。在绝对自由的意志中，必须包含着回归的方面，必须有"既不是创造也不是被创造"的方面。对于这种所谓"意志立场的自由"，从具体经验较为随意的立场来看，它会被视为创造种种概念的所谓抽象作用。所谓"抽象作用"表示的是意志的无秩序的一面。我们之所以认为不论从哪一个方面，都能够将某个具体的经验自由地予以抽象，是因为抽象作用是自由意志的一部分。

41

如前一节所述，对我们来说，最直接的具体经验是"绝对自由的意志"。说到"意志"，也许马上就会想到类似单纯的决断那样的无内容的形式性的意志，但是，我所谓的"绝对自由的意志"不是这种抽象的意志。我们能够思考，能够观看，也能够聆听，就如同种种不同的思想是由"我"来支配一样，种种的经验内容也在"我"的支配之下。视、听、思、动、意志，就是这些能力的综合。将这只手往右边活动还是往左边活动，对我来说是自由的，这是因为我是这只手的力，这是为什么我不在右边，也不在左边，却能让左右运动得以产生的缘故。在通常的想法当中，意志被视为类似两条直线的接点，就如同给定两条直线，其接点也会跟着决定一样，给定两个冲动，通过两者的竞争，意志也就跟着决定。这么一来，就会产生意志是自由的还是必然的争论。但是，这样的思考方式已然将意志予以对象化了，就如同拥有某一特定方向的两条直线被给定的时候，其接点就已经跟着被给定了一样。但意志并不是像接点那样的东西，它毋宁属于让这种关系得以产生的根源。

意志并不决定种种动机之间的竞争，而是让这些动机的竞争得以产生。在这里，被给定的也是被寻找的，开始与终结都是被给定的。由于意志是种种活动得以产生的根源，所以将种种作用予以综合，才是意志的自由。如果能够将这种统一称为"人格的统一"的话，那么我们就可以说在实在的深处存在着人格的统一。对我们而言，最直接和最具体的体验都是人格性的体验。我们的手在活动，脚在行走，在这里可以说有着我们整体的人格。正如黑格尔所说的那样，概念是"直接者的假定"（das Voraussetzen des Unmittelbaren），所谓"意志"或"人格"并不在于各个个别的意识之外并统辖之，而是让这些意识得以成立的"内在创造力"。正如在名匠一刀一笔的雕刻当中，包藏他整体的创造力一样，各个的个别意识都是我们的意志，是我们人格的创造。因此，我们可以说"我"统一了所有的作用，并且"我"是自由的。我们是依照神的样子被创造出来的。

像观、听这样的知觉活动，绝不是如通常所认为的只是一种被动作用。就如费德勒所说，当我们在视觉上纯然无杂的时候，那里就存在着无限的发展，纯粹视觉的世界是艺术创作的世界。费德勒没有从其他类型的感觉中确认这种发展，但是我认为所有的感觉都是一样的，只是在程度上有差别而已。纯粹的知觉活动都必须是无限的发展，也必须是意识内容自身的发展。我们的意志、人格就是从这么一种先验性出发，在自身中发展的种种作用的统一。无论是知觉或思维，在其直接的状态中，就是在自身发展的无限的活动，其统一就是我们的意志，我们的人格。

在这里，我尝试着将此前在讨论逻辑与数学的关系、数学与几何的关系时所论述过的关于知识的形式与内容的关系的思考，延伸到经验的整体。假如从抽象的立场，亦即单纯作为对象来思考的话，相对于逻辑而言，数理是非逻辑的，作为数理之基础的先验性，对逻辑来说是一种外加的东西。但是，假如从具体的立场来看，亦即从作为直接的整体来看的话，那么数理就是逻辑的根源，逻辑反倒可以说是根据数理而产生的。逻辑在走向完成自身的时候，亦即在从主观性向客观性推移的时候，自身就必须推移到数理，从知识的客观性要求来说，数理是逻辑的目的。就知识的形式与内容的关系来说，与形式相对的内容，并不是偶然地从外部所给定的东西。形式要求内容，而形式获得内容，就是返回自身的根源，简言之，这是一种发生性的关系，是如同种子与长成的植物之间的关系。

先前讨论到思维体系的发展，由逻辑到数理，由数理到几何学，并且最终以解析几何学的对象为思维体系之最具体的对象，然而，要从"纯粹思维的体系"推移到所谓"经验的体系"，这里存在着一个很大的裂隙。我们已经明白，能够弥合这个裂隙的东西是"意志的统一"或"人格的统一"。可以认为，从单纯作为认识对象的抽象的纯粹思维体系，是不可能推移到拥有内容的具体经验的体系的。并且我们也一定会认为，相对于思维的形式，偶然的经验内容是由外部所给定的。但是，返回意识的主体，也就是站在直接的具体之整体的立场上，我们不得不承认在思维、知觉等种种作用的深处，存在着一个"意志的统一"或"人格的统一"。我们的思维、知觉都是我们的意志，是我们的人格的一部分，这些作用都是作为具体的自我的一部分而产生的。

我认为，只是从具体自我一部分纯粹思维的先验性，来理解具体自我的整体统一，是不可能的。但是，我们却有着超越逻辑之上的自我统一的体验。如果没有这种具体的自我的统一的体验，那么不论是在任何意义下，我们都不可思考知识的形式与内容之间的关系，就连内容相对于形式是偶然性的这样的想法也不可能产生。所谓知识的客观性要求，就意味着由主观的东西前进到客观的东西，由抽象的东西前进到具体的东西，由部分的东西前进到直接的主体。也就是说，是具体的整体显现自身的要求，是自己返回自身之根源的要求，若是这样，那么思维的形式与经验的内容之结合，就必须是我们意志统一的要求，必须是我们人格统一的要求，亦即必须是整体自我的要求。经由这样的方式，我们的知识才能返回具体的根源，才能满足其客观性的要求。经由这样的想法，我们才能够理解，为什么我们的思维体系通过与经验内容的结合才能成为客观的知识。正如柯亨所说，曾被认为是纯然主观的虚数，通过高斯[①]应用于平面，才得到了实在的意义。

我先前曾谈到真正直接而具体的空间直觉，它并不是心理学者所谓的"延展的知觉"，也不是数学家所设想的"连续"，而是

[①] 高斯（Johann Carl Friedrich Gauss，1777—1855）：德国数学家、物理学家。——译者

应该称为"有+非有"（ὄv + μὴ ὄv）这样的整体的先验感觉。我们现在可以说，这种先验的感觉是由经验全体的统一所产生的意志的意识。对我们直接且具体的空间意识，是在其自身以动态的意志的形式所给定的，"知觉的预期"这个原理就基于此而产生。一旦离开这一点，一方面或将成为数学家所说的单纯的连续，一方面或将成为心理学家所谓说的单纯的感觉，而这两者要成为实在的话，都必须返回其根源。对于芝诺①的"运动不可能论"，伯格森所说，要真正领会运动，只需动一下手就可以了。同样地，数学家的"连续"与心理学家的"扩延的感觉"要如何结合，也都取决于这只手的挥动，也就是说，都取决于费希特所谓的"本原行为"这种直接的意志。

我们的"我"是各种作用的综合点，"我"既可以思，也可以观。更恰当地说，这些作用其实是依据"我"的统一而成立的。但是，这种统一无法成为认识的对象。在这里存在着认识的局限，就如李普斯所说的那样，从表象世界到思维世界必须有"飞跃"（Einschnappen），要从认识的世界到意志体验的世界，也必须有一种"生命的跃进"。这样的统一，对理性来说，或许会被认为是非合理性的或偶然性的，但是从逻辑推移到数理，有这样的偶然性，而从数理推移到几何，也有这样的偶然性。倘若我们就像李凯尔特所说的那样，严格地以狭义的方式来限定"纯粹思维"的话，那么即使是数理，也必须说它是非合理性的。又，或许也有

---

① 芝诺（Zeno of Elea，约公元前490—前425）：古希腊数学家、哲学家，以提出"芝诺悖论"著称。——译者

人会认为，这种"统一"不过是一种没有任何内容的空洞概念而已。但是，因为我们无法经由概念的分析来厘清其内容，因此就说它不过是无内容的空洞概念，这样的想法是错误的。

我们的自我，不论是谁，都拥有受到限定的个性，甲拥有乙不能替代的人格，像这样的个性正是画家或小说家所描绘的对象。与物理学家对电子或热能所拥有的意识相比而言，艺术家对个性所拥有的意识，当然不能说是模糊不清或者无内容的。将人格的意识与物理的知识相比较，就其拥有某种受限定的内容来说，人格的意识不仅丝毫不逊色，而且在实在性这一点上，与自然科学的知识相比较，我认为人格的意识有过之而无不及。当某个物体，从甲方向移动到乙方向的时候，我们会假定在其背后有一种力，但是，"力"这种东西是既看不到，也听不到。如果这样的话，就会像感觉论者所说的"力"不过是一种空名而已。但是，如果力是一种空洞的概念，那么所谓的"基本感觉"也只是空洞的概念而已。实在是在其自身中活动的。如果自然科学家所谓的"力"在这种意义上是"实在"的话，那么"人格的力"在同样的意义上也必须是实在的，更准确地说，人格的力反而可以说是赋予一切实在以实在性的根本实在。

如上所述，我们的意志或人格，都不只是抽象的形式性的意志或形式性的人格，而是各种能力的统一，并没有既适合于这个人又适合于那个人的抽象的意志或人格，他们各自都必须是拥有受到限定的具体内容的存在。这种意志相对于理性而言或许会被认为是偶然性的，但是，意志在其自身中是能动性的，在其自身的立场上是一种内在的必然。我在上文所说的"绝对自由意志"，就是这种意义上的"宇宙的创造活动"。

接下来我想来考察这种"绝对自由的意志"与我们"个人的自由意志"之间的关系，借此更深入地阐明"绝对的创造意志"的性质，并且尝试厘清先前所谓的真正实在究竟是什么。

只要直接考察我们的意识现象，就会发现我们的意识现象是被一个自我所统一的，并且其各个意识现象都是自由的作用。作为意识现象之基础的整体，并不是否定其部分的整体，而是容许各个部分的独立与各个部分的自由的整体。不仅我们的道德社会是像康德所说的"目的王国"（Reich der Zwecke），而且我们的意识现象本身就是目的王国。可以说意识现象是基于道德的关系而产生的。在意识现象当中，道德的应然并不是单纯的应然，而是一种"力"，因而说："你能做到，因为你应该做到。"（Du kannst, denn du sollst.）在意识现象中，如同画家的才能是通过他自身的作品而发展的一样，我的整体，创造了我的部分，同时我的部分也创造了我的整体。正如伯格森所说："我的作为属于我，同时我的作为必须就是我。"如果以上述的方式来思考，那么我们就会发现"我们的意志自由"与"绝对意志的自由"之间并不相互抵触，我们在绝对自由意志中是自由的。更恰当地说，绝对的意志通过容许他者的独立，才能真正地让自己自由。白人通过解放黑奴，才可以让他们自己自由。两者之所以看似相互冲突，这是因为我们将意志予以对象化地来看待的缘故，也就是说，是因为将意志与意志之间视为一种对象的关系的缘故。将某个意志在某个意义上予以对象化地来看待的时候，不论它是什么意志都会失去其自由。在我们称神为无限可能的时候，也已经将其对象化了。我认为，就像意志自由论者单纯地诉诸自我的内省，说直的东西是直的、弯的东西是弯的那样，说"意志是自由的"，也不应该将其视为错觉而予以排除。将它视为错觉是将我们的意识现象予以对象化之后的结果。

但是，在各个意识的不同的根基中，存在着根本不能对象化的某物，不论是什么样的个人意志，相对于对象世界，它都可以处在不同的次元。就好像相对于平面世界的立体世界一样，我们每一个人的意志，在这种意义上都必须是自由的。就如康德所言，我们的道德意识就是自由意志的证明。那些根据自然科学的因果律而将自由意志视为错觉的人，他应该看到，自然科学的因果世界是一种建立在应然之上的世界。我在此时的这个"现在"，不论往左往右行都是自由的，即使这在肉体上是不可能的，我也可以在我的人格上烙下这个决意的事实。只有意志才能推动意志。奥古斯丁所说的"神基于爱而创造世界"，是在自然因果的根本处认识到道德的因果，是意味深长的。

如上所说，在对我们最直接而具体的意志当中，意志的整体自由与部分自由之间并不互相冲突，内在地来说，它是一个意志，并且各个个别的意志都是自由的作用。当然，这样主张时，我并不是说我们的意志打破了自然的法则并且能自由地活动，作为自然界的事件而被对象化的意志，当然是处于自然的法则之下的意志。但是，我们的意志根本上属于更深层的体验的世界，属于康德所说的"睿智世界"（intelligible Welt）。在这个睿智世界中，整体是"一"，同时整体的各个部分都是自由的。在真正具体的体验世界当中，就像在黑格尔的"概念"世界一样，其各个部分都是整体，真正具体的实在是"个物"（Einzelnes），它必须是在非合理性中具有合理性、在偶然性之中具有必然性的东西。上文说过分离的是依他的，并且是主观的，而连续的存在则是独立的实在，但严格说来，单纯的连续性存在还不能说是真正的绝对的实在。单纯的连续性的东西是"现实的＋理想的"（Real ＋ Ideal），或许是具体的，但是它还没有在其自身之中统一非连续的活动，也就是说，它并不包含"偶然的实现"这个侧面。简言之，它还不能说是"意志"。

例如，正如艺术作品与艺术家本身是两回事，艺术作品或许是理想与现实的结合，但是在其自身当中并不存在创造活动。真正的实在，在其自身必须是创造性的，我之所以认为洛采的实在是"交互作用"的观点不够完善，就是基于这个原因。真正的实在必须是自觉的，也就是说，它必须是类似黑格尔的"概念"那样的东西。在具体的实在当中不能缺乏"偶然性"（Kontingenz），如果一切都能够被合理化，那么一切都必须成为非实在性的。而将一切予以合理化是不可能的，至少，说一切都是合理的，这样的想法必须是非合理的。偶然的限定或许不能够合理地予以说明，但是，唯有统一"合理性"与"偶然性"这两方面的东西，才是真正的实在，才是我们的意志。心理学者所谓的"意识活动"，所指的不过是这种实在的"偶然的限定"一方面而已。

我曾说过，"极限点"这种东西就如同我们无法反省的自我一样，这种极限点的集合是连续的，并且是独立的具体实在，但是这种实在仍然属于知识对象的世界，因而无法包含现实的意识。现实的意识对这个实在而言是外在性的。就像艺术家的整个艺生命都存在于一刀一笔上，在每一个限定的本身，皆必须有整体的实在，也就是说，在"肉"本身当中必须有"灵"的存在。我们不应该追问限定作用是如何产生的，而应该说限定本身作为意志，直接就是具体的整体的实在。在有限的背后思索无限，在现实的背后思索本体，这都属于被对象化的知识世界的事。在真正直接的意志的体验当中，有限就是无限，现实就是本体，行走就是行走，坐卧就是坐卧，其间并无容许概念性分析的余地。

往往有人会认为，直接经验的内容是无限丰富的，而我们的知识只是它的一个象面[①]而已。但是，用这样的方式所思考的直接经验的内容，与所谓的概念性的知识是一样的，它们都是已经属于对象世界的东西，即使它的内容是无限的，那也是相对的无限。真正直接的体验与概念的知识必须是属于不同次元的东西。也就是说，相比于所谓的概念知识，真正的体验是不能论其内容之多寡的。当我们觉得在我们现实意识的背后存在着本体的时候，这个本体与现实是在同一次元上的东西，意识真正的背后必须连接着一个个无限神秘的世界，也就是如埃里金纳所说，它必须与神相连接。再者，就像一条直线上的一个点，它一方面在一次元，一方面又连结到多次元，也可以把我们的一个个的意识设想为多次元的切点。

....

---

① 象面：亦即"对象面"，即对象所呈现的某种侧面、方向。——译者

种种的世界(跋)①

这一节作为本书的跋,在这里我想将在本书所陈述的思想,与康德哲学联系起来,予以简单总结。

在认识论当中,康德哲学的重要贡献在于完全改变了我们对真理的想法。康德哲学阐明了所谓批判哲学的真理观,也就是说,他完全改变了真理与实在的一致性这种独断论的真理观,并且认为知识是根据主观的先验形式所构成的东西,我们之所以必须承认普遍有效性的真理,这是因为我们没有办法摆脱这种形式进行思考的缘故。当然,就算康德本身没有这样明确表示过,但无论如何,康德哲学的主导意向可以说就是如此。当今的李凯尔特等所主张的"意义先于存在"的说法,不过是对康德哲学意义的一个彻底的表达而已。

只要我们以上述的方式来思考真理问题,那么也必须要改变我们通常所持有的"知物"这样的想法。在常识的层面上,我们的心灵就像是一面镜子,而"知物"就像是将物映照于镜子。对于多少有点科学思维的人来说,他们是不会将我们的心灵单纯地视为类似镜子那样的东西,而是认为心灵拥有某种特质,从而将外在世界的实在予以变形并感知它。无论如何,按这些人的想法,

---

① 此篇"跋"原本是一篇演讲稿,题为《种种的世界》。——译者

都认为在我们知识成立的根源处，必须存在着某种意义上的心与物之间的因果关系。但是，在康德批判哲学的认识论的思考方式中，一种在知识产生之前就成立的因果律这种东西是不可想象的。所谓因果律不过是构成我们经验世界的一种思维的范畴而已。设想存在一种思维之前的因果关系，这是自相矛盾的。

根据批判哲学的想法，所谓"知物"就是将给定的经验内容予以统一。康德自己也说："当我们对杂多的直觉进行统一时，就是认识了对象。"① 所谓对象，不过是杂多的经验内容之统一而已。在康德的哲学中也有"直觉的杂多的统一就是对象"② 这样的话。现在李凯尔特等人认为认识的对象是"应然"（Sollen）或"价值"（Wert），不外就是这种意思。

倘若照上述的思路来看，"认识之前"的"物自体"究竟会是什么呢？在康德的先验的感性论当中，看上去似乎也有将"物自体"视为感觉的原因，但是，如果我们从康德的立场严格地进行论述的话，那么"物自体"作为认识的对象，应该是全然不可知的东西。也就是说，如果我们按照通常的想法，在依据范畴来认知对象这一意义上，就必须说"物自体"是全然不可知的。那么，"物自体"对我们认识世界来说，究竟具有什么意义呢？与认识世界之间究竟拥有什么关系呢？如果说物自体对认识世界完全没有任何意义，也没有什么关系的话，那么将"物自体"这样的想

---

① Wir erkennen den Gegenstand, wenn wir in dem Mannigfaltigen der Anschauung synthetische Einheit bewirkt haben. ——原注

② Objekt aber ist das, in dessen Begriff das Mannigfaltige einer gegebenen Anschauung vereinigt ist. ——原注

法从康德哲学中剔除出去也未尝不可。但是，既然知识是由某个立场所构成，那么就必须存在着给定的某物。在这里，"物自体"不是知识的原因，它必须是在概念的知识之前就给定的直接经验之类的东西。我认为如今的康德学派，就是在这个意义上来思考"物自体"的。也就是说，所谓"给定的直接经验"就是我们所认识不到的"知识之前"。我们所谓的知识，不过就是从某个立场上看到的丰富的具体经验而已。像新康德主义的"西南学派"就是最能够体现这种思想的学派。文德尔班认为，迄今为止人们认为"物自体"与现象界是在本质上不同的东西，这样的想法是错误的，必须将它们的不同视为是"量"上的不同。在这里，当今康德学派的思想，与完全不同源的法国伯格森的思想就联系在一起了。像李凯尔特在《自然科学的建构概念》第二版一开篇，就承认了类似伯格森的"纯粹持续"那样的东西。

关于"真理的认识"与"物自体"，在做了如上的界定之后，我们对主观与客观的想法也必须同时改变。通常我们认为我们的心灵是主观的，而与之相对的外在世界的物是客观的。但是，只要稍加思考，从"认识主观"①来看，对于作为内省的经验对象的"我"，其实就同外物一样，不过只是认识对象世界中的一个对象而已，它与外物处于因果关系当中，并且与外物属于同一自然界的同一系列的现象。如果我们把外物作为客观的话，那么，它也必然是客观的。依照这样的思路，那么就可以说，认识论上的真

---

① 认识主观：西田哲学的重要概念，"认识的主观"之意，亦即进行认识活动的那种主观，包括意志主观、行为主观等。——译者

正主观，必须是使客观外界得以建构的那种统一作用。我们反复说的从"某个立场"或者从"某种先验性"来将经验予以统一，这里所谓的"某个立场"或"某种先验性"，它们都是真正无法反省的，也就是说，它们不能被视为对象的"认识主观"。康德所说的"纯粹自我的统一"，就是指这种"认识的主观"。若从上述的方式来思考，那么能够被称为真正的主观的东西，就是一种世界的建构作用的中心，而客观界就是经由这个中心而被建构的一种存在。严格来说，主观与客观应该被视为是一个实在的两极，它们是无法相互分离的。

这样说来，我们就可以说，种种的世界是通过种种的立场而产生的。从数学家的立场产生了数的世界，从艺术家的立场产生了艺术的世界，从历史学家的立场可以产生了历史的世界。我们通常所认为的唯一的世界，例如物理的世界，不过只是这种种世界中的一个世界而已。也就是说，其实它并不是唯一的世界，而只是一个世界而已。

我想由此稍微讨论一下种种的世界及其相互关系。如上所述，倘若我们认为知识是依据某种先验性的建构而产生，并且种种的世界是由种种的立场所构成的话，那么没有采取任何立场之前的世界，或者消除了一切立场之后的世界，亦即真正被给定的"直接经验的世界"或者康德所谓的"物自体"，究竟会是什么东西呢？这样的世界当然必须是超越我们的言语思虑的世界，把它看作不可思议的神秘世界，也许是一种错误。直接面对这种世界的，大概是宗教，不会是哲学。但是，如果我们从哲学的立场来讨论的话，那么我想把它视为"绝对自由意志的世界"。

我认为，人格的统一的体验，是能够将我们的种种能力予以自由的综合统一的体验，亦即绝对自由意志的体验，能够让我们眼前浮现出那个绝对自由意志的世界。通常我们将直接经验视为一种类似纯然感觉的世界，其实是错误的。那种世界只是被构成的间接的世界。在这一点上，伯格森把"直接经验"视为"纯粹持续"，是颇得"直接"之真义的，但是在我看来，伯格森主张"纯粹持续"是不可重复的，遂使"纯粹持续"堕入了思维对象的世界之中。真正直接的世界，必须是如埃里金纳所说的"静止的运动"或"运动的静止"的世界。所以这样的世界完全超越了我们的思维范畴，就如古代的狄奥尼索斯与埃里金纳所说的一样，神超越了一切的范畴，连主张神是"有"，都会失去其恰当性。就如同我们的意志是有而生无，无中生有一样，绝对自由意志的世界甚至也超越了"有"与"无"的范畴，何况在这里既没有空间、时间，也没有因果，它是无中生有的。在这里，我不得不承认自古希腊末期的新柏拉图学派的"流出说"，到埃里金纳等教父的"创造说"的转换当中所包含的深刻意义。我认为，最深刻的解释，不能求助于理性，因为它是存在于创造的意志当中的。

绝对自由意志的世界根本无法作为知识的对象而反省，并且，作为我们的认识之根源的直接实在亦即康德所说的"物自体"，也就是绝对自由的意志的世界，那么种种的对象界是如何、从哪里产生的呢？就如同我们在我们的内省经验当中来认知一样，我们的每一个意志都是自由的，并且同时又包摄在一个大的自由意志当中。我们的自我，在每一个瞬间中都是自由的，并且在整体中是自由的。在这个意义上，我们的自我是康德所说的"目的王国"

(Reich der Zwecke)，是黑格尔所谓的"理念"，在每一个作用中既包含肯定也包含着否定。所谓"自由"，就是在肯定中包含着否定，在否定中包含着肯定。每一个意志都是这样可以独立而自由，而这些意志又全都包含在"绝对自由的意志"的立场当中，从绝对意志的否定立场可以统一这一切，亦即可以将我们的经验整体视为绝对意志的否定性的统一的对象界。根据这种看法所形成的实在界，就是通过思维的统一所形成的实在界，或者是嵌入思维的范畴所形成的实在界。

我们的自己在每一个场合都是自由的，它能够否定自己而进行反省，并且就我们的自己能够作为一个人格来反观我自身的整体经验。尽管我们个人的自己是各自独立而且是自由的，但从超个人的意识立场来统一整体经验所看到的，才是实在界。而思维就是这种绝对意志的否定的立场。如果将思维作为绝对意志的否定作用来独立思考的时候，思维自身就可以拥有一个对象界。数理的世界是纯粹思维的对象界。但是，由于思维本来只不过是绝对意志的一个作用而已，所以建立在单纯思维立场上的对象界，就只能是主观的或抽象的，而随着思维的自我完成其自身，它必须前进到全部人格的统一。

从思维的立场来统一整体经验，所看到的是实在界。李凯尔特说，直接经验的内容首先要嵌入既定的范畴，其次要嵌入时间、空间、因果的范畴，然后才能形成实在界。物理学的世界就是彻底进行这种纯粹思维的统一的结果，普朗克的《物理的世界图像的统一》就是这样产生的。只要我们站在某个立场上，就不能够反省这个立场本身，因而这个立场的对象界就会被认为是不可动摇的实在界。

通常我们会把所有人共通的思维的对象界，视为唯一的世界，然而，由于思维只是绝对意志的一个作用，所以如果我们站在可称为"先验的先验""作用的作用"的绝对自由意志本身的立场来看的话，那么我们就可以将思维本身作为对象来反省，像康德的"纯粹批判"就是一个例子。在上述的意义上，以原初经验的形式对所谓实在界进行重构，所看到的就是历史的世界。据此可以认为，自然科学是沿着一般化的方向发展的，相反，历史学则是沿着个性化的方向发展的。历史学是自然科学的颠倒。如果我们把"物理世界"与"历史世界"视为两极的话，那么在这两极之间，可以设想有种种的实在界。就像历史学的世界、心理学的世界、生物学的世界、化学的世界、物理学的世界一样，我们可以分层次地来考察种种世界。从物理的世界接近历史的世界，就是接近意志本身的具体经验，一切就会成为目的论。而现在的"我"就是这些世界的接触点，我通过这个现在的"我"，可以自由地进出任何一个世界。

如上所述，从"绝对意志的否定立场"亦即"思维的立场"来统一整体经验所看到的世界，就是所谓的"实在界"，即使我们只就所谓"实在界"的观点来看，从历史的观点一直到物理学的观点，不同层面可以有种种的观点存在，但是，对于否定之否定的，并且在任何立场中都独立自由的绝对意志而言，它超越了所谓的实在界，在此之外可以拥有种种的世界。就如赫拉克利特所说的："在白天我们拥有一个共通的世界，但是夜晚在梦中每个人都拥有每个人的世界。"同样地，绝对意志对否定做了否定，它一旦超越了这个实在界的时候，无限可能的世界或想象的世界即可展望了。在这个世界当中，如梦般的空想也是一个个的事实。

上文说过，根据种种的立场、种种的先验，产生了种种的世界，但是，对于也可称为"种种立场的统一"或"先验的先验性"的绝对意志的立场上的直接的对象界，就是一切事物都作为一个个独立作用而发挥的自由意志的世界。在这个世界当中，既没有时间、空间，也没有因果，万物都是象征，被认为是唯一的实在界的所谓的自然世界，也不过只是一种象征而已。正如所谓"掀起赛斯女神的面纱，就会不可思议地看到自己"一样，在自然世界的根源当中，存在着自由的人格。从这一点来看，主张不可知论的古代哲学家普罗提诺，认为从太初之根的神，到这个世界的创造之间，存在着一种"神话图式"（mythologisches Schema），是颇为意味深长的见解。

对上述的思考做一个总结，可以说，我们无论如何都无法反省，或者无法对象化的绝对意志的直接对象，是第一层次的世界，那就是艺术的世界、宗教的世界。在这个世界中，一个个的现象都是象征，都是自由的人格。在这个世界当中，我们的思维只不过是一种活动作用而已。因而，建立在思维上的真理与建立在思维上的世界，只是一种真理、一种世界，并不是唯一的真理、唯一的世界。单单从思维的立场来看，在那里出现了数理的世界，"数"是纯粹思维世界的实在。但是，如果我们将数理视为意志的直接对象的话，那么，它也将是一种象征，这也说明数学家狄利克雷[①]在聆

[①] 狄利克雷（Johann Peter Gustav Lejeune Dirichlet，1805—1859）：德国数学家，解析数论的创始人之一。——译者

听罗马复活节的音乐当中得到数理的启发（参阅闵可夫斯基[①]于狄利克雷百年诞辰的论文），是颇有意味的。不过，绝对意志的统一是沿着深度与广度这两个方向前进的，任何一个立场在其各自的立场当中，都是深入地往纯粹的方向前进，同时作为人格的一个作用，向着全体的统一前进，这就成为知识的客观性之要求。

　　如上所述，我们通常所认为的唯一的世界，或所谓的自然界，它只是一个世界，未必是唯一的世界。我们认为自然界是脱离主观的自我而存在的，基于同样的理由，或者更恰切地说，我们可以基于更大的理由，来主张历史的世界是客观存在的。正如伯格森所说的"我们相信如果打开并且穿越这扇门，隔壁就有房间"[②]一样，我们也可以将过去所发生的事视为不可动摇的实在。而且，物理的真理反倒可以说是依存于历史的真理的。物理学家认为，我们的精神现象只不过是转瞬即逝的虚幻而已。心理学家也将精神现象视为一种不可反复且瞬息生灭的事件。但是，若说"物体现象是不变的"，那不外就是说"同样的精神现象是可以反复的"。约翰·穆勒就曾说过，所谓"物"就是"感觉上的不变的可能"（permanent possibility of sensations）。如果精神现象真是一种不可重复性的永恒流动的话，那么，物体的不变性也将会随之消失。再者，虽然我们单纯地将不变的东西，或者说，将不论何时都是"现在"的东西看作"实在"，但是这种实在只是一种抽象的实在

　　[①]　闵可夫斯基（Hermann Minkowski，1864—1909）：德国数学家，在数论、代数、数学物理和相对论等领域有巨大贡献。他把三维物理空间与时间结合成四维时空（即闵可夫斯基时空）的思想为爱因斯坦的相对论奠定了数学基础。——译者
　　[②]　Bergson, *Matière et Mémoire*, p.164. ——原注

而已。真正具体的实在必须包括"过去"。

如果任何人死了化为灰烬，那么作为物体他们都是一样的。但是就作为一个历史的实在而言，每个人都可以说是拥有独一无二的个性的实在。同样是穷困潦倒的乞丐，有的可能是因为自己的过错，有的则可能是因为不幸的命运。如果我们只着眼于外在固定的现象，那么这些差别都将作为虚幻而应忽略掉。但是，对我们而言，直接具体的实在，并不是像物体现象那样的抽象的实在，它反而必须是上述的那种历史的实在。历史的世界是比自然科学的世界更为具体的实在，而艺术的世界、宗教的世界甚至可以说是比历史的世界还要更大的直接实在。无论如何，我们属于种种的世界，出入于种种的世界。就如奥古斯丁所思考的那样，人一方面属于"神之国"（civitas Dei），一方面又属于"恶魔之国"（civitas diaboli）。我们人类的向上、堕落、悲剧、喜剧等，全都在这里。

我想将上述的思考与人生问题结合稍加论述。按照上述的观点来看，所谓"物的目的"，从抽象的角度来看，是指向其背后的"具体的整体"，从前者的立场来看，后者是其目的。如上所述，由某种先验性产生了某种客观世界，由数理的先验而产生了数理的世界，由自然科学的先验而产生了自然科学的世界，由历史学的先验而产生了历史的世界。更具体地说，由算术的先验而建立了有理数的世界，由解析论的先验而建立了实数的世界，由几何学的先验而建立了几何学的图形世界。还有，由力学的先验而建立了机械的世界，由化学的先验而建立化学的世界，由生命力的先验而建立了生物的世界，由心理学的先验而建立了心理学的所谓的意识界。这些立场是从极端抽象的逻辑与数理的立场，一直到极为具体的历史与艺术的立场为止，抽象的立场依照顺序在具体的立场当中形成，相对于抽象的立场，具体的立场成为抽象的立场之目的。在这个意义上，数理是逻辑的目的，连续数是非连续数的目的，几何是数理的目的，生命是物体的目的，精神是身体的目的。对我们而言的最直接的绝对自由意志的立场，在这个意义上，将成为一切立场的根基，并且是一切立场得以产生的最具体的立场，它可以说是一切立场的目的。我们的知识是通过其内容的获得来充实客观性的，这就意味着，知识唯有通过继续发展到意志或行为，才可以说达到其终极。

因而，所谓"充实人生的目的"，就是从抽象的立场向其具体的根源推移。伯格森所谓的"生之飞跃"，也可以在这个意义上理解为向具体性根源的飞跃。从逻辑到数理，从有理数到实数，也是一种生之飞跃。虽然"生命"这个词，词义未免模糊，但是，简单说来，将我们的意志投射到对象界所能见到的东西，就是生命。也就是说，生命是客观化了的目的论的统一。概言之，我认为所谓的"生命"，其内容也是根据目的内容的不同而有所不同。例如，对于只懂得物质欲望的人来说，这个人的生命无法想象肉体生命以外的东西；相反，生活在高尚理想中的人，才能够像保罗所说的"不是我活着，而是基督在我之中活着"。依其自身而立、真正独立的存在才是生命者。所谓真正的生命，是实在的具体的整体的统一。生命的发展向着具体的整体而前行。在这个意义上，建立在单纯抽象立场上的肉体生命是手段，而不是目的本身。基督也说：追求生命者，反而会失去生命，而那些为我而失去生命者，反而会因之得到生命，这句话绝对不能理解为只有道德的意义。

基于以上的理由，所谓"真正的生命"，是不能脱离所谓"文化意识"（Kulturbewusstsein）来思考的。"指向生命的意志"（der Wille zum Leben）必须是"指向文化的意志"（der Wille zum Kulturleben）。在这一点上，我最同意费希特等人的看法。绝对意志不是反理智的，而必须是超理智的。更恰当地说，它必须包容理智作为它的一个方面。意志若否定理智，就成了反知识的意志，这是意志的堕落。意志将因而被自然化，成为他律性的意志。

如上所述，所谓"从抽象的立场推移到具体的根源"，从一方面来看，是回归我们最直接的具体性整体。而"绝对意志"就是对我们而言的最直接的现实。反之，所谓自然界，则是被投射出来的对象界，它是间接经验的世界。现实的具体生活就像立体的世界一样，而自然界只是这个立体世界的投射面而已。对我们而言的最直接的绝对自由意志，是"创造而不能被创造"，并且也是"既不是创造，也不是被创造"，它处处都包含着对自身的否定。因而，我们的精神现象也必须要伴随着物体现象来思考，精神与物体的结合是一种"公设"（Postulat）。因而，虽然我们不论何时都属于精神与物体这两个世界，但是，就如同我们将投射图理解为原形本体的影子一样，肉体生活的意义就在精神生活当中。肉体的生活不过是精神生活的手段而已。偏于物质生活的文化发展，绝不是人生的真正目的。

图书在版编目（CIP）数据

西田几多郎哲学文选. 第1卷，纯粹经验与自觉 /（日）西田几多郎著；王向远编译. — 北京：商务印书馆，2024
ISBN 978-7-100-23554-9

Ⅰ. ①西… Ⅱ. ①西… ②王… Ⅲ. ①西田几多朗（Kitaro Nishida 1870－1945）－哲学思想－文集
Ⅳ. ①B313.5-53

中国国家版本馆CIP数据核字（2024）第056978号

权利保留，侵权必究。

西田几多郎哲学文选（第一卷）
纯粹经验与自觉
〔日〕西田几多郎　著

王向远　编译

商 务 印 书 馆 出 版
（北京王府井大街36号　邮政编码 100710）
商 务 印 书 馆 发 行
三河市尚艺印装有限公司印刷
ISBN 978－7－100－23554－9

2024年7月第1版	开本 889×1194 1/32
2024年7月第1次印刷	印张 12 3/4　插页 2

定价：70.00元